Johannes Twardella
Pädagogische Unterrichtsforschung

Johannes Twardella (geb. 1963) ist Privatdozent an der Goethe-Universität in Frankfurt am Main und Lehrer an einem Frankfurter Gymnasium.

Johannes Twardella

Pädagogische Unterrichtsforschung

Empirische Analysen und theoretische Reflexionen

Humanities Online

Bibliografische Information der Deutschen Nationalbibliothek
Die Deutsche Nationalbibliothek verzeichnet diese Publikation in der Deutschen Nationalbibliografie; detaillierte bibliografische Daten sind im Internet über http://dnb.ddb.de abrufbar.

Frankfurt am Main, Germany
www.humanities-online.de
info@humanities-online.de

Erste Auflage 2020
ISBN 978-3-941743-83-0

Umschlaggestaltung: Uwe Adam, www.adam-grafik.de

Printed in Germany

Dieses Buch ist auch als E-Book erhältlich:
www.humanities-online.de

Inhalt

Einleitung

Die in der Zeit zwischen 2004 und 2019 erschienen und in diesem Band versammelten Aufsätze dokumentieren Etappen eines Forschungsprozesses, der unter den Begriff »pädagogische Unterrichtsforschung« gefasst werden kann. Initiiert wurde dieser Prozess von Andreas Gruschka und getragen wurde er von einer von ihm ins Leben gerufenen Forschungsgruppe, zu der – neben Torsten Pflugmacher und Jens Rosch u.a. – auch ich gehörte. Er begann mit Fallstudien zu einzelnen Unterrichtsstunden und kulminierte schließlich in dem Versuch, auf dem Weg über die empirische Rekonstruktion von Unterricht zu einer materialen Theorie des Unterrichts zu gelangen (Gruschka 2013, Twardella 2018b). Die hier versammelten Texte zeugen von diesem Prozess.

Zunächst war der Gedanke, an den Anfang des Bandes einen Aufsatz zu stellen, in dem dargelegt wird, wie ich zur pädagogischen Unterrichtsforschung gekommen bin. Die Überlegung war, dass auf diese Weise für eine Leserin und einen Leser, der die pädagogische Unterrichtsforschung nicht kennt, der Zugang zu dieser vermittelt über den Autor angenehm gestaltet werden könnte.[1] Entstanden ist dieser Aufsatz jedoch zu einem Zeitpunkt, als der Prozess der Forschung bereits relativ weit fortgeschritten war und ich mich bereits mit der Frage befasste, wie aus den einzelnen Fallstudien eine Theorie des Unterrichts entwickelt werden könnte. Nach einer Weile schien es mir dann sinnvoller zu sein, die Aufsätze schlicht in der Reihenfolge zu präsentieren, in der sie geschrieben wurden bzw. erschienen sind. Dann, so war mein Gedanke, kann der Leser besser nachvollziehen, wie die pädagogische Unterrichtsforschung sich allmählich entwickelte.

Was »pädagogische Unterrichtsforschung« ist bzw. was diese sein könnte, was sie zu leisten vermag und wo ihre Grenzen liegen, stand keineswegs von Anfang an fest. Sicher, sprechen kann ich an dieser Stelle nur für mich selbst. Aus meiner Sicht entwickelte sich die pädagogische Unterrichtsforschung sukzessive, und zwar in der kontinuierlichen Auseinandersetzung sowohl mit der Empirie des alltäglichen Unterrichts an deutschen Schulen als auch mit Fragen, welche die The-

1 In diesem Buch werden entweder geschlechtsneutrale Begriffe verwendet oder – um der besseren Lesbarkeit willen – das generische Maskulinum.

orie betreffen. Und wesentlich waren zum einen die gemeinsamen Analysen und Diskussionen in der Forschungsgruppe um Gruschka, zum anderen war es das Schreiben von Texten, in denen wichtige Beiträge zum gegenwärtigen Stand der Forschung aufgegriffen und erläutert und die theoretische Reflexion vorangetrieben wurden – nie losgelöst von der Empirie, vielmehr stets auf sie bezogen, und zwar unter der Frage, wie diese zu verstehen ist.

Vor dem Hintergrund des bisher Gesagten ist es – so hoffe ich – plausibel, dass in dem ersten der hier versammelten Aufsätze die Perspektive auf Unterricht noch nicht eine pädagogische, sondern eine soziologische ist. Ausgegangen wird von der Kritik, die Andreas Wernet an der Professionalisierungstheorie von Ulrich Oevermann geübt hat. Oevermann zufolge basiert Unterricht auf einem Arbeitsbündnis zwischen einer Lehrperson und ihren Schülern (sowie deren Eltern), an dem diese nicht nur als Rollenträger, sondern auch als »ganze Person« beteiligt sind. Wernet kritisiert dies, und zwar mit dem Argument, letzteres, also die Annahme, dass die Akteure nicht nur als Rollenträger, sondern auch als ganze Personen am Unterricht beteiligt sind, öffne »Entgrenzungen« Tür und Tor. Vor Augen hat er dabei Beispiele, wie Lehrer den im Umgang mit Schülern notwendigen Takt vermissen lassen. Dem gegenüber versuche ich an einem aus Wernets Studie stammenden Beispiel zu zeigen, dass die Beteiligung der Akteure als ganze Person unverzichtbar für die pädagogische Praxis des Unterrichts ist (auch wenn sie das Risiko der Entgrenzung in sich birgt).

Der zweite Text kann verstanden werden als eine Vergewisserung der theoretischen Grundlagen der pädagogischen Unterrichtsforschung. In ihm wird – ausgehend von einem empirischen Beispiel aus dem Forschungsprojekt »pädagogische Rekonstruktion des Unterrichtens« (PAERDU) – nachzuweisen versucht, dass die bildungstheoretische Didaktik, wie sie Wolfgang Klafki verstanden hat, in der pädagogischen Unterrichtsforschung »aufgehoben« ist. Die »didaktische Analyse«, welche Klafki zufolge der »Kern der Unterrichtsvorbereitung« sein soll, wird in der pädagogischen Unterrichtsforschung empirisch gewendet. Wie die wesentliche Voraussetzung professionellen Handelns von Lehrern laut Klafki darin besteht, dass diese in der Vorbereitung auf ihren Unterricht der Frage nachgehen, worin der »Bildungsgehalt« des fachlich gegebenen »Inhalts« liegt, den sie im Unterricht behandeln wollen, so ist es für die pädagogische Unterrichtsforschung unverzichtbar, dass der Bildungsgehalt der »Sache«, über die in dem protokollierten Unterricht gesprochen wird, reflektiert wird.

In dem dritten Aufsatz wird etwas thematisch, das für das pädagogische Handeln von Lehrern von grundlegender Bedeutung ist, nämlich die Bilder von Menschen, speziell von Schülern, die ihrem Handeln zugrunde liegen. Dabei wird von der Prämisse ausgegangen, dass jedem Sprechakt eines Akteurs die gedankliche Konstruktion eines Gegenübers immanent ist. Da die pädagogische Unterrichtsforschung mit Protokollen arbeitet, in denen die Kommunikation im Unterricht festgehalten ist, welche mit den Mitteln der Hermeneutik ausgelegt wird, kann sie (u.a.) dazu genutzt werden, die den Sprechakten von Lehrern »impliziten Theorien«, genauer gesagt, die diesen immanenten Bilder »des Schülers« zu rekonstruieren. Darüber hinaus kann sie untersuchen, wie diese Bilder das Handeln von Lehrern und damit auch den Verlauf des Unterrichts maßgeblich beeinflussen. Das wird an vier verschiedenen Beispielen gezeigt, an denen jeweils unterschiedliche Auswirkungen dieser impliziten Theorien deutlich werden.

Der vierte Aufsatz hat einen persönlichen Charakter. In ihm lege ich in groben Zügen dar, wie ich zum »objektiven Hermeneuten« wurde und wie es kam, dass neben dem Islam Unterricht für mich zu einem zentralen Forschungsgebiet wurde. Da mit der Erschließung dieses neuen Forschungsgebietes auch ein Wechsel der Disziplin für mich verbunden war – von der Soziologie zur Pädagogik –, geht es in dem Text auch darum, die pädagogische Perspektive in Abgrenzung zur Perspektive anderer Disziplinen zu konturieren. Darüber hinaus versuche ich hier die Idee zu plausibilisieren, dass die Fallstruktur einer Unterrichtsstunde als Konstellation des Pädagogischen bestimmt werden kann. Die drei Dimensionen, für welche die Begriffe Erziehung, Didaktik und Bildung stehen, befinden sich in jeder Stunde in einer anderen Konstellation. Und diese zu erfassen, ist das Ziel der Analyse.

Im nächsten Aufsatz, dem fünften, geht es um die Frage, welche Bedeutung die pädagogische Unterrichtsforschung bzw. die pädagogische Kasuistik für die Lehrerbildung haben kann. Zur Beantwortung dieser Frage wird zum einen die Theorie der Könnerschaft von Georg Neuweg aufgegriffen und kritisch diskutiert, zum anderen wird auch hier ein empirisches Beispiel herangezogen. Neuweg begreift Lehrer als Könner, die intuitiv richtig handeln und das ihrem Handeln implizite Wissen kaum zu explizieren vermögen. Dieses Handeln kann jedoch, so mein Argument, protokolliert werden. Ist dies geschehen, kann zwar nicht das ihm implizite Wissen, wohl aber der ihm immanente Sinn rekonstruiert werden. Und wenn dies im Sinne einer pädagogischen Kasuistik geschieht, dann kann diese durchaus ein sinnvoller Bestandteil des Lehramtsstudiums sein.

In dem sechsten Aufsatz wird der Frage nachgegangen, ob der aus der Soziologie stammende Begriff der »Bewährung« für die Unterrichtsforschung fruchtbar gemacht werden kann. Dargelegt wird zunächst, wie dieser Begriff in der Alltagssprache verwendet wird, grob skizziert wird sodann auch seine Verwendung in der Soziologie. Sodann wird die These formuliert und zu plausibilisieren versucht, dass der Begriff der Bewährung in der Unterrichtsforschung zum einen auf das Handeln der Schüler bezogen werden kann. Denn diese sind im Unterricht permanent mit Aufgaben konfrontiert, an denen sie sich bewähren können. Ja, letztlich kann ihre gesamte schulische Sozialisation als ein Prozess begriffen werden, in dessen Verlauf sie sukzessive ein individuelles Bewährungsmodell entwickeln. Zum anderen lässt sich der Begriff der Bewährung auch auf das Handeln von Lehrern beziehen. Diese haben sich zwar bereits für ein bestimmtes Feld beruflicher Bewährung entschieden, doch auf diesem Feld stellt sich ihnen die Frage der Bewährung tagtäglich neu – und wie sie diese beantworten, das ist entscheidend für die Entwicklung ihrer Professionalität.

Um methodologische Probleme, die bei der Arbeit an einer Theorie des Unterrichts auftreten, geht es in dem siebten Aufsatz. In ihm werden diese Probleme jedoch nicht nur benannt, sondern es wird auch dargelegt, welche Antworten aus der Sicht der pädagogischen Unterrichtsforschung gegeben werden können bzw. bereits gegeben wurden. Ausgehend von drei empirischen Beispielen wird sodann gezeigt, wie aus der Rekonstruktion von Unterricht eine materiale Theorie des Unterrichts entwickelt werden kann.

Der Band schließt mit einem Aufsatz, der sich mit einer neueren Studie über Lehrer und der Frage befasst, wie diese Krisen im Unterricht erfahren, der Studie von Jan-Hendrik Hinzke über »Lehrerkrisen im Berufsalltag«. Vor dem Hintergrund der pädagogischen Unterrichtsforschung und der Ergebnisse, zu der diese geführt hat, wird nicht nur der Frage nachgegangen, ob Lehrer ihr eigenes Handeln eher als ein durch Krisen oder durch Routinen geprägtes begreifen, sondern auch, inwieweit Lehrer die Krisen der Schüler wahrnehmen und ihre eigenen

Krisen als im Zusammenhang mit denen der Schüler stehend sehen. Zu diesem Zweck wird die Studie von Hinzke nicht nur vorgestellt, sondern auch empirisches Material, auf das der Autor sich stützt, reanalysiert, genauer gesagt, ein Ausschnitt aus einem der Interviews, die er geführt hat. Es zeigt sich, dass keineswegs alle Lehrer ihr Handeln als krisenhaft erfahren, es vielmehr auch Lehrer gibt, die ihr Handeln als eine routinierte Tätigkeit begreifen. Für alle Lehrer gilt hingegen, dass sie die Krisen der Schüler kaum im Blick haben.

Rollenförmig oder als »ganze Person«?

Ein Beitrag zur Diskussion über die Professionalisierungstheorie und die Struktur pädagogischen Handelns

I

In den letzten Jahren ist sowohl in der Pädagogik als auch in der Soziologie die Professionalisierungstheorie breit diskutiert worden. In Bezug auf das pädagogische Handeln von Lehrern im Rahmen der Institution Schule ist erörtert worden, inwiefern dieses dem allgemeinen Typus professionellen Handelns entspricht und worin seine Besonderheiten bestehen (Bastian et al. 2000; Combe/Helsper 1999; Dewe et al. 1992). Neben diesen größtenteils theoretischen Überlegungen sind auch empirische Arbeiten begonnen worden, in denen Unterrichtsprozesse vor dem Hintergrund dieser Reflexionen analysiert wurden. Nun ist vor kurzem eine Studie erschienen, in der auf äußerst interessante Weise versucht wird, beides miteinander zu verbinden: Der in Hannover arbeitende Erziehungswissenschaftler Andreas Wernet ist in seiner Studie mit dem Titel »Pädagogische Permissivität« von empirischen Beobachtungen ausgegangen, hat sich von diesen zu theoretischen Reflexionen anregen lassen, deren Ergebnisse er schließlich mit. Bezug auf empirische Daten zu veranschaulichen, zu verdeutlichen und zu vertiefen versucht (Wernet 2003). Überraschend ist, dass er die These, pädagogisches Handeln sei – in irgendeiner Weise – als professionelles Handeln zu verstehen, konsequent zurückweist. Seine Begründung lautet – kurz gefasst –, dass aus der Sicht der Professionalisierungstheorie pädagogisches Handeln wesentlich mit einem Vermittlungsproblem konfrontiert sei: Im Anschluss an die soziologische Rollentheorie und ihre Ausdifferenzierung bei Talcott Parsons werde in der Professionalisierungstheorie davon ausgegangen, dass Lehrer und Schüler sich in der pädagogischen Interaktion sowohl als Rollenträger als auch als »ganze Personen« begegnen. Ihre Beziehung sei sowohl »spezifisch«, d.h. rollenförmig, als auch »diffus«. Beide Dimensionen müssten miteinander »vermittelt« werden. Dagegen wendet Wernet ein, dass eine »Vermittlung« gerade falsch sei – sie macht er verantwortlich für übergriffiges Verhalten von Lehrern –, die Lehrer hätten vielmehr konsequent und ausschließlich rollenförmig zu handeln. Nehme der Schüler seinerseits seine Rolle nicht adäquat wahr, so könne der Lehrer sich »permissiv« verhalten, d.h. er könne eine Ausnahme machen und die »Regelverletzung« übergehen bzw. mit Nachsicht behandeln. Jedoch müsse er es vermeiden, persönlich zu werden. Im Folgenden soll das Beispiel, an dem Wernet seine theoretischen Überlegungen veranschaulicht, einer erneuten Analyse unterzogen und es sollen daraus theoretische Schlüsse gezogen werden – sowohl im Hinblick auf Wernets Überlegungen als auch im Hinblick auf die Professionalisierungstheorie überhaupt. Es wird sich zeigen, dass das Beispiel keineswegs dazu geeignet ist, die theoretischen Schlüsse von Wernet zu belegen, sondern im Gegenteil in aller wünschenswerten Deutlichkeit zeigt, dass pädagogisches Handeln nicht auf rollenförmiges Handeln beschränkt werden kann, vielmehr der Lehrer auch als ganze Person gefordert ist, und zwar insbesondere dann, wenn es gilt, das Arbeitsbündnis zwischen ihm und dem Schüler, welches das Fundament der pädagogischen Praxis ist, einzurichten bzw. zu sichern und am Leben zu halten.

II

Die Sequenz, mit der Wernet arbeitet, sei hier zunächst vollständig wiedergegeben. Sie stammt aus einer Unterrichtsstunde im Fach Biologie in der Jahrgangsstufe 12 und lautet folgendermaßen:

> »1/L: Lies bitte deine Hausaufgaben vor.
>
> 1/S: Ich habe sie nicht gemacht.
>
> 2/L: Darf ich fragen, warum nicht?
>
> 2/S: Ich sehe nicht ein, wozu ich Dinge tun soll, die absolut wirklichkeitsfern sind und sowieso nie wieder gebraucht werden.
>
> 3/L: Dies ist keine Entschuldigung für die Nichterledigung der Hausaufgaben. Ich erwarte, sie in der nächsten Stunde zu sehen.
>
> 3/S: Aber ich kann mit dem Zeugs in meinem Leben nie wieder was anfangen.
>
> 4/L: Merkst du nicht, dass diese Thematik nicht in den Unterricht passt? Wenn du möchtest, können wir uns gerne nach der Stunde darüber unterhalten. Die Hausaufgaben holst du bitte nach.« (S. 161)

Eine solche bzw. eine ähnliche Situation ist in der Schule keine Seltenheit, sie gehört zum schulischen Alltag. Zumindest lässt sich sagen, dass die Tatsache, dass Schüler von ihnen erwartete Leistungen – insbesondere in Form von Hausaufgaben – nicht erbringen, ein alltägliches Phänomen ist. Sie zu untersuchen ist insofern sehr plausibel. Wie sollte der Lehrer in einer solchen Situation reagieren? Diese Frage ist auf der einen Seite natürlich eine praktische Frage, auf der anderen ist sie aber auch eine theoretisch interessante: Lässt sich hier unterscheiden zwischen einer adäquaten und einer nicht adäquaten Reaktion und lässt sich diese Differenz wiederum professionalisierungstheoretisch »auf den Begriff bringen«? Dies soll durch eine Feinanalyse nach der Methode der objektiven Hermeneutik nun geklärt werden (Oevermann et al. 1979).

Die Interaktionssequenz beginnt mit der Äußerung des Lehrers:

»1/L: Lies bitte deine Hausaufgaben vor.«

Bei der Analyse dieser Äußerung könnte zunächst gefragt werden, was der Lehrer von dem Schüler erwartet, könnte darauf eingegangen werden, was Hausaufgaben sind und wozu diese dienen können (zur Vor- oder Nachbereitung des Unterrichts, zur Festigung, Vertiefung oder Anwendung des Gelernten etc.). Diese Frage ist jedoch für das zu klärende Problem kaum relevant. Entscheidend ist vielmehr ein anderer Punkt: Offensichtlich geht der Lehrer in seinem Handeln davon aus, dass er legitimerweise von dem Schüler erwarten kann, dass dieser seiner Aufforderung nachkommt. Wodurch aber ist der Lehrer legitimiert, was ist die Basis seiner Legitimation? Auf diese Frage sind meines Erachtens prinzipiell zwei Antworten möglich – die letztlich auf zwei unterschiedliche Modelle von Schule und pädagogischem Handeln verweisen. Entweder der Lehrer kann erwarten, dass der Schüler seiner Aufforderung entspricht, weil er qua Amt befugt ist, Anweisungen zu geben und die Schüler dazu verpflichtet sind, diesen Anweisungen zu folgen. Rollentheoretisch formuliert heißt das, dass es innerhalb der Institution Schule klare Rollen gibt: Die Rolle des Lehrers berechtigt (und verpflichtet womöglich) diesen dazu, Hausaufgaben zu stellen. Mit der Rolle des Schülers ist hingegen die Erwartung verbunden, dass dieser die vom Lehrer gestellten Hausaufgaben erledigt. Klar geregelt sind auch die Sanktionsmöglichkeiten, auf die der Lehrer für den Fall zurückgreifen kann, dass der Schüler seiner Aufforderung nicht nachkommt. Oder – dies ist die andere Möglichkeit – der Lehrer ist legitimiert, von dem Schüler die Erledigung der Hausaufgaben (und anderer Leistungen) zu erwarten, weil dieser mit ihm ein Arbeitsbündnis eingegangen ist und damit grundsätzlich die Bereitschaft bekundet hat zu kooperieren. Dieses Arbeitsbündnis ist insofern widersprüchlich, als es auf der einen Seite asymmetrisch bzw. hierarchisch ist, denn der Lehrer ist dem Schüler »übergeordnet«, insofern er vorschreiben kann, was der Schüler zu tun hat. Auf der anderen Seite impliziert das Modell des Arbeitsbündnisses jedoch auch, dass der Lehrer und der Schüler in gewisser Weise gleichberechtigt sind, dass beide sich als – zumindest potentiell – autonome Subjekte begegnen.

Dass der Lehrer in der vorliegenden Situation nicht einfach als Autoritätsperson bzw. Amtsinhaber dem Schüler gegenübertritt, zeigt sich deutlich daran, dass er seine Aufforderung nicht in die Form eines Befehls, sondern in die einer Bitte kleidet. (Er sagt explizit »bitte«.) Aus einer scheinbar kritischen Perspektive heraus könnte argumentiert werden, das sei Augenwischerei, der Lehrer täusche über das wahre Verhältnis zwischen ihm und dem Schüler nur hinweg. Gewissermaßen »ideologiekritisch« wird dann unterstellt, der Lehrer habe letztlich die Befehlsgewalt und habe alle Mittel in der Hand, um seinen Willen durchzusetzen. Dem »bitte« ist jedoch implizit, dass der Lehrer keine Befehle geben und den Schüler letztlich zur Erledigung seiner Aufgabe nicht zwingen kann bzw. nicht zwingen will. Vielmehr ist er auf die Kooperationsbereitschaft des Schülers angewiesen bzw. setzt er auf diese. Und er gesteht damit dem Schüler letztlich zu, dass dieser auch »nein« sagen, dass er sich auch weigern kann, seiner Bitte zu entsprechen. Die Frage ist dann allerdings: Was kann bzw. was soll der Lehrer tun, wenn der Schüler seiner Bitte nicht nachkommt? Diese Frage soll erst einmal zurückgestellt und stattdessen untersucht werden, wie die Interaktion zwischen Lehrer und Schüler in der Sequenz weiter verläuft.

III

Welche Möglichkeiten bestehen für den Schüler, auf die Aufforderung des Lehrers zu reagieren? Auch wenn es vom Standpunkt der Praxis aus gesehen irritierend wirken mag, so muss doch bei der Analyse zunächst einmal davon ausgegangen werden, dass grundsätzlich zwei Möglichkeiten für den Schüler bestehen: Entweder er reagiert – in irgendeiner

Weise – auf die Aufforderung des Lehrers oder er reagiert nicht.[1] (In seinen Ausführungen zur Methode der Objektiven Hermeneutik hat Oevermann immer wieder betont, dass für die Praxis im Allgemeinen die Routine der Normalfall und die Krise eine Ausnahme darstellt. Bei der wissenschaftlichen Analyse müsse aber dieses Verhältnis konsequent umgedreht werden. Bei ihr sei davon auszugehen, dass die Krise der Normalfall und die Routine die Ausnahme ist. Die schulische Praxis, so könnte man behaupten, ist für die wissenschaftliche Analyse ein besonders interessanter Gegenstand, weil sie dem geforderten methodischen Prinzip in der Realität gelegentlich sehr entgegen kommt.) Geht man von dem Modell aus, demzufolge der Lehrer Autorität qua Amt besitzt, so impliziert die erste Möglichkeit – eine Reaktion des Schüler bleibt aus –, dass der Schüler entweder nicht mit einer Sanktion rechnet oder eine solche nicht fürchtet bzw. einfach in Kauf nimmt. Ausgehend von dem Modell des Arbeitsbündnisses hingegen kann die ausbleibende Reaktion so verstanden werden, dass der Schüler sich – aus welchen Gründen auch immer – nicht dazu verpflichtet sieht, mit dem Lehrer zu kooperieren. Tritt die zweite Möglichkeit ein, antwortet der Schüler dem Lehrer, so kann dies auf zwei unterschiedliche Arten geschehen: Entweder der Schüler belässt es bei einer bloßen Ja/Nein-Stellungnahme, gibt also einfach kund, ob er die Hausaufgaben gemacht hat oder nicht. Das würde bedeuten, er erkennt zwar an, dass er dem Lehrer gegenüber eine Informationspflicht hat, sieht sich allerdings nicht unbedingt auch zur Erledigung der Hausaufgaben verpflichtet. Die zweite Möglichkeit besteht darin, dass der Schüler nicht nur mit einer Ja/Nein-Stellungnahme reagiert, sondern sein Tun auch begründet. In dem vorliegenden Fall wäre eine Begründung dafür, dass die Hausaufgaben gemacht wurden, freilich unsinnig. (Die Erledigung der Hausaufgaben beruht ja nicht auf einer freien Entscheidung, sondern ist eine heteronom gestellte Aufgabe, eine Pflicht.) Hat der Schüler seine Hausaufgaben jedoch nicht gemacht und liefert dafür eine Begründung, so kommt darin zum Ausdruck, dass er diese Pflicht anerkennt und sich durch sie gebunden fühlt.

Tatsächlich antwortet der Schüler zunächst verneinend, erklärt:

1 Wer die schulische Praxis kennt, der weiß, dass die Möglichkeit, dass ein Schüler überhaupt nicht reagiert, nicht nur eine theoretische ist. Tatsächlich tritt sie gelegentlich im Alltag auf.

»1/S: Ich habe sie nicht gemacht.«

Der Schüler erkennt also zumindest an, dass er verpflichtet ist, dem Lehrer zu antworten und ihn über sein Handeln bezüglich der Hausaufgaben zu informieren. Weiter geht er allerdings nicht. Daraus den Schluss zu ziehen, dass er die Pflicht zur Erledigung von Hausaufgaben nicht anerkennt, ist allerdings nicht zwingend. Es könnte auch sein, dass er nur unwillig diese Pflicht anerkennt und bestrebt ist möglichst minimalistisch zu kooperieren. Es kann über die Frage spekuliert werden, ob er womöglich den Lehrer provozieren oder ihn daraufhin testen möchte, wie er reagiert, ob er mit Strafen reagiert oder nicht. Zu erklären, er erkenne das Arbeitsbündnis nicht an und wolle nicht kooperieren, geht jedoch zu weit.

Dieser Zusammenhang lässt sich auch rollentheoretisch formulieren: Der Schüler hat der mit seiner Rolle verbundenen Erwartung, dass er gemäß der Aufforderung des Lehrers seine Hausaufgaben zu erledigen hat, nicht entsprochen, hat nicht rollenkonform gehandelt. Daraus kann jedoch nicht unbedingt der Schluss gezogen werden, dass der Schüler grundsätzlich nicht bereit ist, die Schülerrolle einzunehmen bzw. beizubehalten.

Erneut ist jetzt abstrakt zu fragen, welche Möglichkeiten für den Lehrer bestehen, auf die Antwort des Schülers zu reagieren. Auch diese sind davon abhängig, was für ein Modell von Schule der Lehrer »im Kopf hat«, welche Vorstellung von pädagogischem Handeln seiner Praxis zugrunde liegen. Der Lehrer kann entweder das Notenbuch herausnehmen und sich eine sechs in diesem notieren – oder zu anderen Sanktionen greifen. Das heißt, dass er auf das nicht rollenförmige Verhalten des Schülers reagiert, indem er die für solche Fälle mit seiner Rolle verbundenen Sanktionsmöglichkeiten nutzt. Oder der Lehrer setzt – gemäß dem Modell des Arbeitsbündnisses – voraus, dass er es mit einem (potentiell) autonomen Gegenüber zu tun hat, das nicht nur dazu in der Lage, sondern auch dazu verpflichtet ist, sein Handeln zu begründen und für es einzustehen.

Tatsächlich hakt der Lehrer sofort nach und fragt den Schüler nach dem Grund für seine Unterlassung.

»2/L: Darf ich fragen, warum nicht?«

Der Lehrer bestraft den Schüler also nicht (unmittelbar) dafür, dass er nicht gemäß seiner Rolle gehandelt hat. Das bedeutet freilich keineswegs, dass er von der Erwartung Abstand nimmt, dass der Schüler seine Hausaufgaben zu machen hat. Nein, er bekräftigt vielmehr implizit die Norm, macht deutlich, dass nicht ohne Weiteres von ihr abgewichen werden kann und dass er davon ausgeht, dass das Arbeitsbündnis auch weiterhin für ihn und den Schüler Bestand hat. Und er unterstellt, dass der Schüler nicht grundlos gehandelt hat, anerkennt ihn als autonomes Subjekt, das Gründe für seine Entscheidungen hat und dazu in der Lage ist, diese auch darzulegen.

Der Schüler reagiert nun auf die Frage des Lehrers, indem er zu einer kurzen Begründung ausholt. Daran zeigt sich deutlich, dass ihm die Normverletzung bewusst ist. Das heißt, er anerkennt seine Rolle, anerkennt auch den Lehrer als Instanz, als Autorität, die (innerhalb des Arbeitsbündnisses) dazu legitimiert ist, ihm Aufgaben zu stellen. Die Frage stellt sich freilich: Liefert er diese Begründung, weil er hofft, auf diese Weise einer Bestrafung entgehen zu können? Oder sieht er sich tatsächlich zur Erfüllung der Hausaufgabe verpflichtet?

IV

Die Begründung des Schülers ist interessant:

> »2/S: Ich sehe nicht ein, wozu ich Dinge tun soll, die absolut wirklichkeitsfern sind und sowieso nie wieder gebraucht werden.«

Der Schüler zweifelt utilitaristisch den Sinn, die Nützlichkeit der vom Lehrer gestellten Hausaufgaben an. Das heißt, er behauptet, dass er eigentlich bereit gewesen wäre Hausaufgaben zu machen – er hat aber speziell diejenigen, die zu machen der Lehrer von ihm verlangt hat, aus dem Grund nicht gemacht, dass ihm deren Nützlichkeit nicht evident war. Implizit ist dies eine Aufforderung an den Lehrer, ihm, dem Schüler, den Sinn der Hausaufgaben zu erklären. Diese Aufforderung enthält einen Moment der Selbstbindung, da der Schüler mit ihr zum Ausdruck bringt, dass, wenn der Lehrer ihm diesen Sinn auf überzeugende Weise darlegen würde, er, der Schüler, auch dazu bereit wäre, die Hausaufgaben zu machen bzw. nachzuholen.

Festzuhalten ist darüber hinaus, dass der Schüler mit seiner Begründung sich aus der Einheit der Klasse hervorhebt: Alle anderen scheinen den Sinn der Hausaufgabe erkannt zu haben. Genauer gesagt, auch wenn sie an dem Sinn gezweifelt haben sollten, so war dies kein Hinderungsgrund für sie, der sie davon abhalten konnte, die Hausaufgaben zu machen. Bei ihm, diesem einzelnen Schüler, war es jedoch so – ihm war der Sinn der Hausaufgaben nicht evident und deswegen hat er sich geweigert, sie zu erledigen.

Die Reaktion des Lehrers auf diese Begründung hängt nun – wie bereits angedeutet wurde – wesentlich davon ab, wie er sie interpretiert. Die eine Interpretationsmöglichkeit besteht darin, dass der Lehrer die Äußerung des Schülers als Versuch deutet, sich »herauszureden«: Das Argument sei gar kein Argument, es sei beliebig und diene nur dem Zweck, die Unterlassung nachträglich zu legitimieren. Eigentlich sei der Schüler einfach nur faul. Diese Lesart hat zur Konsequenz, dass der Lehrer sich auf keine Diskussion mit dem Schüler einlässt. Stattdessen wird er vermutlich zu einer negativen Sanktion greifen.[2]

Die Faulheitshypothese ist mit dem Konzept des Arbeitsbündnisses nur schwer verträglich. Gemäß diesem Konzept geht der Lehrer vielmehr von der – aus der Perspektive des nüchternen, abgeklärten Pädagogen als »naiv« erscheinenden – Annahme aus, dass der Schüler gute Absichten hat, dass er grundsätzlich gewillt ist. Der Lehrer unterstellt in diesem Modell – eventuell im klaren Wissen, dass es sich um eine kontrafaktische Annahme handelt –, dass der Schüler bereit ist zu lernen, zu arbeiten, kurz: zu kooperieren. In dem Beispiel, von dem hier ausgegangen wurde, gibt es keinen Grund für den Lehrer, an der Ernsthaftigkeit des Schülers zu zweifeln[3] und der Lehrer würde, so möchte ich behaupten, professionell handeln, wenn er die Aufforderung des Schülers annimmt und sich auf eine – didaktische – Diskussion über den Sinn und Zweck der Hausaufgaben einlässt. Der Schüler würde seinerseits merken, dass er ernst genommen wird und die in seiner Äußerung enthaltene Selbstverpflichtung würde ihre bindende Wirkung entfalten können. Die Bereitschaft, den schulischen Leistungsanforderungen zu folgen, würde womöglich auf diesem Weg wieder herbeigeführt bzw. gestärkt. Das heißt, dass der Lehrer sich auf die möglicherweise vorhandenen individuellen Verständnisschwierigkeiten, die – noch – nicht

2 Nicht selten sind Schüler aus der Sicht von Lehrern grundsätzlich faul. Durch Situationen wie der hier vorliegenden sieht sich ein Lehrer sodann in seinem allgemeinen Bild von »den Schülern« wieder einmal bestätigt.

3 Etwas anderes wäre es freilich, wenn die Situation schon häufiger aufgetreten ist und der Schüler zum wiederholten Mal seine Hausaufgaben nicht erledigt hat.

vorhandene Fähigkeit, den Sinn der Hausaufgaben nachzuvollziehen, einlässt. Dies kann auch insofern sinnvoll sein, als dem (scheinbar) nur individuellen eventuell ein allgemeines Problem zugrunde liegt, also eine Schwierigkeit angesprochen wird, die letztlich viele (oder sogar alle anderen) Schüler haben, doch nur von diesem einen angesprochen wird.

Man kann nun noch einen Schritt weitergehen und behaupten, dass derjenige Lehrer, der – eventuell sogar realistisch – denkt, der Schüler sei nur faul gewesen, und es nicht für nötig hält, auf das Argument des Schülers einzugehen, seinerseits das Arbeitsbündnis auflöst und aus ihm aussteigt. Das Arbeitsbündnis beruht auf Vertrauen und wenn dieses nicht mehr vorhanden ist, so kann das Arbeitsbündnis nicht mehr fortbestehen. (In der Schule fällt dies jedoch kaum auf: Auch der Schüler, der nicht mehr kooperiert, nimmt weiter am Unterricht teil und es müssen noch andere Dinge passieren, bis er nicht mehr von dem Lehrer unterrichtet wird oder von der Schule geht. Dies ist freilich auf die allgemeine Schulpflicht zurückzuführen.)[4]

V

Was geschieht nun tatsächlich?

> »3/L: Dies ist keine Entschuldigung für die Nichterledigung der Hausaufgaben.«

4 Wenn wir davon ausgehen, dass – wie es bei Oevermann heißt – das Arbeitsbündnis aus drei Parteien besteht, so bringen zunächst die Eltern dem Lehrer Vertrauen entgegen, indem sie ihr Kind in seine Obhut geben, es ihm als Pädagogen anvertrauen. (Das wird bestätigt durch die Beobachtung, dass die Entscheidung für eine (z.B. weiterführende) Schule immer mehr personalisiert wird: Die Eltern wollen wissen, wer ihr Kind in Zukunft unterrichten wird, und machen von dem Eindruck, den der zukünftige Klassenlehrer auf sie macht, ihre Entscheidung abhängig. Und sie wissen, dass nicht die Schule als Ganze, sondern die konkrete Person des Lehrers entscheidend ist für die weitere Entwicklung ihres Kindes in der Schule.) Freilich bringen auch die Schüler dem Lehrer ein großes Vertrauen entgegen: Die meisten Dinge tun sie, ohne den Lehrer nach der jeweiligen Begründung zu fragen. Sie gehen in den meisten Fällen schlicht davon aus, dass das, was er von ihnen erwartet, richtig und gerechtfertigt ist. Schließlich – und darauf möchte ich hinaus – ist es wichtig, dass auch der Lehrer seinerseits den Schülern Vertrauen entgegenbringt. (Oevermann 1999)

Der Lehrer akzeptiert die Begründung des Schülers nicht. Das heißt letztlich: »Egal, ob du den Sinn der Hausaufgaben einsiehst oder nicht, du bist dazu verpflichtet, sie zu erledigen.« Der Lehrer besteht also darauf, dass seinen Erwartungen entsprochen wird – zur Not »blind«. Damit reduziert sich die Befolgung seiner Aufforderung auf einen »blinden Gehorsam«. Diesen erwartet der Lehrer. Die implizite Erwartung, eine didaktische Begründung für die von ihm gestellten Hausaufgaben zu geben, wird brüsk zurückgewiesen.

Was könnten die Motive für diese Reaktion des Lehrers sein? Theoretisch wäre denkbar, dass er sich nicht dazu in der Lage sieht, eine didaktische Begründung für die Hausaufgaben zu geben. Eigentlich aber sollte das kein Problem für ihn sein, wurde ihm doch im Rahmen seiner Ausbildung beigebracht, stets sein Handeln didaktisch zu reflektieren. Möglich ist auch, dass er es nicht für notwendig erachtet, sein Handeln zu begründen. Das würde bedeuten, dass die Situation aus seiner Sicht klar asymmetrisch ist: Die Schüler müssen eine Begründung leisten, wenn sie den an sie herangetragenen Erwartungen nicht entsprechen, er selbst aber unterliegt in seinem Handeln keiner Begründungsverpflichtung. Er ist der Meinung, für sein Handeln keine Rechenschaft ablegen zu müssen – womöglich weil er sich eben qua Amt in seinem Handeln legitimiert sieht.

Dann aber fährt der Lehrer fort:

> »Ich erwarte, sie in der nächsten Stunde zu sehen.«

Statt den Schüler für seine Unterlassung zu bestrafen – was nur konsequent gewesen wäre – verhält der Lehrer sich »permissiv« – genau in dem Sinne, wie Wernet es meint. Das heißt, er weicht auf der einen Seite von seiner ursprünglichen Erwartung ab, dass die Hausaufgaben eigentlich bereits gemacht sein sollten, hält aber auf der anderen Seite an ihr fest und setzt dem Schüler ein neues Datum, bis zu dem die Hausaufgaben erledigt sein sollen. Er entspricht in seinem Verhalten genau der »Pädagogik der Permissivität«, wie sie Wernet versteht, denn er modifiziert zwar seine Erwartungen, doch hält er gleichzeitig konsequent an seiner Rolle fest und bringt weder seine noch die Person des Schülers ins Spiel. Es zeigt sich aber sofort, wie diese »Pädagogik der Permissivität« an ihre Grenzen stößt, denn die Antwort des Schülers lautet:

> »3/S: Aber ich kann mit dem Zeugs in meinem Leben nie wieder was anfangen.«

Der Schüler weigert sich schlicht zu gehorchen und bekräftigt seine Meinung, dass er »mit dem Zeugs«, also mit den Hausaufgaben in seinem Leben »nie wieder was anfangen« könne. Er beharrt unnachgiebig auf seiner pragmatischen Sicht der Dinge, weigert sich, dem Lehrer »blind« zu gehorchen. Auch die permissive Reaktion des Lehrers hat daran nichts geändert. Obwohl die »Pädagogik der Permissivität« genau so zum Zuge kam, wie es Wernets Vorstellungen entspricht, besteht die Krise fort. Und dies liegt daran, dass die Begründung der »Arbeitsverweigerung« des Schülers so tief geht, dass letztlich das Arbeitsbündnis zwischen ihm und dem Lehrer zur Disposition steht. Aber was soll nun geschehen? Ist das der »casus belli«? Muss der Lehrer nun mit allen ihm zu Gebote stehenden Mitteln den Schüler gefügig machen? Oder muss er »die Waffen strecken«, weil es, wie es bei Wernet heißt, weder seine noch die Aufgabe der Institution Schule ist, für die Kooperationsbereitschaft der Schüler zu sorgen?

> »4/L: Merkst du nicht, dass diese Thematik nicht in den Unterricht passt? Wenn du möchtest, können wir uns gerne nach der Stunde darüber unterhalten. Die Hausaufgaben holst du bitte nach.«

Die Reaktion des Lehrers ist ein Kompromiss: Auf der einen Seite behauptet er, dass »diese Thematik nicht in den Unterricht passt«, auf der anderen Seite erklärt er sich nun doch dazu bereit, den didaktischen Sinn der Hausaufgaben zu erklären. Einerseits hält der Lehrer an seiner Weigerung, die Hausaufgaben zu begründen, fest, andererseits kommt er aber der Forderung nach einer Begründung letztlich doch nach. Seine Lösung besteht darin, dass er diese Begründung zeitlich verlegt. Auf der einen Seite will er also nicht nachgeben – und verhält sich insofern gerade nicht permissiv –, will seine Autorität nicht beeinträchtigt sehen, auf der anderen Seite hat er aber gemerkt, dass er durch ein bloßes Beharren auf der Gehorsamspflicht des Schülers bzw. durch ein bloß rollenförmiges Verhalten – und sei es auch permissiv – nicht weiterkommt und dass er das Arbeitsbündnis nur retten kann, wenn er auch mit seiner ganzen Person für seine Tätigkeit einsteht. Würde er dieses Angebot nicht machen, dann wäre das Arbeitsbündnis tatsächlich »geplatzt«. Weil der Lehrer aber weiß, dass er es nicht auflösen darf, es bestehen bleiben muss, relativiert er seine Gehorsamserwartung und signalisiert dem Schüler, dass er ihn doch als autonomes Subjekt anerkennt. Man könnte auch dies als ein taktisches Manöver deuten – vielleicht hofft der Lehrer, dass der Schüler nach dem Unterricht sein Anliegen, eine Begründung für die Hausaufgaben zu bekommen, vergessen hat oder dass es ihm dann nicht mehr wichtig sein wird (weil er lieber andere Dinge tut, als sich mit dem Lehrer über die Hausaufgaben zu unterhalten.) Doch diese Annahme ist keineswegs zwingend, und es ist auch in diesem Fall geboten, das Gesagte ernst zu nehmen (und nicht Lesarten zu präferieren, für die es keine klaren Indizien gibt.) Entscheidend ist das Signal des Lehrers, dass er den Schüler ernst nimmt und sein Anliegen respektiert. Der Schüler weiß nun, dass er als autonomes Subjekt, das nicht nur blind gehorcht, vom Lehrer anerkannt wird. Damit ist die Basis für die Fortsetzung der Kooperation geschaffen – und man kann sich kaum vorstellen, dass der Schüler sich nicht mit der Antwort des Lehrers zufrieden gibt und die Auseinandersetzung mit ihm fortführt. Vielmehr ist diese nun deutlich abgeschlossen. (Das heißt natürlich nicht unbedingt, dass der Schüler tatsächlich zur nächsten Stunde die Hausaufgaben gemacht haben wird. Wenn er sie dann aber tatsächlich nicht gemacht haben sollte, wird er nicht noch einmal mit demselben Argument kommen können. Vielmehr wird er akzeptieren müssen, dass nun Sanktionen folgen.)

VI

Was lässt sich nun als Ergebnis der Analyse festhalten? Die Interpretation der Interaktionssequenz hat gezeigt, dass beide Modelle – das Modell der Rolle und dasjenige des Arbeitsbündnisses, welches für die Professionalisierungstheorie zentral ist – von Belang sind. Die Rollen mit ihren klaren Verhaltenserwartungen sichern gewissermaßen die schulische Routine ab, und das hier analysierte Beispiel hat gezeigt, dass Lehrer nur ungern dieses Modell aufgeben (was verständlich ist, weil die rollenförmige Interaktion im Sinne von Gehlen »entlastet«.) Das Beispiel hat aber auch gezeigt, dass der Unterricht nicht immer gemäß diesem Modell verläuft, dass Situationen eintreten können, in denen die Routine aufbricht, weil Schüler nicht rollenkonform handeln. In solchen Situationen sind verschiedene Möglichkeiten denkbar: Da zu der Lehrerrolle gehört, dass auf gegebene Sanktionsmöglichkeiten rekurriert werden kann (um die Autorität des Lehrers zu bekräftigen und zu sichern), kann der Lehrer im Fall nicht rollenkonformen Verhaltens einen Schüler bestrafen. Er kann aber auch von einer Bestrafung absehen und »permissiv« im Sinne von Wernet handeln. Das vorliegende Beispiel hat jedoch gezeigt, dass die »Arbeitsverweigerung« so tief begründet sein kann, dass eine Reaktion des Lehrers im Rahmen seiner Rolle nicht mehr den gewünschten Erfolg bringt. Die Krise des Arbeitsbündnisses kann so tief gehen, dass ein rollenförmiges – auch ein permissiv rollenförmiges – nicht weiterführt. Da die Begründung des Schülers für seine »Arbeitsverweigerung« an die Basis des Unterrichts rührte, insofern sie tendenziell das Arbeitsbündnis mit dem Lehrer in Frage stellte, ließ es sich nur durch die Bereitschaft des Lehrers, persönlich für den Sinn der gestellten Aufgabe einzustehen, »retten«. Genauer gesagt, es genügte, dass der Lehrer seine prinzipielle Bereitschaft signalisierte, sich persönlich mit den individuellen Problemen des Schülers auseinanderzusetzen.[5] Wernet ist der Meinung, dass die Schule und ihr Personal die Kooperationsbereitschaft der Schüler nicht herstellen können, sie würden sie vielmehr als gegeben voraussetzen müssen. Das von ihm präsentierte Beispiel führt aber mit aller wünschenswerten Deutlichkeit vor Augen, dass die Schule sich keineswegs darauf verlassen kann, dass eine solche Bereitschaft besteht und der Lehrer folglich in Situationen geraten kann, in denen er dergestalt praktisch gefordert ist, dass er das Arbeitsbündnis zwischen ihm und einem Schüler (oder auch mehreren Schülern) wieder »kitten« muss.[6]

5 Das »Persönliche« wird dadurch markiert bzw. hervorgehoben, dass der Lehrer die Begründung gewissermaßen in seine »Freizeit« verlegt, in die Zeit nach dem Unterricht, in der er nicht mehr »im Dienst« ist. Gleichzeitig negiert er damit implizit die Möglichkeit, dass die individuellen Probleme des Schülers allgemeiner Natur sind und alle anderen Schüler sie letztlich auch haben.

6 Darin scheint mir gerade der Unterschied zu anderen gesellschaftlichen Institutionen zu bestehen: Wer etwa als Mitarbeiter in einem Betrieb aufgenommen wird, muss kooperationsbereit sein – sonst verliert er eventuell seinen Arbeitsplatz wieder. In der Schule hängt die Kooperationsbereitschaft der Schüler wesentlich von der Person des konkreten Lehrers ab. Dies erfährt der Lehrer besonders deutlich, wenn er mit seiner Berufstätigkeit beginnt (und weder für die Schüler als Verkörperung der Institution Schule und ihrer Autorität vertraut ist, noch selbst sich als integrierter Bestandteil der Schule empfindet und wie selbstverständlich deren Autorität in Anspruch nimmt.) Dies macht die erste Zeit (die ersten Jahre) der Tätigkeit des Lehrers besonders anstrengend – und ist auf die Dauer eine Überforderung des Lehrers. Doch auch für

den »gestandenen Lehrer« ist dies ein permanentes Problem, da es natürlich immer wieder vorkommt, dass Schüler sich aus der Kooperation herauslösen. Das einfachste Beispiel dafür ist das »Geschwätz« der Schüler im Unterricht – ein wahrlich alltägliches Phänomen. Dieses kann gegebenenfalls sogar dem Unterricht dienlich sein. (Ein Schüler erklärt etwa einem anderen, was der Lehrer gerade gesagt hat.) Der Lehrer aber weiß nicht, was das Thema der Gespräche zwischen den Schülern ist, ob es mit dem Unterricht zusammenhängt oder nicht. Deswegen empfindet er es in den meisten Fällen als störend. Die Stärke dieser Empfindung, das enorme Gestresstsein durch das Tuscheln der Schüler, wäre irrational, wenn es nur um Geräusche ginge, die den Lehrer ablenken und in seiner Konzentration stören. Der Lehrer reagiert nun gerade deswegen so heftig, weil er diese Geräusche – mehr oder weniger bewusst – als Indizien für ein Aufkündigen des Arbeitsbündnisses deutet.

Pädagogische Unterrichtsforschung und didaktische Theorie

Wie letzteres in ersterem aufgehoben ist an einem Fallbeispiel aus einer Unterrichtsstunde im Fach Kunst

I

Andreas Wernet hat 2006 eine »zweite realistische Wende« ausgerufen (Wernet 2006, Twardella 2007). Die erste, von Heinrich Roth initiierte, sei »szientifisch reduziert« gewesen, da nur mit quantitativen Methoden gearbeitet wurde. Die zweite hingegen werde mit Hilfe qualitativer, hermeneutischer Methoden vollzogen – ohne dass dabei die empirische Orientierung aufgegeben wird. Im Folgenden soll gezeigt werden, wie im Rahmen dieser »zweiten realistischen Wende« (welche – wie gesagt – die hermeneutischen Methoden, die in den Sozialwissenschaften entwickelt wurden, für die erziehungswissenschaftliche Forschung fruchtbar macht) an die Tradition der geisteswissenschaftlichen Pädagogik angeknüpft bzw. diese im Hegelschen Sinn »aufgehoben« werden kann. Dabei soll gleichzeitig deutlich gemacht werden, wie jene Vermittlung von didaktischer Theorie und empirischer Unterrichtsforschung, deren Fehlen in letzter Zeit immer wieder beklagt wurde (z.B. Bönsch 2006, S. 49), aussehen könnte. Konkret gesprochen soll aus einem laufenden Forschungsprojekt eine Analyse vorgestellt und diese in Zusammenhang mit einem »klassischen« didaktischen Konzept, der didaktischen Analyse von Klafki, gebracht werden. Bei dem Forschungsprojekt handelt es sich um das unter der Leitung von Andreas Gruschka durchgeführte Projekt mit dem Titel »Pädagogische Rekonstruktion des Unterrichtens« (PAERDU).[1] In dem Projekt wird Unterricht in der Sekundarstufe, genauer gesagt, in der Jahrgangsstufe 8 empirisch untersucht in der Absicht, auf dem Weg über eine hermeneutische Interpretation von Unterrichtstranskripten zu einer material gehaltvollen Theorie des Unterrichtens zu gelangen. Im Folgenden soll nun gezeigt werden, dass

1 Siehe: https://www.uni-frankfurt.de/51669803/PAERDU. An diesem Projekt waren neben Andreas Gruschka auch Christoph Leser, Torsten Pflugmacher, Jens Rosch und der Verfasser beteiligt.

und wie die didaktische Analyse von Klafki in dieser Unterrichtsforschung »aufgehoben« ist, und zwar in dem Sinne, dass die fünf Fragen, die nach Klafki im Zentrum der didaktischen Analyse stehen sollen[2], im Rahmen der empirischen Rekonstruktion von Unterricht bzw. Unterrichtstranskripten wieder auftauchen. In diesem Zusammenhang erhalten sie aber freilich eine ganz andere Funktion, als es noch bei Klafki der Fall war: Sie dienen nicht der Planung von Unterricht bzw. der Transformation eines Gegenstandes aus der objektiven Welt in einen Gegenstand des Unterrichts[3], sondern der Erschließung des Unterrichts als einem pädagogischen Geschehen. Es wird sich aber auch zeigen, dass auf diesem Weg sowohl die didaktische Theorie kritisch reflektiert als auch der Unterricht, wie er faktisch stattgefunden hat – und in ähnlicher Weise wohl auch weiter stattfinden wird –, problematisiert werden kann.

II

Auf die didaktische Analyse von Klafki soll hier nicht näher eingegangen werden, da davon ausgegangen werden kann, dass sie – mehr oder weniger – bekannt ist. Es sei nur daran erinnert, dass die Frage, die Klafki mit der didaktischen Analyse beantworten wollte, diejenige war, wie ein Gegenstand aus der objektiven Welt, den im Unterricht zu behandeln der Lehrplan vorschreibt, so »präpariert« werden kann, dass er zu einem pädagogisch bedeutsamen Unterrichtsgegenstand wird. In den Begriffen Klafkis ausgedrückt: Wie kann der Lehrer den »Bildungsgehalt« eines ihm vorgegebenen »Bildungsinhalts« erkennen? Klafkis Absicht war es, mit der didaktischen Analyse den Lehrern ein Verfahren an die Hand zu geben, mit dessen Hilfe der Bildungsgehalt eines jeden gegebenen Bildungsinhalts ermittelt werden kann. Der Lehrer müsse im Hinblick auf den Bildungsinhalt eine Reihe von Fragen beantworten, dann werde er auf dessen »Bildungsgehalt« stoßen. Diese Fragen, die hier nicht näher erläutert werden sollen, richteten sich – grob gesprochen – auf die exemplarische Bedeutung des Unterrichtsgegenstandes bzw. »Bildungsinhaltes«, auf dessen Gegenwartsbedeutung sowie dessen Zukunftsbedeutung für die zu unterrichtenden Schülerinnen und

2 Ich beziehe mich hier auf die alte Fassung der didaktischen Analyse, wie sie in den »Studien zur Bildungstheorie und Didaktik« formuliert ist. (Klafki 1964)

3 Beispielhaft wird dies etwa von Peterßen vorgeführt (Peterßen 2005).

Schüler, auf die Struktur des Inhalts und schließlich auf die Zugänglichkeit des Unterrichtsgegenstandes (Klafki 1964).

Bevor nun gezeigt wird, inwiefern die didaktische Analyse von Klafki in der Unterrichtsforschung, wie sie im Rahmen des von Gruschka initiierten und geleiteten Forschungsprojektes »aufgehoben« ist, soll auch dieses kurz etwas genauer erklärt werden. Das Anliegen Gruschkas besteht darin, eine dezidiert *pädagogische* Unterrichtsforschung zu betreiben. Wie dies zu verstehen ist, hat er in einer Vorstudie zu dem Projekt mit dem Titel »Auf dem Weg zu einer Theorie des Unterrichtens« dargelegt (Gruschka 2005). Darin heißt es, eine Unterrichtsforschung und eine auf dem Weg über diese entwickelte Unterrichtstheorie sei dann eine pädagogische, wenn bestimmte Grundbegriffe der Pädagogik »untersuchungsleitend« (33) sind: Der Begriff der »Bildung«, der mit Klafki verstanden werden kann als der Prozess der wechselseitigen Erschließung von »Subjekt« und »Welt«, der Begriff der »Erziehung«, der letztlich an der Mündigkeit des Schülers bzw. des Subjekts orientiert ist, und schließlich der Begriff der »Didaktik«, der Vermittlung, die dazu dient, dass sich »Welt« bzw. die »Sache« für die Schüler erschließen. Diese drei Begriffe stehen für drei Dimensionen, die – so Gruschka – immer im Unterricht präsent sind.

Wie kann, wie soll nun die These, die didaktische Analyse Klafkis sei in der pädagogischen Unterrichtsforschung Gruschkas »aufgehoben«, überprüft bzw. belegt werden? Möglich wäre es, eine beispielhafte Interpretation von Gruschka aufzugreifen und an ihr zu demonstrieren, was oben behauptet wurde.[4] Hier soll allerdings ein anderer Weg eingeschlagen werden: Es soll exemplarisch eine jener Analysen, die im Rahmen des Forschungsprojektes bisher durchgeführt wurden, vorgestellt werden, die Analyse einer Episode aus einer Stunde im Fach Kunst an einer Integrierten Gesamtschule.[5] Diese Analyse wird – wie alle Analysen des Forschungsprojektes – mit Hilfe der von Ulrich Oevermann entwickelten Methode der Objektiven Hermeneutik durch-

4 Gruschka hat selbst in anderen Zusammenhängen bereits auf die Nähe zu Klafki verwiesen (z.B. Gruschka 2004).

5 Im Gegensatz zu fast allen anderen Unterrichtsstunden, die im Rahmen des Forschungsprojektes untersucht werden, ist die vorliegende eine, die nicht in der Jahrgangsstufe 8, sondern in der Jahrgangsstufe 9 stattgefunden hat (weil Unterricht im Fach Kunst laut dem Hessischen Lehrplan für die Jahrgangsstufe 8 nicht vorgesehen ist.)

geführt. Sie eignet sich in besonderem Maße für die empirische Unterrichtsforschung, da sie nicht darauf angelegt ist, irgendwelche theoretischen Überzeugungen »subsumtionslogisch« zu bestätigen, sondern die empirischen Daten konsequent analytisch zu erschließen – und zwar in ihrer Totalität (so dass auch Brüche, Spannungen sowie Widersprüche im Unterrichtsgeschehen in den Blick geraten können.) Die Analyse beschränkt sich nun auf den Arbeitsauftrag, der zu Beginn der Stunde gestellt wird. Dieses Vorgehen hat insofern eine gewisse Berechtigung, als Arbeitsaufträge im Unterricht stets von zentraler Bedeutung sind und den Verlauf des Unterrichts wesentlich beeinflussen. Hinzu kommt, dass der Arbeitsauftrag im vorliegenden Fall auf den ersten Blick nicht als besonders geschickt und pädagogisch gehaltvoll erscheint. Der Fall ist – anders gesprochen – kein leichter. Ja, er macht es zum einen notwendig, dass sehr kleinschrittig vorgegangen wird. Das ist insofern aber unproblematisch, als die Methode der Objektiven Hermeneutik ein solches Vorgehen ja gerade verlangt. Zum anderen muss jedoch ein wesentliches Prinzip, dessen Befolgung laut der Methode der Objektiven Hermeneutik eigentlich geboten ist, aufgegeben werden, das Prinzip, dass Texte linear interpretiert werden sollten. (Wernet 2000) (Die Darstellung der Analyse würde sonst zu unübersichtlich.)[6] Stattdessen werden die relevanten Textstellen aus dem Kontext heraus genommen und sodann extensiv interpretiert.

III

Die Textstelle, mit der die Interpretation begonnen werden soll, lautet:

> 75 Lm: Und zwar (.) haben wir heute den Begriff (.)

Auf die verschiedenen Details dieser Äußerung soll hier nicht genauer eingegangen werden – das eine Erläuterung, eine Präzisierung ankündigende »und zwar«, das vergemeinschaftende »wir«, die Zeitangabe »heute«, mit der eine Abgrenzung von anderen Daten vorgenommen wird, das Verb »haben« – vielmehr soll sofort das zentrale Moment

6 Dem Prinzip der Linearität ist jedoch in vorangegangenen Interpretationen entsprochen worden: einer Interpretation im Rahmen der Forschungsgruppe, die seit einiger Zeit regelmäßig am Institut für die Pädagogik der Sekundarstufe der JWG-Universität in Frankfurt am Main tagte, und in einer ersten schriftlichen Ausarbeitung einer Interpretation durch den Verfasser.

dieser Äußerung aufgegriffen werden, nämlich dass offensichtlich ein »Begriff« Gegenstand des Unterrichts sein soll. Dieses Moment gibt zu zwei Fragen Anlass: Zunächst ist – unabhängig von dem Kontext, in dem die Äußerung steht – zu fragen, worin die Bedeutung des Wortes »Begriff« besteht. Also: Was ist ein Begriff? Im zweiten Schritt ist sodann der pragmatische Kontext zu berücksichtigen, also die Tatsache, dass die zu analysierende Äußerung im Kontext von Schule steht. Die zweite Frage lautet also: Was heißt es, genauer gesagt, was könnte es heißen, dass ein Begriff zum Gegenstand des Unterrichts gemacht wird?

Zu der ersten Frage ließe sich viel sagen, hier sei nur kurz auf den »Brockhaus« verwiesen, der erklärt, ein Begriff sei eine

> »durch Abstraktion invarianter Merkmale gewonnene Vorstellung von Gegenständen, Eigenschaften und Relationen. (...) Der Begriff stellt den Gegenstand nicht in seiner anschaulichen Fülle, sondern nur in bestimmten Merkmalen dar.« (Brockhaus 1996, S. 32)

Auf die zweite Frage soll etwas ausführlicher eingegangen werden. Begriffe können in unterschiedlicher Weise Gegenstand des schulischen Unterrichts sein: Im Ethikunterricht können philosophische Begriffe wie z.B. derjenige der »Gerechtigkeit« oder der »Tugend« zum Gegenstand gemacht werden, im Geschichtsunterricht kann z.B. der historische Begriff des »Absolutismus« oder im Musikunterricht derjenige der »Sonate« besprochen werden. In allen diesen Fällen geht es dann darum, dass entweder der »Inhalt« eines Begriffes (im Sinne von der »Gesamtheit der im Begriff gedachten Merkmale«) oder dessen »Umfang« (die »Gesamtheit der Gegenstände, die ein Begriff bezeichnen kann«) diskursiv geklärt wird (mit dem Ziel der »begrifflichen Erkenntnis«.) Von dieser Art der diskursiven Klärung eines Begriffs ist grundsätzlich zu unterscheiden, wenn etwa im Fach Musik Schüler dazu angehalten werden, mit bestimmten Instrumenten (z.B. Percussionsinstrumenten) eine Stimmung auszudrücken, die mit einem Begriff (z.B. dem der »Spannung«, »Gelassenheit« o.Ä.) bezeichnet wird. Auch wenn z.B. im Sportunterricht im Rahmen einer Reihe zum Thema »Tanz« die Schüler aufgefordert werden, eine bestimmte Körperhaltung oder Körperbewegung für einen vorgegebenen Begriff zu finden, so geht es nicht darum, dass ein Begriff diskursiv geklärt wird, vielmehr zielt eine solche Behandlung eines Begriffs darauf ab, für diesen eine Ausdrucksgestalt zu finden (mit Hilfe unterschiedlicher »Ausdrucksmaterialien« und mit dem Ziel, zu einer Art »sinnlicher Erkenntnis« zu gelangen.)

Im Fach Kunst können nun Begriffe sowohl in der einen als auch in der anderen Art thematisch sein: Entweder kann der Unterricht darauf ausgerichtet sein, einen Begriff diskursiv zu klären – z.B. den Epochenbegriff »Expressionismus« oder den technischen Begriff der »Perspektive« –, oder ein Begriff ist insofern thematisch, als für diesen eine künstlerische Ausdrucksgestalt gefunden werden soll.

Wenn es um letzteres gehen sollte, was würde das bedeuten? Eine künstlerische Ausdrucksgestalt für einen Begriff zu finden setzt voraus, dass gewisse »Vorstellungen von Gegenständen, Eigenschaften und Relationen« schon vorhanden sind, dass die Schüler bestimmte Merkmale mit einem Begriff verbinden, also ein gewisses »Wissen« bereits besitzen. Darüber hinaus müssen Schüler sich aber auch dieses Wissen subjektiv angeeignet haben, sie müssen eine subjektive Vorstellung von bzw. ein subjektives Verhältnis zu dem Begriff haben, das sich sodann in einem künstlerischen »Werk« verobjektivieren kann. Anders gesprochen, die künstlerische Produktion, die Aufgabe, eine künstlerische Ausdrucksgestalt zu finden, verlangt mehr als die bloße Reproduktion von Wissen, vielmehr setzt sie einen Verarbeitungsprozess, anders gesprochen, einen »Bildungsprozess« voraus bzw. kann zum Medium eines Bildungsprozesses werden, in dessen Rahmen Schüler einen Teil ihrer Subjektivität in einem Objekt veräußerlichen.

IV

Um welchen Begriff soll es nun gehen?

76 Zärtlichkeit.

Der Begriff, den der Lehrer für die aktuelle Stunde vorgesehen hat, könnte sowohl auf die eine als auch auf die andere Weise behandelt werden: Der Begriff der »Zärtlichkeit« könnte zum Gegenstand einer diskursiven Klärung gemacht werden, wenn er etwa als systematischer Begriff im Rahmen einer kunsthistorischen Betrachtung – z.B. »Zärtlichkeit« in der Malerei des 19. Jahrhunderts – verwendet wird. Es ist aber auch vorstellbar, dass die Schüler dazu aufgefordert werden, eine künstlerische Ausdrucksgestalt für ihn zu finden. Im Folgenden wird sich zeigen, dass letzteres tatsächlich der Fall ist. Und es sind wieder verschiedene Fragen, die sich stellen: Zunächst ist wieder nach der allgemeinen Bedeutung des Begriffs zu fragen. Die erste Frage lautet also: Was ist überhaupt Zärtlichkeit? Sodann stellt sich die Frage, was der Begriff »Zärtlichkeit« speziell für Schüler der Jahrgangsstufe 9 bedeutet. Mit Klafki gesprochen ließe sich sagen, dass es die Frage nach der Gegenwarts- und Zukunftsbedeutung der »Sache« für die Schüler ist. Schließlich ist noch der Frage nachzugehen, warum der Lehrer ausgerechnet diesen Begriff für den Unterricht ausgewählt hat.

Auf die erste Frage soll wieder nur kurz eingegangen werden. Im Duden ist unter dem Stichwort »Zärtlichkeit« von körperlichen Berührungen die Rede, von »Liebkosungen«, von »Küssen« und »Umarmen«, aber auch von der Empfindung von Zärtlichkeit und von Blicken, in denen Zärtlichkeit liegt (Duden 1981). In jedem Fall beruht Zärtlichkeit auf Zuneigung. Sie kann sich in körperlichem Kontakt ausdrücken, der jedoch nie aggressiv, sondern immer durch Vorsicht und Rücksichtnahme gekennzeichnet ist. Zärtlichkeit ist – psychoanalytisch gesprochen – stets hoch sublimiert.

Die zweite Frage zu beantworten ist wesentlich schwieriger, ja, richtig beantworten lässt sie sich kaum, doch kann versucht werden, wenigstens grob auf sie einzugehen, indem gefragt wird, in welchen sozialen Beziehungen Zärtlichkeit auftauchen kann und wie Schüler der Jahrgangsstufe 9 eventuell dazu stehen. Grundsätzlich kann »Zärtlichkeit« nämlich in verschiedenen intimen Beziehungen eine Rolle spielen: Der Umgang zwischen Eltern und ihrem Kind, speziell zwischen der Mutter und ihrem Kind, kann durch Zärtlichkeit geprägt sein. In den Liebkosungen kommt dann die Zuneigung, die die Eltern für ihr Kind empfinden, zum Ausdruck. Dies ist allerdings nur möglich, wenn das Kind klein ist und körperliche Kontakte zwischen Eltern und Kind noch unproblematisch sind. Mit zunehmendem Alter verliert die Beziehung zwischen Eltern und Kind diese körperlichen Dimension, die Beziehung wird abstrakter – was in der Pubertät so weit gehen kann, dass Jugendliche sich explizit gegen körperliche Kontakte verwehren. Sich allmählich von den Eltern ablösend empfinden sie die körperliche Zuwendung dann womöglich als einschränkend bzw. als ihrem Alter einfach unangemessen. In dem Alter, in dem sich die Schüler, die hier unterrichtet werden, befinden, ist vermutlich »Zärtlichkeit« im Verhältnis zwischen Eltern und Kind allenfalls in diesem negativen und sich abgrenzenden Sinne ein Thema. Stattdessen hat »Zärtlichkeit« in einem anderen Kontext eine große Bedeutung gewonnen: dem der intimen Beziehungen zu Gleichaltrigen. Dieses Feld, in dem sich die Frage der Partnersuche und des Verhältnisses zur Sexualität stellt, ist in diesem Alter in hohem Maße brisant und aktuell – und die Frage stellt sich sofort, ob die Thematisierung dieses Feldes im Rahmen von Unterricht überhaupt möglich ist bzw. ob es nicht problematisch ist, wenn die Schüler dazu angehalten werden, sich im Unterricht zu Fragen zu äußern, die in so hohem Maße ihre persönliche Entwicklung betreffen, die so sehr ins »Private« gehen.[7]

Im Rahmen dieses Feldes ist nun »Zärtlichkeit« insofern von besonderer Bedeutung, als sie zwischen dem unkörperlichen Verliebtsein auf der einen Seite und dem unmittelbar sexuellen Kontakt auf der anderen Seite steht. Sie ist von der einen Seite aus gesehen sehr viel, etwas, das zu erreichen einige Jugendliche sich womöglich kaum vorzustellen wagen – ein Gegenstand unerfüllter Hoffnungen und Sehnsüchte. Von der anderen Seite aus gesehen ist sie »nicht alles«, ist gewissermaßen Vorstufe zu einer Art von Beziehung, die auch eine unmittelbar sexuelle Dimension hat.

Auf die dritte Frage, die Frage, warum der Lehrer speziell den Begriff der »Zärtlichkeit« für die aktuelle Stunde ausgesucht hat, kann nun mit der Vermutung geantwortet werden, dass er wahrscheinlich bewusst einen Begriff gewählt hat, der die Schüler eben »nicht kalt lässt«, sondern im Gegenteil aufgrund der Phase der psychosexuellen Entwicklung, in der diese sich gerade befinden, ein sehr »heißer« ist. Hinzu kommt, dass der Lehrer davon ausgehen kann, dass die Schüler »irgendwie« wissen, was »Zärtlichkeit« ist, und es ihm deswegen vielleicht nicht notwendig zu sein scheint, erst einmal im Unterrichtsgespräch den Bedeutungsgehalt dieses Begriffes zu explizieren.

Zusammenfassend lässt sich sagen, dass die Aufgabe, eine künstlerische Ausdrucksgestalt für den Begriff »Zärtlichkeit« zu finden, durch-

7 Etwas Anderes ist es, wenn über ein solches Thema – etwa im Rahmen von Ethikunterricht – diskutiert wird. Dann kann, wer sich dazu nicht äußern will, Zurückhaltung üben. Andere, denen es nichts ausmacht, können zu Wort kommen und Dinge aussprechen, über die zu reden ihre Mitschüler sich vielleicht schämen. Diese Mitschüler können nun von dem Unterrichtsgespräch profitieren, insofern sie Anregungen zum Nachdenken über sich selbst erhalten. In dem vorliegenden Beispiel aber ist jede/r Schüler/in dazu aufgefordert, sich zu dem Begriff »Zärtlichkeit« zu äußern.

aus eine bildende Wirkung haben, einen Bildungsprozess anstoßen kann. Es liegt nahe, hier im Sinne der didaktischen Analyse von Klafki von dem »Bildungsgehalt« der Aufgabe zu sprechen, der eben darin besteht, dass die Schüler dazu aufgefordert werden bzw. die Möglichkeit erhalten, ein subjektives Verhältnis zu einem zentralen Thema jener Entwicklungsphase, in der sie sich momentan befinden, zu gewinnen und dieses in einem »Werk« zu verobjektivieren.

V

Die nächste Äußerung, die interpretiert werden soll, lautet:

54 Lm: Wir machen
55 jetzt wieder diese Übung.

Wieder möchte ich einige Facetten der herausgegriffenen Äußerung unberücksichtigt lassen. Nur kurz erwähnt sei, dass das »wieder« darauf verweist, dass den Schülern die Vorgehensweise vertraut ist, sie nun zum wiederholten Maße praktiziert wird. Genauer eingegangen werden soll hier allein auf die Frage, was es heißt, wenn im Zusammenhang mit der Aufgabenstellung, die oben analysiert wurde, also der Aufforderung, für den Begriff der »Zärtlichkeit« eine künstlerische Ausdrucksgestalt zu finden, von einer »Übung« gesprochen wird. Dazu ist es erst einmal notwendig zu klären, was der Begriff der »Übung« impliziert. Der Begriff setzt zum einen voraus, dass es etwas gibt, das geübt werden kann bzw. soll, und zum anderen, dass dasjenige, was geübt wird, (noch) nicht gekonnt wird (sonst wäre die Übung überflüssig.)

Sodann stellt sich die Frage, was denn der Gegenstand der Übung sein könnte. Zwei Antworten sind hier denkbar: entweder irgendwelche Mittel, die zur Lösung des Arbeitsauftrages angewendet werden sollen, oder die Erfüllung des Arbeitsauftrages selbst, genauer gesagt, die Suche nach einer künstlerischen Ausdrucksgestalt für irgendeinen Begriff. Dass es darum geht, dass die Verwendung irgendeines Mittels zur Lösung des Arbeitsauftrages geübt werden soll, ist nicht unwahrscheinlich, ist die vom Lehrer gestellte Aufgabe doch äußerst anspruchsvoll. Es wäre naheliegend, dass den Schülern didaktische Hilfestellungen gegeben, bestimmte Verfahren oder Techniken vermittelt werden, die nun geübt werden sollen. So könnte z.B. geübt werden, wie mit

Hilfe eines bestimmten Verfahrens, etwa mit einem Assoziagramm, die Schüler versuchen können, sich dessen bewusst zu werden, was sie mit einem Begriff verbinden. Oder es könnte eine bestimmte künstlerische Technik geübt werden, z.B. mit Farben bestimmte Stimmungen oder Gefühle zum Ausdruck zu bringen.

Die andere Möglichkeit besteht darin, dass die Erfüllung des Arbeitsauftrages selbst geübt wird. Dass der Lehrer davon spricht, es würde »wieder diese Übung« gemacht, könnte dann so interpretiert werden, dass in der Vergangenheit schon (mindestens) einmal geübt worden ist, für einen Begriff eine künstlerische Ausdrucksgestalt zu finden und jetzt dieselbe Übung eben mit einem anderen Begriff durchgeführt werden soll.

Wenn das so ist, wenn die Übung also darin besteht, dass die Schüler künstlerische Ausdrucksgestalten für einen Begriff finden sollen, und wenn darüber hinaus den Schülern keine Mittel an die Hand gegeben werden sollten, mit denen sie den Arbeitsauftrag lösen können, so kann dies eigentlich nur unter der Prämisse geschehen, dass alle Schüler potentiell Künstler sind. Der Lehrer unterstellt, so lässt sich dieser Gedanke anders formulieren, dass alle Kinder »von Natur aus« die Fähigkeiten, die zur künstlerischen Gestaltung notwendig sind – die Inspiration und die gestalterischen Mittel – besitzen. Sie benötigen keine Hilfestellungen, müssen nicht »an die Hand genommen werden«, um den Arbeitsauftrag zu lösen, weil sie prinzipiell dazu einfach in der Lage sind. Diese Vorstellung, die auch als »pädagogischer Optimismus« bezeichnet werden könnte, kann sodann auf zwei diametral entgegengesetzte Weisen interpretiert werden: Zum einen kann sie als zynisch verstanden werden. Der Lehrer weiß ganz genau, dass die Schüler es eigentlich nicht können – denn sonst würde er ja nicht von einer »Übung« sprechen –, er weiß, dass die Schüler überfordert sind. Sie haben nicht die Voraussetzungen, um den Arbeitsauftrag lösen zu können, und brauchen Hilfestellungen, aber da sie diese nicht bekommen, werden sie scheitern (zumindest etliche von ihnen.) Und indem die »Übung« mehrfach wiederholt wird, machen die Schüler systematisch die Erfahrung des Versagens.

Zum anderen kann der »pädagogische Optimismus« aber auch als in hohem Maße erzieherisch bedeutsam verstanden werden. Indem der Lehrer in die Fähigkeiten der Schüler vertraut, indem er so tut »als ob«, eben als ob sie bereits Künstler wären, setzt er auf die Mündigkeit der

Schüler, auf ihre Eigenständigkeit, Unabhängigkeit (von erziehenden Personen), und zwar speziell auf dem Gebiet der künstlerischen Produktion. Freilich ist diese Art der Erziehung sehr riskant. Gemildert wird das Risiko allein dadurch, dass die Erfüllung des Arbeitsauftrages eben als »Übung« begriffen wird, es also immer wieder neu eine Chance gibt, das Ziel zu erreichen. Und mit der Bezeichnung der Arbeit als »Übung« ist auch verbunden, dass, wenn diese Arbeit misslingen sollte, es keine gravierenden Konsequenzen für die Schüler hat. Der »Ernstfall« würde erst eintreten, wenn nicht mehr geübt, sondern das »Können« geprüft wird, etwa im Rahmen einer Klassenarbeit.

VI

Vom Standpunkt jener Unterrichtsforschung, wie sie Gruschka in seiner »Vorstudie« konzipiert hat, lässt sich sagen, dass zwei Dimensionen des Arbeitsauftrages bereits herausgearbeitet worden sind: die Dimension der Bildung und diejenige der Erziehung. Wenn die Interpretation zutrifft, wenn dasjenige, was als Möglichkeiten, die in dem Arbeitsauftrag liegen, tatsächlich sich entfalten kann, dann ist der Arbeitsauftrag in hohem Maße pädagogisch bedeutsam. Vom Standpunkt der didaktischen Analyse Klafkis aus gesehen ließe sich die pädagogische Bedeutung dadurch begründen, dass der Arbeitsauftrag – wie gezeigt – einen Gegenwartsbezug hat (und natürlich auch einen Zukunftsbezug, da das Thema »Zärtlichkeit« für die Schüler letztlich ihr ganzes Leben lang relevant sein wird.) Worin die exemplarische Bedeutung des Arbeitsauftrages besteht, ist jedoch schwieriger zu sagen: Das Exemplarische könnte zum einen darin gesehen werden, dass der Begriff »Zärtlichkeit« exemplarisch für andere Begriffe steht. Es wurde ja bereits die Vermutung geäußert, dass er nur einer von mehreren Begriffen ist, zu denen die Schüler eine künstlerische Ausdrucksgestalt finden sollen. Zum anderen könnte der künstlerische Schaffensprozess, der durch den Arbeitsauftrag angestoßen werden soll, als exemplarisch für das künstlerische Schaffen überhaupt betrachtet werden. In diesem Sinne wurde er oben interpretiert – und dabei darauf hingewiesen, dass er sowohl in der Dimension der Bildung als auch in derjenigen der Erziehung äußerst anspruchsvoll ist.

Auch die Frage, worin denn die inhaltliche Struktur des Arbeitsauftrages besteht, ist schwer zu beantworten: Zwar lässt sich – wie oben geschehen – Allgemeines zu dem Begriff der Zärtlichkeit sagen, doch setzt der Arbeitsauftrag letztlich darauf, dass die Schüler den Begriff selbst inhaltlich füllen – und ihre inhaltlichen Vorstellungen sodann in einem Kunstwerk verobjektivieren.

Die Analyse wird sich im Folgenden auf die dritte Dimension beziehen, die laut Gruschka im Unterricht immer präsent ist: auf diejenige der Didaktik. Der Arbeitsauftrag wird nämlich den Schülern nicht ohne Kommentar gestellt, ohne dass weitere Erklärungen zu ihm gegeben werden – was durchaus möglich gewesen wäre. Vielmehr wird er didaktisch gerahmt, und zwar in mehrfacher Hinsicht:

a. Der Arbeitsauftrag wird zunächst begründet.
b. Dann werden bestimmte Bedingungen gesetzt, unter denen der Arbeitsauftrag erfüllt werden soll.
c. Schließlich wird eine Hilfestellung gegeben, wie der Arbeitsauftrag gelöst werden kann.

a. In Reaktion auf die ersten Schülerkommentare zu der bevorstehenden »Übung« erklärt der Lehrer:

> 16 Lm: Das ist eine ganz (.) tolle Sache.

Was bedeutet es, dass der Lehrer den von ihm gestellten Arbeitsauftrag bzw. die Arbeit an ihm als eine »ganz tolle Sache« bezeichnet? Seine Formulierung kann m.E. in zweierlei Hinsicht interpretiert werden: Zum einen legt sie die Vermutung nahe, dass die Aufgabe, deren Erfüllung der Lehrer von den Schülern verlangt, eventuell nicht im Lehrplan vorgesehen ist. Wäre sie in ihm enthalten, so könnte der Lehrer sich nüchtern auf diesen berufen. (Themen, die standardmäßig Gegenstand des Unterrichts sind, als »ganz tolle Sache« zu bezeichnen, wirkt unangemessen, etwas übertrieben.) Zum anderen könnte diese Formulierung ein Hinweis darauf sein, dass es Argumente, die allen Schülern einsichtig machen könnten, warum sie den Arbeitsauftrag erfüllen sollen, womöglich aus der Sicht des Lehrers gar nicht gibt. Statt auf eine rationale didaktische Begründung scheint der Lehrer darauf zu setzen, dass, wenn er selbst sich als von der Sache überzeugt, ja, begeistert zeigt, diese Begeisterung auf die Schüler überspringt, er sie also mitzureißen vermag.

16 Ihr habt da
17 spitzenmäßige (.) Ergebnisse, äh, produziert hier,

Auch diese Formulierung ist für den normalen, nüchternen schulischen Alltag ungewöhnlich. Zum Beispiel können bei der Rückgabe einer Klassenarbeit die Ergebnisse gelobt werden, sie als »spitzenmäßig« zu bezeichnen wäre aber auch dann unangemessen, wenn die Arbeit sehr gut ausgefallen ist. Die Bezeichnung »spitzenmäßig« wird aber außerhalb der Schule häufig verwendet, und zwar wenn es darum geht, bestimmte Leistungen als besonders hervorstechend herauszustellen, oder wenn etwas als außeralltäglich inszeniert werden soll (z.B. im Fernsehen.) Indem der Lehrer die Ergebnisse eines bestimmten Typus von Aufgabenstellung emphatisch, überschwänglich lobt, setzt er darauf, die Schüler zur Erfüllung eines Arbeitsauftrages desselben Typus (aber mit einem anderen Inhalt) motivieren zu können.

17 die
18 wir uns irgendwann mal alle zusammen angucken werden.

Hier fragt sich, worauf das »alle zusammen« sich bezieht – auf die Klasse mit dem Lehrer oder auf die Ergebnisse (in Form von Bildern)? Beide Lesarten sind möglich. Klar ist: Der Lehrer verspricht der Klasse, dass sie sich zusammen – einige oder alle – Bilder anschauen werden. Widersprüchlich ist jedoch, dass der Lehrer den Schülern einerseits dieses konkrete Versprechen gibt, andererseits das Datum der Einlösung des Versprechens völlig unbestimmt lässt. »Irgendwann« kann in der nächsten Zeit, kann aber auch am Sankt-Nimmerleins-Tag sein. Völlig unklar ist, was mit den Bildern in der Zwischenzeit passiert. Vorstellbar wäre zum einen, dass die Schüler sie behalten und womöglich mit nach Hause nehmen – und eben »irgendwann« für eine gemeinsame Betrachtung wieder mit in die Schule bringen. Zum anderen ist aber auch denkbar, dass die Bilder, die »spitzenmäßigen Ergebnisse« vom Lehrer eingesammelt werden. Wenn das zutrifft, so könnte dies ein Stück weit eine Reserve der Schüler gegenüber diesem »Projekt« bedingen: Im normalen, alltäglichen Unterricht erarbeiten Schüler ein Produkt, das womöglich vorübergehend von der Lehrperson eingesammelt wird (eventuell um es zu benoten), das sie aber letztlich als ihr Eigentum betrachten und behalten können. In diesem Fall aber könnte es sein, dass die Schüler der Ergebnisse ihrer Arbeit vollständig enteignet werden. Angesichts dessen wird es nun notwendig, ihnen wenigstens zu versprechen, dass sie diese »irgendwann« wieder zu Gesicht bekommen werden – ob diese dann auch ausgehändigt werden und die Schüler sie behalten dürfen, bleibt offen.

> 19 Wo ich so mal eine Sammlung von den, von den Highlights
> 20 zusammenstelle.

Klar ist jetzt: Der Lehrer will den Schülern nicht alle Ergebnisse »irgendwann« präsentieren, sondern nur »eine Sammlung«, die er selbst zusammengestellt hat. In diese Sammlung kommen die »Highlights«. Dieser Begriff passt noch weniger in den schulischen Alltag als der der »spitzenmäßigen Ergebnisse«.[8]

Beide Formulierungen – die Rede von den »spitzenmäßigen Ergebnissen« und diejenige von den »Highlights« – stehen in einer gewissen Spannung zueinander. Auf Nachfrage würde der Lehrer gewiss antworten, dass letztlich alle Bilder »spitzenmäßig« sind und die »Highlights« aus der Menge der »spitzenmäßigen Ergebnisse« herausragen. Die Rede von den »Highlights« impliziert jedoch, dass der »Rest« eben nur dürftige Mittelmäßigkeit oder einfach schlecht ist.

Dass der Lehrer von einer »Sammlung« von »Highlights« spricht, könnte dadurch motiviert sein, dass er hofft, unter den Schülern könnte ein Wettbewerb um einen Platz in der Sammlung der »Highlights« entstehen – so dass die Erfüllung des Arbeitsauftrages einen zusätzlichen Reiz gewinnt.

b. Es sind zwei Bedingungen, unter denen die Schüler den Arbeitsauftrag ausführen sollen. Die erste geht aus folgender Formulierung des Lehrers hervor:

> 8 Ich teile euch wieder ein
> 9 DIN A4-Blatt aus.

Diese Vorgehensweise ist in mehrfacher Hinsicht merkwürdig: Zum einen ist normalerweise davon auszugehen, dass die Schüler die für den Unterricht notwendigen Materialien selbst mitbringen – zumindest im Hinblick auf Papier lässt sich das wohl sagen. Zum anderen ist das Format der Blätter, die der Lehrer austeilen will, für den Kunstunterricht eher ungewöhnlich: In der Regel wird im Kunstunterricht mit Papier im

8 Auch die beste Klassenarbeit würde kein Lehrer unter normalen, alltäglichen Bedingungen als ein »Highlight« bezeichnen.

Format DIN A3 gearbeitet. Hinzu kommt schließlich, dass der Lehrer offensichtlich an jeden Schüler nur *ein* Blatt verteilen will.

Dass der Lehrer die Blätter, die benutzt werden sollen, austeilt, könnte damit zusammenhängen, dass er sie schließlich auch wieder einsammeln will – um am Ende des Übungsprozesses den Schülern eine Auswahl präsentieren zu können. (Und zum Einsammeln ist das DIN A4-Format besser geeignet als das größere DIN A3-Format.)

Für den Arbeitsprozess der Schüler ist die Tatsache, dass sie mit einem kleineren Blatt arbeiten müssen, weniger konsequenzenreich als diejenige, dass sie nur ein Blatt erhalten. Denn das hat zur Folge, dass sie keine Vorstudien anfertigen, nicht verschiedene Dinge erst einmal ausprobieren können, sondern sich vorweg alles so gut überlegen und sich ihrer gestalterischen Möglichkeiten so sicher sein müssen, dass sie sofort zu einer endgültigen, fertigen Ausdrucksgestalt gelangen.

Hinzu kommt eine andere, noch viel weiter gehende restriktive Bedingung, die der Lehrer folgendermaßen formuliert:

121 Lm: Wie immer (.) heute sechs Minuten Zeit.

Zwei Lesarten sind denkbar: Entweder der Lehrer bricht nach den ersten zwei Wörtern ab und es hätte z.B. heißen können: »Wie immer verwenden wir auf diese ›Übung‹ nur einige wenige Minuten Zeit. (Nur) heute sollen es sechs Minuten sein.« Oder die Äußerung ist als Einheit zu sehen: Für die Übung sind immer nur sechs Minuten vorgesehen. Dann ist es allerdings fraglich, warum der Lehrer von »heute« spricht. Diese Zeitangabe veranlasst zu dem Schluss, dass die Zeit für diesen Typus von Aufgabenstellung immer stark begrenzt ist, die Begrenzung auf sechs Minuten aber eben nur für die aktuelle Stunde gilt.

Beide Bedingungen – dass den Schülern nur ein Blatt zur Verfügung gestellt wird und dass sie in sechs Minuten mit ihrer Arbeit fertig sein sollen – sind dermaßen restriktiv, dass durch sie die Möglichkeit der Erfüllung des Arbeitsauftrages tendenziell in Frage gestellt wird. Kann unter diesen restriktiven Bedingungen der Bildungsprozess, der – wie die Analyse zu zeigen versucht hat – durch den Arbeitsauftrag angestoßen werden könnte, überhaupt stattfinden und kann unter diesen Bedingungen das erzieherische Zutrauen in die Mündigkeit der Schüler auf dem Gebiet der künstlerischen Praxis seine Wirkung überhaupt entfalten? Ist es nicht absehbar, dass unter diesen Bedingungen die Arbeit der Schüler scheitern muss, dass sie allenfalls dazu in der Lage sein werden, klischeehafte Vorstellungen von Zärtlichkeit bildlich darzustellen?

Wenn dem so ist, wenn durch diese restriktiven Bedingungen es verunmöglicht oder zumindest deutlich erschwert wird, dass die Schüler eine gelungene künstlerische Ausdrucksgestalt für den Begriff Zärtlichkeit finden, was könnten dann die Gründe dafür sein, dass der Lehrer diese setzt? Geht er tatsächlich davon aus, die den Schülern unterstellte Künstlerschaft könne unter diesen restriktiven Bedingungen irgendwie »herausgepresst« werden, durch einen solchen externen Druck könne das künstlerische Potential der Schüler freigesetzt werden? Anzunehmen ist eher, dass es viel einfachere, dem schulischen »Betrieb« geschuldete Gründe sind: Es wurde bereits die Vermutung geäußert, dass diese »Übung« nicht im Lehrplan vorgesehen ist. Es ist also denkbar, dass der Lehrer die Unterrichtsstunde, die er mit der Klasse zu halten hat, in zwei Teile teilt: In den ersten ca. 10 Minuten wird die »Übung« gemacht, die nicht im Lehrplan vorgesehen ist, die restlichen 35 Minuten findet Unterricht »nach Plan« statt. Die Vermutung liegt nahe, dass diese Zweiteilung einer grundsätzlichen Dichotomie entspricht, der Vorstellung von dem freien künstlerischen Schaffen auf der einen Seite, das nicht reglementiert werden darf und in dem sich ohne jede didaktische Hilfestellung das in jedem Menschen angelegte künstlerische Potential entfalten kann und soll. Und auf der anderen Seite steht das heteronome, didaktisierte schulische Arbeiten, das sich den Anforderungen und den Gepflogenheiten des schulischen Betriebs unterwerfen muss. Vor dem Hintergrund dieses dichotomen gedanklichen Konzepts kann das Arrangement, das der Lehrer für die hier analysierte Episode geschaffen hat, als ein Kompromiss gedeutet werden, als ein Kompromiss zwischen der Anmutung von Künstlertum und den Bedingungen des schulischen Betriebs.

c. Dass das Arrangement einen Kompromiss darstellt, zeigt sich auch an jener letzten Bemerkung, auf die schließlich noch eingegangen werden soll:

> Lm: Ein Wesen, wenn ihr das so nicht (wirklich ausdrücken
> wollt) oder (.) zwei Wesen.

Wichtig ist hier erst einmal der Einschub, denn er macht deutlich, dass dem Lehrer zwei Möglichkeiten der Erfüllung des Arbeitsauftrages vorschweben: Der Begriff »Zärtlichkeit« kann entweder figurativ ausgedrückt werden, und zwar mit einem oder zwei Wesen – wie es auch an anderer Stelle heißt:

> 69 Dass ihr das (.) entweder mit einem Wesen oder (.) mit
> 70 zwei Wesen, die sich aufeinander beziehen (.) macht.

Oder der Begriff wird nicht figurativ ausgedrückt – und das heißt, so offensichtlich die Vorstellung des Lehrers, ihn »wirklich ausdrücken«. Diese Formulierung lässt erkennen, dass die figurative Darstellung nicht diejenige ist, die der Lehrer sich eigentlich wünscht. Lieber sähe er es, wenn die Schüler den Begriff nicht figurativ, also abstrakt darstellen würden, denn das – so lässt sich vermuten – kommt dem, was Zärtlichkeit »wirklich« bedeutet, näher. Genauer gesagt, eigentlich lässt sich – so impliziert die Formulierung »wirklich ausdrücken« – der Begriff »Zärtlichkeit« gar nicht figurativ darstellen. Eine »wirkliche« Darstellung müsste abstrakt sein. Warum spricht der Lehrer dann aber von der Darstellung »mit einem Wesen oder (.) mit zwei Wesen«, warum legt er den Schülern eine figurative Darstellungsweise nahe? Es ist zu vermuten, dass der Lehrer diese Hilfestellung gibt, weil er befürchtet, die Schüler könnten mit dem Arbeitsauftrag nicht zurecht kommen oder womöglich sogar gegen ihn protestieren. Das aber heißt, dass er sich letztlich widersprüchlich verhält: Auf der einen Seite wagt er es, die Schüler mit einer äußerst anspruchsvollen Aufgabe zu konfrontieren, auf der anderen Seite gibt er ihnen einen Hinweis, wie diese anspruchsvolle Aufgabe auf relativ simple Weise gelöst werden könnte.

VII

Wie lassen sich die Ergebnisse der Analyse des Arbeitsauftrages zusammenfassen? Zum einen wurde – hoffentlich plausibel – gezeigt, dass und wie die drei Dimensionen, die für Unterrichtsforschung, soll sie eine »pädagogische« sein, nach Gruschka »untersuchungsleitend« sein sollen, in dem konkreten Fall präsent sind. Zum anderen wurde deutlich, dass, wenn auf diese Weise Unterricht analysiert wird, auch die Fragen der didaktischen Analyse von Klafki implizit beantwortet werden. Zuletzt geschah dies in Bezug auf die Frage der Zugänglichkeit. Zugänglich wurde den Schülern der Arbeitsauftrag dadurch gemacht, dass er »begründet« wurde, dass Bedingungen genannt wurden, unter denen er erfüllt werden soll und Hilfestellungen geboten wurden, wie der Arbeitsauftrag gelöst werden kann. Es zeigte sich aber, dass die Zugänglichkeit, dass also dasjenige, was für Gruschka die didaktische Dimension im engeren Sinne ausmacht, hoch problematisch ist, dass – um mit Gruschka zu sprechen – die drei Dimensionen der Bildung, der Erziehung und der Didaktik in dem vorliegenden Fall in einem Spannungsverhältnis stehen, und zwar dergestalt, dass die Dimension der Didaktik bzw. die Konzession an den »schulischen Betrieb« dasjenige, was in dem Arbeitsauftrag als Möglichkeit angelegt ist, seine bildende und seine erzieherische Wirkung, seinen »Bildungsgehalt« tendenziell negiert. Vor dem Hintergrund weiterer Analysen des Forschungsprojektes stellt sich die Frage, ob das Ergebnis, zu dem die Analyse dieser kurzen Episode gekommen ist – die Feststellung der Problematik der Didaktik bzw. der Präparierung der »Sache«, um sie »zugänglich« zu machen, singulär ist oder ob nicht das hier präsentierte und analysierte Beispiel insofern »exemplarisch« ist, als dies häufig der Fall ist – und eben häufig die Didaktik der Möglichkeit einer bildenden und erzieherischen Wirkung von Unterricht im Wege steht.[9] Es ist zu hoffen, dass das Forschungsprojekt diesbezüglich eine Klärung bringen wird.

9 Diese skeptische Haltung gegenüber der Didaktik ist in den Schriften von Gruschka an verschiedenen stellen zu finden (z.B. Gruschka 2004).

Welche Auswirkungen haben Menschenbilder von Lehrern auf Unterricht?

Antworten der hermeneutischen Unterrichtsforschung

Jede Lehrerin, jeder Lehrer macht sich ein Bild von seinen Schülern, sowohl von jedem einzelnen als auch von Gruppen von Schülern oder »dem Schüler überhaupt«. Wie sind diese Bilder beschaffen und wie wirken sie sich auf das Handeln von Lehrern sowie den Verlauf des Unterrichts und seine Ergebnisse aus? Die hermeneutische Unterrichtsforschung kann, wenn sie das pädagogische Handeln von Lehrern im Hinblick auf seine »impliziten Theorien« untersucht, auf diese Fragen eine Antwort geben: Die Konsequenzen sind enorm – und zum Teil äußerst problematisch.

Menschenbilder sind stets subjektiv – es sind gedankliche Konstruktionen von Subjekten, die sie sich von einem, mehreren oder allen Mitgliedern ihrer Gattung machen. Zu entscheiden, ob ein Menschenbild richtig oder falsch ist, ist aufgrund dieser subjektiven Qualität letztlich nicht möglich, auch die Wissenschaft kann das nicht. Menschenbilder liegen jedoch dem Handeln von Subjekten zugrunde – nicht zuletzt auch dem von Pädagogen –, geben ihm eine bestimmte Richtung und sind insofern praktisch enorm folgenreich. Deswegen hat sich die Wissenschaft, hat sich auch die Wissenschaft der Pädagogik immer wieder mit Menschenbildern beschäftigt. Beispielhaft dafür sei auf einen der Gründerväter der Geisteswissenschaftlichen Pädagogik, auf Herman Nohl verwiesen. Nohl war der Ansicht, dass der Kern aller Pädagogik in dem, was er den »pädagogischen Bezug« nannte, bestehe, einem persönlichen Verhältnis zwischen dem Pädagogen und einem Heranwachsenden (oder auch mehreren), das letztlich darauf ziele, dass letzterer sich selbst erzieht und der Pädagoge sich überflüssig macht (Nohl 1988). In diesem Bezug habe der Pädagoge den Heranwachsenden stets in zweifacher Weise im Blick: so, wie er gegenwärtig ist, und so, wie er in Zukunft sein könnte. Der Pädagoge mache sich ein Bild von seinem Gegenüber, das auf der einen Seite – mehr oder weniger – durch Erfahrung gesättigt sei und in der Realität fuße, das auf der anderen Seite aber von dieser absehe, fiktiv sei, eben eine auf die Zukunft bezogene Konstruktion. Nohl spricht in diesem Zusammenhang auch von einem »Ideal«, einer Vorstellung davon, wie der Heranwachsende in Zukunft idealiter sein könnte. Wichtig ist Nohl jedoch, dass dieses Ideal das Handeln des Pädagogen nicht determiniert. Das pädagogische Handeln dürfe nicht unmittelbar darauf zielen, dieses Ideal zu verwirklichen, vielmehr müsse sich der Pädagoge bremsen. Jene Praxis, die nicht primär darauf dringt, das Ideal zu verwirklichen, sondern der Spontaneität und Eigenwilligkeit des Heranwachsenden Rechnung trägt, bezeichnet Nohl als die des »pädagogischen Takts«.

Förderliche und nicht förderliche Menschenbilder

In der Forschung, genauer gesagt, in der Unterrichtsforschung stößt man immer wieder auf Konstruktionen, die dem Handeln von Pädagogen zugrunde liegen und dieses bestimmen: Konstruktionen davon, wie einzelne Schüler sind, wie eine Gruppe von Schülern beschaffen ist oder auch wie »der Schüler an sich« sei. Ja, es kann davon ausgegangen werden, dass jede Lehrerin und jeder Lehrer solche Konstruktionen besitzt und sich in seinem Handeln von ihnen leiten lässt. Es wäre abwegig, anzunehmen, diese Konstruktionen würden bewusst entworfen und Lehrpersonen würden ihr Handeln entsprechend planen und durchführen. Auch werden diese Konstruktionen nur selten explizit formuliert. Doch können sie auf dem Weg über eine hermeneutische Analyse des in der Empirie anzutreffenden pädagogischen Handelns von Lehrern als deren »implizite Theorie« rekonstruiert werden. Und insofern nicht nur einzelne Handlungen von Lehrpersonen rekonstruiert werden, sondern auch der gesamte Unterricht als komplexer Interaktionsprozess, kann sowohl herausgearbeitet werden, wie diese Konstruktionen konkret beschaffen sind, zum anderen aber auch, wie sie den Verlauf des Unterrichts bis ins Detail beeinflussen. Von ihnen hängt z.B. ab, wie eine Lehrperson einem einzelnen Schüler begegnet, ob sie ihm etwas zutraut oder nicht, oder wie eine Lehrperson ihre Schüler zu erziehen beabsichtigt und wie sie didaktisch vorgeht – und ob sie ihren Schülern die Möglichkeit, sich eine »Sache« zu erschließen, eher eröffnet oder sie eher versperrt. Kurz, es kann gezeigt werden, wie enorm folgenreich diese Konstruktionen für das Handeln der Lehrperson sowie für den Verlauf des Unterrichts und seine Ergebnisse sind. Diese Folgen können letztlich auch darin bestehen, dass solche Konstruktionen zu einer self-fulfilling prophecy werden. Obwohl es also nicht möglich ist, zwischen richtigen und falschen Konstruktionen zu unterscheiden, kann dennoch in der Wissenschaft darüber geurteilt werden, ob gedankliche Konstruktionen von Lehrern für den Unterricht förderlich sind oder nicht.

Auf der Basis der Annahme von Unterricht als einer spezifischen Form pädagogischer Kommunikation sind im Rahmen des Forschungsprojektes »Pädagogische Rekonstruktion des Unterrichtens« (PAERDU), welches unter der Leitung von Andreas Gruschka an der Goethe-Universität in Frankfurt am Main durchgeführt wurde, eine Vielzahl von Unterrichtsprotokollen – über 150 Transkripte – hermeneutisch rekonstruiert worden.[1] Die zentrale Forschungsfrage zielte zwar nicht auf die Menschenbilder jener Lehrpersonen, deren Unterricht aufgenommen und untersucht wurde, ab. Vielmehr ging es darum, die den Unterricht als Interaktionsprozess determinierende Logik zu rekonstruieren und diese als eine Konstellation von Didaktik, Erziehung und Bildung zu bestimmen. Doch stießen die Forscher bei ihrer Arbeit immer wieder auf verschiedene gedankliche Konstruktionen von Lehrpersonen, auf Bilder, »Vorurteile« oder »Ideale«, und konnten deren Konsequenzen für den Verlauf des Unterrichts und dessen Ergebnisse nachvollziehen. Aus dem Kontext dieses Forschungsprojektes sollen im Folgenden vier Beispiele angeführt werden, die jeweils eine spezifische Facette dieser fiktiven Dimension des Unterrichts schlaglichtartig deutlich machen.

Einen Schüler sowohl realistisch sehen als auch »idealisieren«

Das erste Beispiel steht für die Konstruktion eines Bildes von einem Schüler, dem »Ideal« eines Schülers, der zunächst eher negativ auffällt: In einem C-Kurs der Jahrgangsstufe 8 an einer Integrierten Gesamtschule werden im Fach Deutsch Arbeiten zurückgegeben. Dieser alltägliche Prozess, diese bekannte Routine gerät dadurch ins Stocken, dass die Lehrperson eine der Arbeiten nicht unmittelbar zurückgeben kann. Der Grund dafür ist, dass ein Schüler nur einen »Zettel« abgegeben und diesen noch nicht einmal mit seinem Namen versehen hat. Nachdem sich nun der Schüler, dem diese Arbeit gehört, zu erkennen

1 Siehe: http://www1.uni-frankfurt.de/fb/fb04/forschung/paerdu.html

gegeben hat, wird dieser nicht ermahnt, ja, sein deviantes Verhalten wird schlicht übergangen. Stattdessen wendet sich die Lehrperson ihm vertrauensvoll zu, gibt ihre professionelle Distanz auf und adressiert ihn – leise – in der Jugendsprache mit »Ey«. Und sie erklärt, wie erstaunt sie gewesen sei, als sie seine Arbeit korrigierte: »Ich bin echt umgefallen. Ich les das und denk, das kann nicht sein.« Ihrer Bemerkung lässt sich entnehmen, dass sie durchaus ein »Vorurteil« gegenüber diesem Schüler hatte. Auf der Basis ihrer bisherigen Erfahrungen hatte sie sich ein Bild von ihm gemacht, demzufolge sie bestimmte Leistungen von ihm erwartete bzw. gerade nicht erwartete. Dass sie überrascht war angesichts dessen, was sie zu lesen bekam, zeigt nun, dass ihr Vorurteil, dass das Bild, welches sie sich von ihm gemacht hatte, nicht unveränderbar war. Vielmehr hatte es nur einen vorläufigen Charakter, war sie auf einer tieferen Ebene durchaus offen. Nachdem sie dem Schüler nun ihre Überraschung mitgeteilt hat, formuliert die Lehrperson einen Appell: »Dann mach doch mal was draus!« Die Leistungen, welche der Schüler auf dem »Zettel« erbrachte, sind der Lehrperson ein Indiz dafür, dass der Schüler ein Potential besitzt, das er bisher nicht ausgeschöpft hat. Das zu ändern, dazu wird er von der Lehrperson aufgefordert.

Das Beispiel zeigt, dass eine grundsätzliche Offenheit, ein grundsätzlich positives Bild, das eine Lehrperson von ihren Schülern hat, nicht notwendig bedeuten muss, dass sie naiv und unrealistisch ist. Vielmehr wird deutlich, dass beides gleichzeitig vorhanden sein kann: eine in der Realität fußende Einschätzung eines Schülers, die gegebenenfalls durchaus negativ ausfallen kann, und ein grundsätzlich positives Bild von den Schülern. Wenn sich sodann die Gelegenheit ergibt, einem Schüler, der aus der Sicht der Lehrperson eher »schwach« ist, ein aufmunterndes Signal zu geben, kann die Lehrperson ihn mit jenem »Ideal« konfrontieren, das sie von ihm gewonnen hat, und ihm so ein Zutrauen in seine Leistungsfähigkeit signalisieren.

Trotz widersprechender Erfahrungen am Ideal gelingenden Unterrichts festhalten

Auch das zweite Beispiel steht für einen strukturellen Optimismus, der nicht mit Naivität bzw. mit Illusionen über die Schüler verbunden ist. Allerdings bezieht er sich primär auf die gemeinsame pädagogische Praxis, nimmt also die Form einer Vorstellung von gelingendem Unterricht an – und kann insofern durchaus auch mit einer pessimistischen Anthropologie des Schülers verbunden sein. Das Beispiel stammt aus dem Unterricht im Fach Mathematik in einem B-Kurs (ebenfalls an einer IGS). Die Lehrperson will mit ihren Schülern die Hausaufgaben besprechen und beginnt dies mit den Worten: »O.k., dann fangen wir an. Ihr hattet die 3 u-n-d die 5 auf.« Zunächst wird also in Erinnerung gerufen, welche Aufgaben zu erledigen waren. Letztere, die 5 wird durch die Dehnung der Konjunktion »und« besonders hervorgehoben. Der Grund dafür wird im Folgenden deutlich: »Bei der 3, mit der hatten wir in der Schule angefangen.« Die 5 ist also diejenige Aufgabe, die nicht in der Schule gemacht wurde und von den Schülern vollkommen eigenständig gelöst werden musste. Die Lehrperson fährt sodann fort: »Also dürfts eigentlich gar keine größeren Probleme geben.« Zu beachten ist: Mit dieser Äußerung bezieht sich die Lehrerin auf die 3, nicht auf die 5. Und sie sagt nicht, dass die Schüler bei deren Lösung im Rahmen der häuslichen Arbeit keine Probleme gehabt haben, sondern dass bei der nun anstehenden Besprechung solche nicht auftreten dürften (sonst müsste das Tempus des Verbs ein anderes sein). Die Äußerung ist nun – trotz einer mehrfachen Relativierung – von einem grundsätzlichen Optimismus getragen. Relativiert wird sie sowohl durch den Konjunktiv als auch durch das »eigentlich« und nicht zuletzt durch das Attribut »größere«. Das heißt, aus Erfahrung weiß die Lehrerin, dass bei einer Besprechung von Hausaufgaben Probleme der unterschiedlichsten Art auftreten können: erzieherische, wenn Schüler ihre Aufgaben entweder überhaupt nicht, nur zum Teil oder ohne sich große Mühe gegeben zu haben, gemacht haben; didaktische, weil trotz (oder wegen) der Erklärungen in der letzten Stunde, die Schüler nicht verstanden haben, wie Aufgaben dieser Art zu lösen sind. Möglicherweise sind die Schüler auch überfordert, nicht prinzipiell, jedoch in dem Sinne, dass sie vor einem Problem stehen, das sie momentan gedanklich noch nicht bewältigt haben. Dennoch ist die Lehrperson optimistisch – und dieser Optimismus ist konstitutiv für die pädagogische Tätigkeit. Ohne ihn wäre die Lehrerin keine Pädagogin mehr.

Das Beispiel steht für eine Konstruktion des Unterrichts als einem Prozess, der prinzipiell gelingen kann. Diese Konstruktion ist, wie gesagt, konstitutiv für die Pädagogik von Lehrpersonen, und auch sie muss keineswegs mit Naivität gepaart sein. Im Gegenteil: Das Bespiel zeigt, dass die Lehrerin durchaus erfahren ist, dass sie weiß, »wie Unterricht läuft«, und dass Probleme der unterschiedlichsten Art auftreten können. Dennoch lässt sie sich ihren Optimismus nicht nehmen. Der »Realismus« kann aber – das hätte an dem Beispiel auch gezeigt werden können (wenn weiter auf es eingegangen worden wäre) – durchaus auch mit einem »starken« Vorurteil verbunden sein, also einem solchen, das nicht revidiert wird, sondern das sich permanent bestätigt sieht (und dessen Bestätigung zudem auch noch explizit gemacht wird).

Die Konstruktion unbelehrbarer Schüler

Die beiden folgenden Beispiele sind solche, die nicht durch eine optimistische Haltung und ein positives Bild vom Schüler geprägt sind, vielmehr zeigt sich bei ihnen eher eine pessimistische Einstellung der Lehrperson. Das erste von ihnen fängt durchaus optimistisch an: Im Geschichtsunterricht der Jahrgangsstufe 8 an einer Realschule beginnt die Lehrperson den Einstieg in das Thema »Die Expansion des Islam« mit den Worten: »So, heute beginnen wir ein neues Thema, was wahrscheinlich viele von euch bisschen mehr interessieren wird.« Die Bemerkung der Lehrperson beruht auf verschiedenen Prämissen: zum einen dass die Schüler kaum ein Thema wirklich interessiert, zum anderen dass viele der Schüler einen Migrationshintergrund haben, genauer gesagt, aus Familien stammen, in denen der Islam von Bedeutung ist. Aufgrund dieser angenommenen Nähe zum Islam vermutet die Lehrperson, dass die Schüler das neue Thema »ein bisschen mehr« als die zuvor behandelten Themen interessieren könnte. Nachdem sodann das Thema genannt und kurz zu ihm hingeführt wurde, bittet die Lehrperson ihre Schüler eine bestimmte Seite im Schulbuch aufzuschlagen. Auf dieser ist ein Bild zu sehen, ein Bild, auf dem der Prophet Mohammed dargestellt sein soll. Dieses führt zu Protest von Seiten einer Schülerin: »Hey, das darf man gar nicht! Man darf den Propheten nicht zeichnen!« Darauf erwidert die Lehrperson: »Wer sagt das? Weil ihr an ihn glaubt, darf man es vielleicht nicht, aber ich glaube nicht an ihn, also darf ich das auch.« Mit dieser Bemerkung unterstellt die Lehrperson, die Schülerin würde für die ganze Klasse sprechen. Implizit erklärt sie somit alle Schüler zu Muslimen. Ob für diese das Verbolte gelte, Mohammed darzustellen, dessen ist sich die Lehrperson nicht sicher – das möge so sein (»vielleicht«). Für sie selbst habe das Verbot jedoch keine Geltung, da sie kein Muslim sei. Obwohl sie gar nicht für das im Buch abgedruckte

Bild verantwortlich ist, reklamiert die Lehrperson für sich die Freiheit der Kunst und fordert die Schüler auf, tolerant zu sein. Und sie will wissen, auf wen sich die Schülerin mit ihrer Aussage bezieht – um die Orientierung an anderen Autoritäten abzuwehren: In ihrem Unterricht haben diese keine Gültigkeit.

Dieses Beispiel ist letztlich zu komplex, um es allein mit Hilfe der hier im Vordergrund stehenden Unterscheidungen zu interpretieren.[2] Allenfalls ließe sich vereinfachend sagen, dass es hier an »pädagogischem Takt« fehlt: Womöglich hat der Lehrer ein pädagogisches »Ideal«, orientiert sich an einer bestimmten Konstruktion des Schülers, des Schülers als einem aufgeklärten Subjekt. Dass seine Schüler dem Islam nahestehen, weiß er. Doch würde ein taktvolles Vorgehen voraussetzen, dass er die Schüler mitsamt ihrer Religiosität anerkennt. Und dann würde das Problem entstehen, einerseits diese Religiosität anzuerkennen, andererseits diese aber auch – zumindest partiell – zum Gegenstand des Unterrichts zu machen. Aufgrund der Nichtanerkennung der Religion (und ihrer Autoritäten) wird aber der Unterricht letztlich unmöglich gemacht.

Die sich selbst bestätigende pessimistische Anthropologie

Bei dem letzten Beispiel wird deutlich, wie ein bestimmtes Bild von den Schülern, ja, wie eine pessimistische Anthropologie den Unterricht auf allen Ebenen prägen kann. Es stammt aus dem Deutschunterricht einer 10. Klasse an einer Hauptschule (Twardella 2008). Bis ins Detail der einzelnen Sprechakte der Lehrperson lässt sich dieser Pessimismus nachweisen: wenn die Lehrperson ein Fehlverhalten eines Schülers antizipiert, diesen deutlich zurechtweist, obwohl er sich noch nichts hat zu Schulden kommen lassen; wenn sie in das Thema »Gedichte« einführt und zu diesem Zweck Limericks heranzieht; wenn sie zunächst fragt, was ein Gedicht sei, dann aber über die unausgegorene Antwort eines Schülers einfach hinweggeht; wenn sie auf die Form des Limerick zu sprechen kommen will und dazu unmittelbar ein Arbeitsblatt zu Hilfe nimmt; wenn sie das Arbeitsblatt einfach nur lesen und dessen Aussagen anschließend in reduzierter Form schlicht wiedergeben lässt etc. Scheinbar im Gegensatz dazu steht sodann die Aufforderung: »Nun versucht

2 Zu einer ausführlichen Interpretation siehe: Twardella 2014.

mal zu limericken.« Beruhte das Handeln der Lehrperson zuvor auf dem Bild von den Schülern als potentiell deviant, störend und intellektuell minderbemittelt, werden die Schüler plötzlich allesamt als Künstler imaginiert, die aus dem Stand heraus kreativ werden können. Die Lehrperson reduziert jedoch die Erwartungen an die Schüler, indem sie ergänzt: »Es muss auch keinen Sinn ergeben! Es kann total blödsinnig sein.« Über die Ergebnisse, zu denen die Schüler gelangen und von denen einige am Ende der Stunde vorgestellt werden, ist die Lehrperson schließlich schockiert. Hier zeigt sich, dass die pessimistische Anthropologie letztlich zu einer self-fullfilling prophecy geworden ist.

Das Beispiel macht deutlich, wie eine pessimistische Anthropologie – vor allem wenn sie zu einer die Schüler völlig unterfordernden Didaktik führt – Bildungsmöglichkeiten systematisch aus dem Unterricht ausschließt. Hinzu kommt, dass sich eine solche letztlich permanent selbst bestätigt.

Wie weit verbreitet ist die pessimistische Anthropologie unter Lehrern?

An den verschiedenen Bespielen wurde gezeigt, wie in unterschiedlicher Weise eine fiktive Dimension, gedankliche Konstruktionen, welche dem Handeln von Lehrern im Sinne von impliziten Theorien zugrunde liegen, im Unterricht präsent sind und dessen Verlauf beeinflussen können. Auch wenn sich diese Konstruktionen weder als richtig noch als falsch beurteilen lassen, so kann doch von ihnen gesagt werden, ob sie – pragmatisch gesehen – dem Unterricht förderlich sind oder nicht. Zu welchem Urteil die Forschung dabei kommt, hängt freilich auch davon ab, welchem Zweck ihr zufolge Unterricht dienen sollte. Wird dieser darin gesehen, dass – wie es bei Nohl der Fall ist – die Schüler sich selbst verwirklichen und gleichzeitig zu mündigen Subjekten werden, die in der und für die Gesellschaft Verantwortung übernehmen, dann ist gewiss eine pessimistische Anthropologie, die kein Vertrauen in die Schüler setzt, vielmehr mit deren Devianz und deren kognitiven Schlichtheit rechnet und deswegen zu einer Didaktik greift, die systematisch unterfordert, wenig förderlich. Wie weit diese tatsächlich unter Lehrern verbreitet ist, lässt sich mit den Mitteln qualitativer Forschung kaum ermitteln, doch ist zu befürchten, dass sie viel zu oft das Denken und Handeln von Lehrern bestimmt. Wenn das tatsächlich so ist, wenn also dasjenige, was hier nur schlaglichtartig auf der Mikroebene des Unterrichts nachgewiesen werden konnte, eine weit verbreitete Realität ist, dann wäre das freilich fatal, weil es enorme Konsequenzen nicht nur für einzelne Unterrichtsstunden, sondern letztlich für die Biographie zahlreicher Schüler hätte.

Über die Frage der gedanklichen Konstruktionen von Lehrern hinaus wäre in Zukunft auch die Frage zu verfolgen, wie Schüler, denen diese ja nicht entgehen, auf sie reagieren. Lässt sich empirisch z.B. der Fall zeigen, dass ein Schüler dem »Ideal«, welches sich eine Lehrperson von ihm gemacht hat, zu entsprechen versucht? Ist auch ein Handeln von Schülern in der Empirie vorzufinden, das erkennbar auf ein Negativbild, welches sich eine Lehrperson gemacht hat, reagiert, entweder indem die Schüler es zu widerlegen oder womöglich auch zu bestätigen versuchen? Und lässt sich auch ein spielerischer Umgang mit solchen Konstruktionen finden? All das wären mögliche Fragen für weitere Forschungen.

Über Menschenbilder kann gesprochen, Menschenbilder können in gewisser Weise auch vermittelt werden – z.B. durch Vorbilder –, doch können sie als innerliche Überzeugung nicht zum Gegenstand eines Curriculums gemacht und dann in einer abschließenden Prüfung evaluiert werden. Dennoch ist die Reflexion über sie wichtig. Dies kann – das wurde in den obigen Ausführungen deutlich gemacht – in der forschenden Auseinandersetzung mit der Empirie geschehen, z.B. mit Hilfe von Unterrichtsprotokollen. Auf dem Weg über diese Reflexion kann dann jedem einzelnen Pädagogen die Bedeutung von Menschenbildern für das eigene alltägliche Handeln bewusst gemacht und damit ein Beitrag zu seiner Professionalisierung geleistet werden.

Objektive Hermeneutik in der Unterrichtsforschung

Ein Erfahrungsbericht

I

Seit einigen Jahren arbeite ich auf dem Gebiet der Unterrichtsforschung und verwende dabei die Methode der Objektiven Hermeneutik. Wie es dazu kam, welche Erfahrungen ich dabei machte und zu welchen Ergebnissen dies führte, davon möchte ich im Folgenden berichten. Meine Ausführungen haben auf der einen Seite einen persönlichen Charakter, denn grobe Linien meiner Biographie als Wissenschaftler bieten den Rahmen für sie. Auf der anderen Seite sind sie sachlich, insofern in diesem Rahmen zum einen die Analyse einer kurzen Passage aus dem Protokoll einer Unterrichtstunde, zum anderen einige Anmerkungen zu dem theoretischen Kontext, in dem diese Analyse zu sehen ist, eingebettet sind.

Beginnen möchte ich mit meinem Studium. Dieses war – zwar nicht von Anfang an, aber doch nach einer Weile – geprägt durch das Bemühen, einen eigenen Beitrag zum Fortschritt der Wissenschaften zu leisten. Dafür war es zum einen notwendig, in Erfahrung zu bringen, auf welchem Stand sich die Wissenschaft aktuell befindet und welche Fragen sich auf diesem stellen. Zum anderen war es erforderlich, unter diesen offenen Fragen eine solche zu finden, die den eigenen Forschungsinteressen entspricht und so stark umtreibt, dass sie eine lang dauernde Forschungstätigkeit motivational zu tragen in der Lage ist. Ich studierte eine Reihe geisteswissenschaftlicher Fächer, vor allem Germanistik, Philosophie und Sozialwissenschaften, fand schließlich zur Soziologie, genauer gesagt, zur Soziologie von Ulrich Oevermann, was mit einer weiteren Notwendigkeit zusammenhing: derjenigen, eine Methode zu finden, mit deren Hilfe es möglich sein würde, eigenständig wissenschaftlich zu arbeiten. Diese Notwendigkeit zeigte sich spätestens, als ich versuchte, Anschluss an die damals avancierteste Variante der Kritischen Theorie zu gewinnen: Ausgehend von der *Theorie des kommunikativen Handelns* von Jürgen Habermas zu forschen, war zunächst meine Absicht.[1]

1 Um die Kritische Theorie genauer kennenzulernen, war ich nach Frankfurt gekommen und hatte dort mit dem Studium begonnen.

Und als ich damit begann, kam ich durchaus auch ein Stück weit, stieß dann jedoch an eine Grenze, da eine Methode, mit der ich eigenständig hätte wissenschaftlich arbeiten können, von Habermas letztlich nicht geboten wurde (Twardella 1999) Bei Oevermann hingegen, zu dem ich erst gegen Ende meines Studiums geriet, war dies anders: Er besaß eine Methode, die Objektive Hermeneutik. Diese schien mir der Komplexität des gegenwärtigen Standes der wissenschaftlichen Forschung in den Geisteswissenschaften gerecht zu werden. Ja, für jene methodologischen und epistemologischen Probleme, die ich im Laufe meines Studiums kennengelernt hatte, vermochte Oevermann plausible Lösungen zu bieten. Und seine Methode schien mir die Möglichkeit zu eröffnen, meinem Ziel einer eigenständigen wissenschaftlichen Arbeit deutlich näher zu kommen. Anfangs war ich freilich voller Widerstände: In vielerlei Hinsicht widersprach dasjenige, was Oevermann vertrat, all dem, was ich im Laufe meines Studiums gelernt hatte. Doch war die Kritik, die er an Habermas sowie an zahlreichen anderen Wissenschaftlern äußerte – z.B. an poststrukturalistischen Autoren wie Foucault und Derrida –, meistens sehr überzeugend. Ebenso wie es zuvor für mich erforderlich war, verschiedene Autoren zu rezipieren, um die Neubegründung der kritischen Gesellschaftstheorie durch Habermas besser zu verstehen (z.B. Autoren der Sprachphilosophie wie John L. Austin und John Searle), wurde es jetzt wichtig, mich mit jenen Autoren intensiv zu befassen, in deren Tradition Oevermann sich sah, also z.B. mit Noam Chomsky, Jean Piaget oder Claude Lévi-Strauss. Der Besuch von Veranstaltungen Oevermanns hatte sodann eine spezifische sozialisatorische Wirkung: Ich wurde mehr und mehr zu einem »Objektiven Hermeneuten«. Und damit stabilisierte sich allmählich ein wissenschaftlicher Habitus, genauer gesagt: ein erfahrungswissenschaftlicher Habitus. Gleichzeitig entwickelte sich bei mir eine Identität als Soziologe, und es entstand ein ausgeprägtes Bewusstsein von Gütekriterien für soziologische Forschung. Das disziplinäre Selbstverständnis hatte jedoch nicht eine Einschränkung des Gegenstandsbereichs zur Folge, d.h. eine Fokussierung auf im engeren Sinne soziologische Themen. Im Gegenteil, denn Oevermann begriff seine Methode als eine universale, wandte sie in seinen Veranstaltungen, dem »Praktikum« und dem Kolloquium, auf äußerst unterschiedliche Gegenstände an. Die Grenzen der Soziologie, wie sie von den meisten anderen Soziologen, welche ich zuvor kennengelernt hatte, gezogen wurden, ließ Oevermann weit hinter sich und demonstrierte wöchentlich in seinen Veranstaltungen, welche Möglichkeiten die Anwendung der Objektiven Hermeneutik für die Erschließung von Gegenständen zahlreicher Disziplinen bot.[2] Das erhöhte noch einmal die Attraktivität dieser Methode. Nachdem ich in meinem Studium meinen Interessen äußerst breit hatte folgen können, bot mir nun die Objektive Hermeneutik die Möglichkeit, alle Gegenstände, die mich interessierten, neu zu betrachten. Alles, was wir als menschliche Kultur begreifen, konnte nun neu interpretiert werden, ja, erschien plötzlich als weitgehend unerforscht und einer Deutung mit Hilfe dieser Methode zu harren. Sie schien mir damals *die* Methode wissenschaftlicher Innovation zu sein.

Als ich mein Studium beendete, brach der zweite Golfkrieg aus: Der Irak besetzte Kuwait und Saddam Hussein rief zum Kampf aller Muslime gegen die militärische Allianz unter Führung der USA auf, welche sich gebildet hatte, um Kuwait zu befreien. Angesichts dessen bot Oevermann gemeinsam mit Hansfried Kellner ein Seminar an: Um die aktuelle Krise zu verstehen, wurde – was mich enorm beeindruckte – auf das heilige Buch der Muslime, auf den Koran rekurriert und dieser aus der Perspektive der Weberschen Theorie des okzidentalen Rationalisierungsprozesses interpretiert. Diese Perspektive machte ich mir zu eigen, sie wurde zum Ausgangspunkt meiner soziologischen Beschäftigung mit dem Islam.

Die Arbeit über den Koran wurde schließlich zur Grundlage für eine Soziologie des Islam – doch gelang es mir nicht, diese in der soziologischen Disziplin derart zur Geltung zu bringen, dass ich weiter hätte an ihr arbeiten können. Vielmehr wurde aus Gründen der Existenzsicherung ein Disziplinwechsel notwendig, derjenige in die Pädagogik. Konkret gesprochen: Ich begann ein Referendariat, wurde zu einem Lehrer und arbeitete als solcher mehrere Jahre lang an einem Frankfurter Gymnasium. Tätig war ich in dieser Zeit zwar als Pädagoge, doch definierte ich mich weiterhin als Soziologe. Die Arbeit als Lehrer wirkte nicht identitätsstiftend – zumal ich nebenher »auf kleiner Flamme« weiter an einer Soziologie des Islam arbeitete. Dann aber erfolgte die Rückkehr an die Universität.

2 Deswegen waren die Kommilitonen, die zu den Veranstaltungen kamen, keineswegs nur Soziologen, sondern eben – wie ich – Interessierte aus den unterschiedlichsten Disziplinen (Altphilologen, Philosophen, Historiker, Germanisten, Musikwissenschaftler etc.).

II

Andreas Gruschka, der mich damals an die Universität holte, war mir schon zuvor als ein Erziehungswissenschaftler bekannt, der mit der Objektiven Hermeneutik arbeitet. Zur Kenntnis genommen hatte ich vor allem seine Arbeiten zu Chardin und anderen Künstlern (z.B. Gruschka 1999). Vermutlich war der Grund dafür, dass ich die Stelle als »Pädagogischer Mitarbeiter« am »Institut für die Pädagogik der Sekundarstufe« bekam, ein doppelter, also die doppelte Qualifikation: sowohl wissenschaftlich qualifiziert, genauer gesagt, vertraut mit der Objektiven Hermeneutik zu sein, als auch praktische Erfahrungen als Pädagoge gesammelt zu haben. Erwartet wurde von mir, dass ich nicht nur die mit der Stelle verbundenen Lehrverpflichtungen erfülle, also Seminare für Lehramtsstudierende im Bereich der allgemeinen Didaktik und der Bildungsforschung anbiete und mich an der Betreuung der Schulpraktischen Studien (SPS-Seminare) beteilige, sondern auch an dem Forschungsprojekt »Pädagogische Rekonstruktion des Unterrichts« (PAERDU)[3] mitarbeite. Gruschka hatte dieses Projekt bereits mit seiner Schrift *Auf dem Weg zu einer Theorie des Unterrichts* (Gruschka 2005) theoretisch begründet und auf der Basis eines kleinen Samples von Fallstudien einen ersten Entwurf dessen präsentiert, was ihm damals bereits als materiale Theorie des Unterrichts vorschwebte. Das war für mich eine enorme Chance, eben die Chance, mir unmittelbar ein für mich neues Forschungsgebiet zu erschließen, auf diesem tätig zu werden und außerdem jene Erfahrungen, die ich in den letzten Jahren in der Schule gesammelt hatte, zu reflektieren. Doch war mit der Teilnahme an PAERDU durchaus auch ein Problem verbunden: Der Anspruch, welcher mit diesem Projekt verfolgt wurde, bestand in nichts Geringerem als darin, die Pädagogik, genauer gesagt, die Unterrichtsforschung auf empirische Füße zu stellen *und* die Wirklichkeit der Pädagogik vor dem Hintergrund der Tradition pädagogischen Denkens hermeneutisch zu erschließen.

Warum war dies ein Problem? Auf der einen Seite bestand überhaupt kein Problem, entsprach es vielmehr der Methode der Objektiven Hermeneutik, dass in PAERDU mit »natürlichen Protokollen« gearbeitet wurde, mit Unterrichtstranskripten, welche die Wirklichkeit der all-

3 Siehe: http://www.uni-frankfurt.de/51669803/PAERDU

täglichen pädagogischen Praxis an deutschen Schulen festhielten. Mit den Anforderungen der Methode stand ebenfalls im Einklang, dass die Transkripte sequentiell interpretiert wurden und das Prinzip der Wörtlichkeit als verbindlich angesehen wurde.[4] Schwierigkeiten bereitete mir jedoch, dass die Fragestellung des Projektes bzw. die ihm zugrundeliegende Fallbestimmung nur schwer zu fassen war. Intendiert war, Unterricht als eine pädagogische Praxis zu interpretieren, und zwar als eine solche, in der erzogen wird, in der Bildungsprozesse möglich sind und eventuell auch tatsächlich stattfinden, und in der Didaktik zu Hilfe genommen wird, um den Schülern eine »Sache« zu vermitteln.

Ja, was denn sonst? Wenn ich in dieser Zeit jemandem die Fragestellung des Projektes zu erklären versuchte, z.B. Lehrern, die sich dazu bereit erklärt hatten, ihren Unterricht aufnehmen zu lassen, empfand ich es tendenziell als peinlich, mit dieser einfachen Antwort aufzuwarten. Und ich beneidete jene Kollegen, die sich bei ihren Forschungen auf etablierte Theorien stützen konnten. Sie hatten es, so schien es mir, viel leichter, das Design ihres Projektes vorzustellen, konnten etwa auf Niklas Luhmann verweisen oder auf Andreas Reckwitz und Ted Schatzki.

PAERDU schien im Vergleich damit weitgehend theorielos zu sein. Gruschka jedoch sah gerade darin einen Vorzug des Projektes: eben keine Theorie zu besitzen, die durch die empirische Forschung nur bestätigt würde, sondern eine solche erst auf dem Weg über die empirische Forschung zu entwickeln.

Das konnte auf der einen Seite als Radikalisierung des Prinzips der »künstlichen Naivität« verstanden werden, war aber auf der anderen Seite keineswegs mit einer radikalen Unvoreingenommenheit verbunden: PAERDU fand nicht auf der Basis einer bestehenden Theorie statt, jedoch vor dem Hintergrund der Tradition pädagogischen Denkens. Mit ihm war der Anspruch verbunden, Unterricht konsequent »pädagogisch« zu interpretieren. Aber was heißt das?

Für mich als jemanden, der zuvor zwar praktisch als Pädagoge tätig war, aber in die Tradition soziologischen Denkens einsozialisiert war, ergab sich aus diesem Anspruch ein enormes Problem. Die einzige Präzisierung, die getroffen wurde, bestand in der These, pädagogisch sei die Praxis des Unterrichts in dem Sinne, dass – wie oben bereits gesagt – im

4 Siehe zur Methode der Objektiven Hermeneutik u.a. Wernet 2000.

Unterricht stets drei Dimensionen präsent seien, die der Erziehung, der Didaktik und der Bildung. Und was sagt die Tradition pädagogischen Denkens im Hinblick auf Erziehung, Didaktik und Bildung? Ohne diese Tradition wirklich studiert zu haben, war sie mir doch zumindest soweit bekannt, als mir klar war: Es gibt eine Vielzahl von Definitionen der einzelnen Begriffe, eine Vielzahl von Theorien der Erziehung, der Didaktik und der Bildung. Die Formulierung von *der* Tradition pädagogischen Denkens suggeriert eine Einheitlichkeit, die faktisch selbstverständlich nicht existiert. Und da ich mit der Vielzahl von Theorien in der Pädagogik allenfalls oberflächlich vertraut war, konnte für mich die Formulierung Gruschkas von der »widersprüchlichen Einheit von Erziehung, Didaktik und Bildung« zunächst nur eine Floskel sein.

Die Mitarbeit an dem Projekt war für mich also ein Wagnis, vergleichbar mit demjenigen, das jemand eingeht, wenn er auf einem zugefrorenen See Schlittschuh laufen möchte, ohne zu wissen, ob das Eis auch trägt. Das Argument half, dass die pädagogische Perspektive auf Unterricht auf der einen Seite zwar trivial zu sein schien, auf der anderen Seite aber auch nicht von der Hand zu weisen war.

Sicher, in jedem Unterricht wird erzogen, wird irgendeine Didaktik angewendet und ist in der Regel auch Bildung möglich – das war mir als Praktiker klar, und die hermeneutische Auslegung von Transskripten ließ keine Zweifel daran aufkommen.

Doch lässt sich daraus eine Theorie entwickeln? Ist es nicht erforderlich, zunächst in der Auseinandersetzung mit der Tradition pädagogischen Denkens die drei grundlegenden Begriffe zu klären bzw. darzulegen, wie sie zu verstehen sind?

Gut, Gruschka hatte dies getan, hatte sich in mehrfacher Hinsicht mit der Tradition pädagogischen Denkens auseinandergesetzt (Gruschka 2002). Von mir selbst konnte ich das aber nicht behaupten. Deswegen sah ich mich vor die Notwendigkeit gestellt, zumindest soweit es eben machbar war, nicht nur den aktuellen Stand der Unterrichtsforschung aufzuarbeiten – was ja bei einem solchen Vorhaben eine Selbstverständlichkeit ist –, sondern auch mich mit der Tradition pädagogischen Denkens ein Stück weit besser vertraut zu machen.

Je mehr ich mich in den Stand der Forschung vertiefte, desto irritierender wurde die Beobachtung, dass in den Erziehungswissenschaften die Objektive Hermeneutik zwar weit verbreitet ist und es auch in der Unterrichtsforschung etliche Wissenschaftler gibt, die mit ihr arbeiten.

Doch obwohl diese Forscher sich als Erziehungswissenschaftler sehen, rekurrieren sie keineswegs auf die Tradition pädagogischen Denkens, beziehen sich vielmehr auf unterschiedliche soziologische Theorien. Begründet wird dies z.B. mit dem Argument, die Objektive Hermeneutik sei eine in der Soziologie entstandene Methode und könne deswegen nicht mit einer pädagogischen Perspektive auf Unterricht verbunden werden. Außerdem sei für die Beobachtung von pädagogischen Prozessen ein Standpunkt außerhalb der Pädagogik notwendig, nur so sei die für die wissenschaftliche Analyse notwendige Distanz zum Gegenstand zu gewinnen. Einen solchen Beobachtungsstandpunkt biete etwa die Systemtheorie von Niklas Luhmann. Mit ihrer Hilfe könne Unterricht theoretisch als ein soziales System modelliert und sodann mit Hilfe der Objektiven Hermeneutik analysiert werden (Meseth/Proske/Radtke 2011). Auf die Frage, wie denn die Wissenschaft »dem Pädagogischen« des Unterrichts gerecht werden könne, wird dann mit der Behauptung einer »Pädagogizität« des Unterrichts geantwortet.

Andere Erziehungswissenschaftler, die mit der Objektiven Hermeneutik arbeiten, genauer gesagt, Soziologen, die zwar in der Erziehungswissenschaft tätig, aber der Tradition soziologischen Denkens treu geblieben sind, begründen dies mit der Behauptung, dass es eine tragfähige Tradition pädagogischen Denkens überhaupt nicht gebe. Sie hätten u.a. die Schriften von Herman Nohl, Eduard Spranger, Theodor Litt und Erich Weniger gelesen, doch nichts in diesen gefunden, das ihrem Anspruch an eine Theorie genüge bzw. mit dem theoretischen Niveau von Autoren wie etwa Émile Durkheim vergleichbar sei (Wernet 2006).

Lässt sich dies verallgemeinern? Der Eindruck, den ich zunehmend gewann, war, dass nicht nur Erziehungswissenschaftler, die mit der Objektiven Hermeneutik arbeiten, sondern auch jene, die andere Methoden präferieren, selten dezidiert pädagogisch argumentieren. Ja, die Tradition pädagogischen Denkens scheint in der Disziplin der Pädagogik nur eine geringe Bedeutung zu besitzen. Dies ist erklärungsbedürftig – und eine Erklärung, auf die ich im Folgenden stieß, lautete, dass dies mit der Geschichte der Disziplin zusammenhänge: Die Erziehungswissenschaften hätten, als die Geisteswissenschaftliche Pädagogik in den 60er Jahren zunehmend in die Kritik geriet, eine »sozialwissenschaftliche Wende« vollzogen, die u.a. dem Zweck habe dienen sollen, die Pädagogik zu einer empirischen Wissenschaft zu machen. Dies habe zu einer breiten Rezeption soziologischer Forschungsmethoden und zur

Distanzierung von der Tradition pädagogischen Denkens geführt (Hollstein 2011).

Nachdem ich mich bemüht hatte, vom Soziologen zum Erziehungswissenschaftler zu werden, sah ich mich plötzlich mit Gruschka und einigen anderen in der Unterrichtsforschung auf einem einsamen Posten. Dies verstärkte bei mir das Bedürfnis, das Verhältnis der verschiedenen disziplinären Perspektiven zu klären, bezogen freilich auf den Forschungsgegenstand »Unterricht«: Wie ist das Verhältnis dieser Perspektiven zueinander zu sehen? Ist schlicht davon auszugehen, dass unterschiedliche Perspektiven auf Unterricht möglich sind, jede Perspektive in gleicher Weise ihre Berechtigung hat, da sie zu je spezifischen Einsichten und Erkenntnissen im Hinblick auf diesen Gegenstand führt? Wäre es in der Konsequenz möglich, unterschiedliche Perspektiven miteinander zu verbinden, Unterricht also mehrperspektivisch zu interpretieren und die von der jeweiligen Perspektive bzw. Fallbestimmung abhängigen Erkenntnisse miteinander zu verbinden? Was ist es genau, was aus der einen oder anderen Perspektive besonders in den Blick gerät? Und welche Bedeutung hat die jeweilige Dimension für den Unterricht und dessen Verständnis sowie für diejenigen, die ihn durchzuführen haben?

Für die Frage, wie sich aus der pädagogischen Perspektive auf Unterricht eine Theorie entwickeln lässt, gewann für mich der Begriff der »Konstellation« mit der Zeit mehr und mehr an Bedeutung. Dieser aus der Astronomie stammende Begriff wurde von Max Weber in die Soziologie eingeführt, und zwar um variable Verhältnisse verschiedener Konstanten zu bestimmen, ohne normativ zu werden. Bezogen auf »das Pädagogische« im Unterricht konnte das folgendermaßen verstanden werden: Es gibt etwas Konstantes im Unterricht, eben die Präsenz der drei Dimensionen, für die die Begriffe Didaktik, Erziehung und Bildung stehen. Diese konstituieren die »Eigenstruktur« des Unterrichts. Das Verhältnis dieser drei Dimensionen zueinander kann jedoch sehr unterschiedlich ausfallen. Ja, in jeder Unterrichtsstunde ergibt sich ein spezifisches Verhältnis, eine je spezifische »Konstellation« der drei Dimensionen zueinander, und diese ist für die jeweilige Stunde prägend. Ja, die Fallstruktur einer Unterrichtsstunde lässt sich letztlich als eine solche »Konstellation des Pädagogischen« fassen. Und werden mehrere Unterrichtsstunden analysiert, wird es schließlich möglich, solche Konstellationen zu sammeln, zu ordnen und miteinander zu vergleichen.

Auf diesem Wege kann letztlich eine Typologie entwickelt werden, eben eine Typologie von Konstellationen des Pädagogischen im Unterricht, und diese kann in eine empirisch fundierte, eine materiale Theorie des Unterrichts münden.

III

Dass die obigen Überlegungen durchaus plausibel sind, möchte ich im Folgenden an einem Beispiel demonstrieren, an dem Transkript einer Stunde im Fach Deutsch, welche in einer 7. Klasse vermutlich an einem Gymnasium stattgefunden hat. Dieses Beispiel ist nicht nur dazu geeignet, die Idee der Konstellation des Pädagogischen zu plausibilisieren, sondern auch, um die Differenz zwischen einer pädagogischen Sicht auf Unterricht und einer anderen, in diesem Fall einer psychoanalytischen zu schärfen. Denn die ausgewählte Stunde wurde bereits von dem Sozialpsychologen Rolf Haubl interpretiert (Haubl 2010). Im Fokus seiner Deutung steht eine Passage, auf die auch ich mich jetzt beziehen möchte. Sie beginnt mit folgender Formulierung der Lehrkraft:

> Lw: ... ihr holt jetzt bitte euer Spracherziehungsheft heraus.[5]

In dieser Passage aus einer Deutschstunde geht es, so lässt es sich der Äußerung der Lehrerin entnehmen, um »Spracherziehung«. Diese scheint fester Bestandteil des Unterrichts zu sein. Darauf deutet die Tatsache hin, dass die Schüler ein Heft haben, das allein für diesen Zweck, eben der Spracherziehung, dient. Zu vermuten ist, dass in diesem Heft Regeln fixiert und schriftliche Übungen durchgeführt werden usw. usf. Was aber ist Spracherziehung?

Spracherziehung ist zweifellos etwas anderes als Sprecherziehung. Diese zielt auf eine phonetisch richtige Aussprache, auf eine klare und deutliche Artikulation, auf die Förderung der Ausdrucksfähigkeit, auf rhetorische Kompetenzen etc. Es handelt sich, grob gesprochen, um eine Erziehung, die auf die Verbesserung der Performanz des Sprechens bezogen ist. Wie diese, so setzt auch die Spracherziehung voraus, dass die Art und Weise, wie Schüler sich ausdrücken, nicht dem entspricht, wie es eigentlich sein sollte. Es gibt, so wird präsupponiert, eine Norm, und diese besagt eben, wie gesprochen werden sollte, und da die Schüler

5 Lw steht für »Lehrer weiblich«, Sm für »Schüler männlich« und Sw für »Schüler weiblich«.

dieser Norm nicht entsprechen, wird Erziehung als notwendig angesehen. Was aber ist in dem vorliegenden Unterricht die Norm, zu deren Befolgung der Unterricht erziehen möchte?

Aus der Perspektive der pädagogischen Unterrichtsforschung, die – wie oben dargelegt wurde – Unterricht als Fall von Erziehung, Didaktik und Bildung begreift, stellt sich noch eine weitere Frage, nämlich diejenige, ob in der vorliegenden Stunde denn überhaupt Unterricht stattfindet. Für Haubl scheint dies außer Frage zu stehen: Er geht schlicht davon aus, dass es sich bei der protokollierten Stunde tatsächlich um Unterricht handelt. Aus der Perspektive der pädagogischen Unterrichtsforschung springt jedoch sofort ins Auge, dass in diesem Unterricht offensichtlich eine der drei Dimensionen, eben die der Erziehung dominiert. Und dann ist es fraglich, ob wir es hier überhaupt mit Unterricht zu tun haben. Anders gesprochen: Wenn von der heuristischen Annahme ausgegangen wird, dass die drei Dimensionen des Pädagogischen im Unterricht stets präsent sind, also nicht nur erzogen wird, sondern immer auch eine »Sache« unterrichtet wird, für deren Vermittlung eine bestimmte Didaktik erforderlich ist, und die, wenn die Schüler sich mit ihr auseinandersetzen, Bildungsmöglichkeiten eröffnet, dann handelt es sich bei der ausgewählten Stunde um einen interessanten Fall, da sich mit ihm auch die Frage nach der Angemessenheit der theoretischen Modellierung von Unterricht stellt.

Die Frage nun, ob die anderen Dimensionen hier überhaupt eine Rolle spielen, kann anhand der ersten Äußerung der Lehrerin – noch – nicht entschieden werden. Vielmehr muss erst untersucht werden, wie Spracherziehung in dieser Stunde faktisch praktiziert wird.

> (...)
> Lw: So, ähm, ich habe gestern beim Vorbereiten mir einige rausgeschrieben, die immer wieder von Schülern falsch gemacht werden.

Jetzt deutet sich allmählich an, wie in dieser Stunde Spracherziehung erfolgt: Die Lehrerin hat sich auf den Unterricht vorbereitet, indem sie Texte, welche von Schülern verfasst wurden, gelesen und aus diesen »einige«, d.h. einige Wörter »rausgeschrieben« hat, die sie als »falsch« betrachtet. Ihre Erziehung – so kann jetzt vermutet werden – besteht darin, dass sie ihre Schüler dazu anhält, diese »falschen« Wörter nicht mehr zu verwenden und stattdessen »richtige« zu gebrauchen. Wenn dies zutrifft, stellt sich als nächstes die Frage, *wie* sie das macht.[6]

In didaktischer Hinsicht fällt auf: Die Lehrerin folgt nicht einem abstrakten Programm, einer von den Schülern losgelösten Didaktik der Spracherziehung, sondern setzt bei den anwesenden Schülern und deren Sprachgebrauch an, wie er sich in ihren schriftlichen Äußerungen niedergeschlagen hat. Die Sprache der Schüler, ihre Ausdrucksweise ist also die »Sache«, an der hier gearbeitet wird. Dies kann nun in unterschiedlicher Weise geschehen: entweder in dem Sinne, dass die Schüler schlicht dazu aufgefordert werden, ihren »falschen« Sprachgebrauch durch einen »richtigen« zu ersetzen. Diese Art der Spracherziehung würde auf den Gehorsam der Schüler hinauslaufen, von ihnen würde schlicht Konformität erwartet. Mit dieser Art der Erziehung wäre allerdings das Risiko verbunden, dass die Schüler sich gegen sie wehren, also nicht ohne Weiteres dazu bereit sind, sich der von der Lehrerin eingeforderten Norm zu unterwerfen. Eine alternative Spracherziehung könnte darin bestehen, mit den Schülern darüber zu reden, *warum* sie jene Wörter verwendet haben, welche die Lehrerin als »falsch« beurteilt. Dann müsste zunächst geklärt werden, in welcher Hinsicht sie überhaupt »falsch« sind: Im Deutschunterricht ist es üblich, zwischen grammatischen Fehlern (G) und Ausdrucksfehlern (A) zu unterscheiden. Geht es um erstere, wäre es wichtig, die jeweilige Regel zu benennen, gegen die verstoßen wurde, damit die Schüler dazu befähigt werden, ihren Fehler in Zukunft zu vermeiden. Darüber hinaus könnte dargelegt werden, welche Probleme sich ergeben, wenn die Regel nicht befolgt wird, zu welcher Art von Missverständnissen ihre Nichtbeachtung etwa führen könnte.

Geht es um den sprachlichen Ausdruck, wird die Sache jedoch schwieriger. Denn dann stellt sich die Frage, ob überhaupt ein Fehler vorliegt. Gewiss, die Verwendung von bestimmten Wörtern in bestimmten Kontexten kann einfach unpassend sein. Das lässt sich dann begründen, und es kann darüber nachgedacht werden, welche Formulierung stattdessen zu gebrauchen gewesen wäre. Schwieriger wird es jedoch, wenn es um Fragen des Stils geht.

6 Spracherziehung könnte freilich auch ohne eine Bewertung von Schüleräußerungen erfolgen, und zwar schlicht dadurch, dass die Lehrperson als Vorbild agiert, sich also auf eine vorbildliche Art und Weise artikuliert.

Im Unterricht gibt es freilich stets Normen, die vorschreiben, wie zu reden ist. Genauer gesagt, zum einen existieren Normen, die sich auf den – sprachlichen – Umgang miteinander beziehen (z.B. dass man andere nicht durch Äußerungen verletzen oder beleidigen sollte), zum anderen verlangt die Rede über die jeweilige Sache eine bestimmte Ausdrucksweise, ohne welche diese letztlich nicht adäquat erschlossen werden kann. Geht es um die Frage, welche Ausdrucksweise erforderlich ist, um die Sache angemessen zu explizieren, wird es jedoch schwierig, zwischen »richtig« und »falsch« zu unterscheiden.

Lw: Anbrüllen. So, was kann man denn statt anbrüllen sagen?

Das Verb »anbrüllen« hat ein Schüler in einem Text verwendet, und die Lehrerin hat es »rausgeschrieben«, weil sie es als »falsch« betrachtet. Auffällig ist, dass sie nicht danach fragt, unter welchen Bedingungen, also in welchen pragmatischen Kontexten die Verwendung des Verbs »anbrüllen« angemessen wäre und in welchen nicht. Aus ihrer Sicht scheint das Wort per se falsch zu sein. Tatsächlich aber kommt es durchaus auf den Kontext an. Zum Beispiel ist nichts gegen die Formulierung einzuwenden, dass »der Löwe brüllt« bzw. jemanden »anbrüllt«. Die Vermutung liegt nahe, dass die Spracherziehung, welche die Lehrerin hier praktiziert, eine solche ist, bei der die »Sache«, die Sprache der Schüler, *nicht* erschlossen wird, vielmehr die Erziehung sich darauf beschränkt, Verbote aufzustellen, die nicht begründet werden und deren Rationalität auch nicht unmittelbar einleuchtet. Stattdessen werden schlicht Möglichkeiten vergegenwärtigt, wie ein Verstoß gegen diese Verbote vermieden werden könnte.

Sm: Anschreien.

Ein Schüler beantwortet die Frage der Lehrerin, indem er ein Wort nennt, das statt »anbrüllen« verwendet werden kann. Er kooperiert bereitwillig, widersetzt sich nicht der Erziehung durch die Lehrerin, stellt weder ihre Bewertung von »anbrüllen« als »falsch« in Frage, noch weigert er sich, eine alternative Formulierung zu nennen. Er macht schlicht einen Vorschlag – doch warum »anbrüllen« falsch, »anschreien« aber richtig sein soll, bleibt offen. Im Folgenden wird sich zeigen, ob die oben geäußerte Vermutung, dass es bei dieser Art der Erziehung bleibt, richtig ist, oder nun doch noch eine Erklärung erfolgt, eben eine solche, die die unterschiedlichen pragmatischen Bedingungen, in denen die Verwendung der beiden Verben jeweils angemessen wäre, thematisiert.

Lw: Immer die linke Seite, das was falsch ist, durchstreichen.

Statt einer Explikation der pragmatischen Kontexte erfolgt eine Aufforderung von Seiten der Lehrerin: Die Schüler sollen »die linke Seite (…) durchstreichen«. Und das lässt folgende Rückschlüsse zu: Die Schüler sollten in ihrem »Spracherziehungsheft« eine Tabelle anlegen, eine Tabelle mit zwei Spalten. In die eine Spalte sollten sie die »richtigen« Formulierungen eintragen, in die andere die »falschen«.

Und nun werden sie dazu aufgefordert, alles, was in der Spalte mit den »falschen« Ausdrücken steht, durchzustreichen. Auch dies folgt allein einer erzieherischen Logik, genauer gesagt, der Logik einer Erziehung, die auf Erschließung verzichtet und allein auf Verbote setzt. Die bloße tabellarische Gegenüberstellung von »richtigem« und »falschem« Sprachgebrauch reicht dieser Logik zufolge nicht aus. Dass die »falschen« Wörter nicht mehr verwendet werden, also aus dem Wortschatz der Schüler gestrichen werden sollen, wird darüber hinaus auch in aller Deutlichkeit visuell zum Ausdruck gebracht.

Sw: Frau Lw, anschreien ist doch auch Umgangssprache.

Nun stößt das Vorgehen der Lehrerin auf Widerspruch. Es ist ein Widerspruch, der auf den ersten Blick gesehen nur ein Detail betrifft: Die Schülerin kann nicht nachvollziehen, warum nur das *eine* Verb, das Verb »anbrüllen« »falsch« sein bzw. zur »Umgangssprache« gehören soll. Das gelte doch genauso für das andere Verb, das Verb »anschreien«, was der Lehrerin zufolge statt des ersten Verbes verwendet werden soll.

Das bedeutet freilich nicht, dass Sw die Systematik, also die Gegenüberstellung von »richtig« und »falsch« bzw. von »Umgangssprache« und Hochsprache sowie die Art und Weise, wie die Lehrerin zu erziehen versucht, in Frage stellt. Vielmehr wird diese von ihr implizit durchaus anerkannt. Dennoch könnte der Einwand von Sw der Anfang eines Prozesses sein, in dessen Verlauf auch diese letztlich problematisiert wird.

Im Hinblick auf die Systematik wird deutlich, dass sie auf dem Gegensatz zwischen Umgangs- und Hochsprache beruht. Letztere stellt die Norm dar, zu deren Beachtung erzogen werden soll. Dann stellt sich jedoch die Frage, worin der Sinn dieser Erziehung besteht. Gibt es irgendeinen Grund, der dagegen spricht, dass Schüler, wenn sie über jene Beziehungen sprechen, welche sie untereinander pflegen, die Umgangssprache verwenden? Geht es jedoch um die Erschließung der Sache, dann ist es durchaus erforderlich, dass die Schüler dazu in der Lage sind, sie in der Hochsprache zu explizieren (und jene Fachtermini beherrschen, die dafür erforderlich sind). Trotz allem ist es didaktisch gesehen dennoch sinnvoll, wenn Schüler sich erst einmal umgangssprachlich über eine Sache äußern – mit der Zeit wird es dann allerdings erforderlich, dass sie sich auf ein höheres sprachliches Niveau begeben. Kurz: Der Sinn des grundsätzlichen Verbotes umgangssprachlicher Formulierungen ist nicht recht zu erkennen. Oder verfolgt die Lehrerin einen anderen Zweck, der bisher noch nicht in den Blick gekommen ist?

Die Vermutung liegt nahe, dass es der Lehrerin gar nicht so sehr um die Umgangssprache im Allgemeinen geht, sondern nur um diejenige, die die Schüler im Umgang untereinander gebrauchen, also um die Sprache der Peergroup. Dann muss allerdings berücksichtigt werden, dass soziologisch gesehen die Sprache der Peergroup eine bestimmte Funktion erfüllt. Um es schlicht zu formulieren: Sie dient der Vergemeinschaftung innerhalb der Peergroup – und damit kehrseitig der Abgrenzung der eigenen Welt von der Welt der Erwachsenen. Mit ihrer Hilfe können die Schüler eine innerliche Distanz gegenüber der Welt der Erwachsenen zum Ausdruck bringen – und damit auch gegenüber dem Unterricht als einer von Erwachsenen eingerichteten Veranstaltung. Darüber hinaus hat die Sprache der Peergroup auch eine die Identität der Schüler stützende Funktion (wie überhaupt die Erfahrungen in der Peergroup für die Entwicklung ihrer Identität von großer Bedeutung sind). Den Schülern die Verwendung von Ausdrücken der Peergroup-Sprache zu verbieten, die Unterrichtssprache von ihnen zu reinigen, kann nun zwar durchaus notwendig sein, eben wenn es um die angemessene Erschließung einer Sache geht, wozu – wie gesagt – ein bestimmtes sprachliches Niveau, bestimmte sprachliche Ausdrucksformen erforderlich sind. Wenn aber der Zweck dieser Purifizierung nicht mehr erkennbar ist, entsteht das Risiko, dass die Schüler diese Erziehung als Angriff auf eine Facette ihrer Identität interpretieren, wogegen sie sich dann womöglich zur Wehr setzen. Wie reagiert nun die Lehrerin?

Lw: Anschreien kann man sagen, aber das ist so ein Grenzfall,

»Kann man sagen« heißt: Es ist erlaubt, wird von ihr, der Lehrerin nicht als fehlerhaft bewertet. Doch damit das nicht als subjektive Bewertung allein der Lehrerin missverstanden wird, markiert diese sprachlich mit »man«, dass sie stellvertretend für die Allgemeinheit spricht. Anders formuliert: Die Lehrerin nimmt Bezug auf den allgemein herrschenden Sprachgebrauch. Diesen kennzeichne, so behauptet sie, dass »anschreien« durchaus verwendet werden könne.

> Lw: aber er schreit ist auch ein ganz normaler hochdeutscher Ausdruck.

Deutlich wird: Die Lehrerin hält an ihrer Systematik, also an der Gegenüberstellung von Umgangs- und Hochsprache fest. Zwischen beiden gibt es, so unterstellt sie, eine klare Grenze. Doch nicht alle Wörter können, so unterstellt sie, ausschließlich dem einen oder dem anderen Bereich zugeordnet werden, vielmehr gebe es einige, die auf der Grenze liegen und deswegen sowohl umgangssprachlich als auch in der Hochsprache gebraucht werden können. Zu diesen gehöre das Wort »anschreien« bzw. »schreien«. Auch diese Behauptung wirkt willkürlich und wird nicht weiter begründet. Doch gelingt es der Lehrerin, mit ihrer Hilfe dem Einwand von Sw zu begegnen und ihn zu entkräften – im Folgenden wird das Problem nicht weiter diskutiert, vielmehr wird zum nächsten Wort übergegangen.

Die Analyse kann an dieser Stelle abgebrochen werden, da das Muster der Spracherziehung hinreichend deutlich geworden ist: Gearbeitet wird mit der binären Unterscheidung zwischen Umgangs- und Hochsprache. Die Lehrerin hat in den Aufzeichnungen der Schüler Formulierungen gefunden, die ihrer Meinung nach zur Umgangssprache gehören und deswegen aus dem Wortschatz der Schüler gestrichen werden sollten. Um ihnen das deutlich zu machen, werden diese Wörter in einer Tabelle gesammelt, genauer gesagt, in der linken Spalte einer Tabelle. In die rechte Spalte werden sodann solche Formulierungen eingetragen, welche die Schüler statt der umgangssprachlichen verwenden sollen. Um ihnen auch visuell deutlich zu machen, was von ihnen erwartet wird, eben eine Purifizierung ihres Wortschatzes, streicht die Lehrerin alles das durch, was in der linken Spalte steht. Auf Begründungen wird bei dieser Erziehung verzichtet, stattdessen wird schlicht auf den Gehorsam der Schüler gesetzt.

Im weiteren Verlauf des Unterrichts werden noch andere Formulierungen aufgegriffen. Die Spracherziehung verläuft jedes Mal (von einigen kleinen Abweichungen abgesehen) nach dem soeben analysierten

Muster – bis schließlich dasjenige passiert, was Haubl in seiner Analyse besonders hervorgehoben hat: Die Schüler werden aufgefordert, Ausdrücke zu nennen, mit denen etwas positiv bewertet werden kann, Ausdrücke, die zusammengesetzt sind aus zwei Teilen, dem Partikel »voll« und einem Adjektiv. Genannt werden: voll fett, voll cool, voll dick, voll geil usw. usf. Schließlich werden auch erfundene Wendungen angeführt wie z.B. »voll schweinski«. Haubl deutet nun diesen Prozess, in dessen Verlauf die Schüler immer weitere Formulierungen für ein und dieselbe Sache, eben für eine positive Bewertung nennen, als einen Prozess, der einer bestimmten Dynamik folgt, einer Gruppendynamik. Diese kennzeichne nicht nur, dass die Schüler sich wechselseitig zu überbieten trachten, sondern vor allem auch eine »regressive Tendenz«.

Aus psychoanalytischer Perspektive seien die Formulierungen, welche die Schüler nennen, als aggressiv bzw. als sexualisiert zu interpretieren (oder auch als beides). »Wörter und Triebe« seien hier miteinander verbunden worden. In Bezug auf diese Dynamik erklärt Haubl: »Es ist die – vorübergehende – Befreiung von einem Realitätsprinzip, das alle Ausdruckformen zu normieren sucht, ohne die Normen überzeugend zu legitimieren.« (Haubl 2010; 107) Das Zitat zeigt: Auch Haubl berücksichtigt die hier intendierte Erziehung. Und er interpretiert sie als eine »Normierung«, die auf Begründung weitgehend verzichtet. Entscheidend ist nun, dass die fortgesetzte Nennung von Formulierungen für eine positive Bewertung als Ausbruch aus diesem Normierungsprozess interpretiert wird. Die Lehrerin, so erklärt Haubl weiter, sei dabei immer stärker in einen Gegensatz zur Gruppe geraten: Während die Gruppe dem Lustprinzip gefolgt sei, habe die Lehrerin das Realitätsprinzip verkörpert. Nach einer Weile habe diese Dynamik jedoch nachgelassen, sei einfach abgeklungen, und der Unterricht sei in die gewohnten Bahnen zurückgekehrt.

IV

Die pädagogische Deutung, wie sie an einer Passage beispielhaft durchgeführt wurde, steht nun keineswegs im Widerspruch zu der von Haubl vorgelegten psychoanalytischen. Im Gegenteil, sie ergänzt bzw. fundiert diese, indem sie den Prozess der Normierung besser verständlich macht – und damit auch die Reaktion der Schüler auf diesen. Die erzieherische Absicht, welche auf eine Reinigung der Sprache der Schüler von peerkulturellen Elementen zielt, erfolgt – das wurde herausgearbeitet – mittels einer Didaktik, die unmittelbar bei den Schülern ansetzt, sich auf deren sprachliche Objektivationen bezieht, und einzelne Formulierungen, die als »falsch« bewertet wurden, herausgreift. Diese werden zur Sache des Unterrichts gemacht, und zwar mit dem Ziel, sie durch andere, eben hochkulturelle, zu ersetzen. Dabei wird darauf verzichtet, den Schülern verständlich zu machen, warum jene Formulierungen, die sie verwendet haben, durch andere ersetzt werden sollen. Möglich wäre dies gewesen, wenn auf unterschiedliche pragmatische Kontexte, unterschiedliche soziale Situationen eingegangen worden wäre, um darzulegen, wie die Formulierungen in diesen jeweils unterschiedlich interpretiert werden können. Doch das geschah nicht. Die zum Zweck der Spracherziehung eingesetzte Didaktik zielte nicht auf ein Verstehen, auf die Erschließung der Sache – so dass letztlich schlicht von den Schülern Gehorsam erwartet wurde. Anders gesprochen, die Pädagogik, welche hier praktiziert wurde, war implizit infantilisierend.

Was Haubl als Regression interpretiert, kann insofern als eine Reaktion auf diese infantilisierende Pädagogik gedeutet werden: Die Schüler bestätigen die Sichtweise, welche der Pädagogik der Lehrerin implizit ist, sie verhalten sich so, wie es dieser entspricht: eben als Kinder, die Vergnügen an der Erfindung neuer Ausdrücke für positive Bewertungen haben. Doch wäre es abwegig, daraus zu schließen, dass sie wirklich zu Kindern geworden sind – und die Lehrerin Recht hat, wenn sie sie als solche behandelt. Vielmehr ist die Infantilität als Protest zu deuten, freilich nicht als ein direkter, offener, sondern als ein indirekter, der sich nicht nur gegen die implizite Infantilisierung richtet, sondern auch dagegen, dass die Pädagogik der Lehrerin gegen ein wesentliches Element der Identität der Schüler gerichtet ist, gegen die Sprache der Peergroup.

Und wie ist dieser Fall im Kontext einer materialen Theorie des Unterrichts zu sehen? Zur Beantwortung dieser Frage ist es erforderlich, zunächst noch einmal auf das Vorhaben, eine solche Theorie zu entwickeln, einzugehen. Erwähnt wurde bereits die Absicht, Unterricht mit Hilfe der »einheimischen Begriffe der Pädagogik« zu erschließen und das Feld des Unterrichts nicht einfach den Soziologen oder Psychologen zu überlassen – sonst mache sich, so Gruschka, die Erziehungswissenschaft letztlich überflüssig. Zu ergänzen ist nun, dass diese Theorie des Unterrichts – wie diejenige von Oevermann und Werner Helsper – als eine Strukturtheorie von Unterricht gedacht ist. Im Unterschied zu

Oevermann, der die dem Unterricht zugrundeliegenden Widersprüche soziologisch bestimmt (Oevermann 2002), und zu Helsper, der jene von Oevermann hervorgehobenen Widersprüche durch solche ergänzt hat, die aus der Tradition pädagogischen Denkens bekannt sind (Helsper 2004), fokussiert Gruschka allein solche Widersprüche, die sich aus unterschiedlichen pädagogischen Anforderungen im Unterricht ergeben, und zwar eben aus den Anforderungen in den Dimensionen der Erziehung, der Didaktik und der Bildung.

Diese Anforderungen werden, so Gruschka, nicht durch den Forscher von außen an den Unterricht herangetragen, sondern emergieren im Unterricht gewissermaßen »naturwüchsig«. Ihnen gleichzeitig zu entsprechen ist allerdings – das zeigt die Empirie – ungemein schwierig. Unterricht hat Gruschka deshalb theoretisch als »widersprüchliche Einheit von Erziehung, Didaktik und Bildung« modelliert. (Gruschka 2005)

Während der Begriff der Konstellation das Verhältnis der drei Dimensionen zueinander unbestimmt lässt, ist der Formulierung von der »widersprüchlichen Einheit« die Behauptung immanent, dass diese Dimensionen grundsätzlich in einem Spannungsverhältnis zueinander stehen. Wie dieses beschaffen sein kann, das lässt sich bereits *vor* aller empirischen Forschung hypothetisch bestimmen. Verschiedene Möglichkeiten sind denkbar: Zunächst kann grundsätzlich unterschieden werden zwischen der Möglichkeit, dass die Spannung zwischen den verschiedenen Anforderungen dergestalt erhalten bleibt, dass diese in ein irgendwie geartetes Gleichgewicht gebracht werden – oder die Spannung wird zugunsten einer der drei Dimensionen aufgehoben, welche dann im Unterricht dominiert. Was diese zweite Möglichkeit betrifft, ist klar, dass hier drei Varianten denkbar sind: Entweder dominiert die Dimension der Erziehung im Unterricht. Damit ist dann verbunden, dass die Dimension der Didaktik derjenigen der Erziehung untergeordnet ist. Dann geht es im Unterricht entweder um ein bestimmtes erzieherisches Ziel, wie etwa um das der Verwendung einer Sprache, die von Elementen der Sprache der Peergroup gereinigt ist, oder schlicht um eine Erziehung, die auf die Übernahme bzw. die Einhaltung der Schülerrolle zielt. Die Didaktik dient bei der zuletzt genannten Variante kaum noch dem Zweck, die Sache, welche im Unterricht behandelt wird, zu erschließen, sondern primär zu verhindern, dass die Schüler gegen jene Normen verstoßen, auf denen die Ordnung des Unterrichts beruht. Dies geschieht häufig dergestalt, dass das Anforderungsniveau der Aufgaben, welche den Schülern gestellt werden, so sehr herabgesetzt wird, dass die Schüler die ihnen gestellten Aufgaben möglichst reibungslos bearbeiten und nicht durch sie in eine Krise geraten können. Krisen aber, die aus der Widerständigkeit der Sache resultieren (oder sich aus der Notwendigkeit zur Kooperation ergeben), werden so systematisch unmöglich gemacht. Zu Bildungsprozessen kann es in einem solchen Unterricht deswegen nicht kommen (allenfalls in einem negativen Sinne, also im Sinn einer Verbildung oder – wenn es hochkommt – zu einer Halbbildung).

Die Forschung hat gezeigt, dass in den meisten Fällen die Dimension der Didaktik dominiert. Die Kooperationsbereitschaft der Schüler steht nicht in Frage, eine Sache soll im Unterricht erschlossen werden, doch die zu diesem Zweck verwendete Didaktik erfüllt ihren Zweck nicht. Statt die Sache verständlich zu machen, erschwert oder verunmöglicht sie deren Erschließung für die Schüler. In mehreren Veröffentlichungen hat Gruschka die Modalitäten, wie Didaktik ihr Ziel verfehlen kann, typologisch zu differenzieren versucht (Gruschka 2007).

Ist auch eine Auflösung der Spannung in dem Sinne möglich, dass die Dimension der Bildung zur dominanten wird? Nein, die Dominanz dieser Dimension ist nicht möglich, wohl aber kann sich eine Konstellation ergeben, in der keine der drei Dimensionen dominiert – so dass Bildung in einer positiven Form möglich wird. Das setzt voraus, dass die Didaktik der Erschließung der Sache nicht im Wege steht und der Prozess der Auseinandersetzung mit dieser dergestalt disziplinierend wirkt, dass darüber hinausgehende erzieherische Maßnahmen nicht notwendig sind. Erziehung, Didaktik und Bildung ergänzen sich gegenseitig und die bildende Auseinandersetzung mit der Sache ist dann der Erziehung der Schüler zur Mündigkeit förderlich. Leider hat die Interpretation von ca. 200 Transskripten gezeigt, dass diese Konstellation nur äußerst selten auftaucht, ja, so selten, dass die Fälle, in denen sie anzutreffen war, als Ausnahmen bezeichnet werden können, die von der Regel einer Dominanz der Dimension Erziehung oder derjenigen der Didaktik abweicht (Gruschka 2010).

Gruschka hat inzwischen die Summe seiner Forschungen vorgelegt, eben eine materiale Theorie des Unterrichts (Gruschka 2013). In meiner Habilitation bin ich Gruschka durchaus gefolgt, und zwar in der Fokussierung auf die pädagogischen Dimensionen des Unterrichts, habe eine

Studie zum Unterricht speziell an einer Integrierten Gesamtschule verfasst, ausgehend von der Frage, ob das Auftreten bestimmter Konstellationen des Pädagogischen im Unterricht abhängig ist von dem Faktor »Schulform«. Diese Arbeit ist vor einiger Zeit in überarbeiteter Form erschienen. (Twardella 2018b) Darüber hinaus habe ich eine Reihe von Aufsätzen zu verschiedenen Grundfragen des Unterrichts verfasst, in denen jeweils das Verhältnis der unterschiedlichen Perspektiven auf Unterricht weitergehend erörtert wird. (Twardella 2015) Dabei hat sich – wie bei der oben durchgeführten Analyse – gezeigt, dass zwar Unterricht durchaus aus unterschiedlichen theoretischen Perspektiven analysiert werden kann. Aber nur im Rekurs auf pädagogische Begrifflichkeiten kann letztlich seine »Eigenstruktur«, die Logik, nach der er sich vollzieht, expliziert werden.

Zur Frage nach der Bedeutung der pädagogischen Kasuistik für die Professionalisierung von Lehrern

Eine Auseinandersetzung mit der Theorie impliziten Wissens von Georg Neuweg

I

An zahlreichen Universitäten in Deutschland ist die pädagogische Kasuistik integraler Bestandteil des Lehramtsstudiums, freilich in unterschiedlichen Varianten. Wie auch immer sie praktiziert wird, die Gründe, welche für sie angeführt werden, sind immer die gleichen: Es wird davon ausgegangen, dass mit ihrer Hilfe dasjenige, was in der Schule geschieht und die sich dort stellenden Handlungsprobleme, an der Universität vergegenwärtigt und wissenschaftlich reflektiert werden können. Die Kasuistik ermöglicht es, empirische Beispiele aus dem Alltag der Schule methodisch kontrolliert zu analysieren. Dies sei, so wird erklärt, der Distanzierung der Studierenden von dem schulischen Alltag, den sie jahrelang erlebt haben, förderlich und könne zur Ausbildung eines wissenschaftlichen Habitus beitragen. Zudem könne die Kasuistik dazu beitragen, dass Studierende eine hermeneutische Sensibilität entwickeln und fallbezogen ein pädagogisches Denken erlernen. Kurz, es wird davon ausgegangen, dass die pädagogische Kasuistik einen Beitrag dazu leisten kann, dass angehende Lehrer später zu ›reflexiven Praktikern‹ werden. Sind aber die Hoffnungen, die in die pädagogische Kasuistik gesetzt werden, berechtigt? Und wenn dem so ist: Wie müsste dann die pädagogische Kasuistik in das Lehramtsstudium eingebettet sein, damit sie diese erwarteten Wirkungen entfalten kann? Diese Fragen sollen im Folgenden erörtert werden, und zwar auf dem Weg über eine Auseinandersetzung mit der Theorie impliziten Wissens, wie sie im deutschen Sprachraum vor allem von Georg Neuweg vertreten wird. Neuwegs Argumentation, in deren Zentrum der Begriff der Könnerschaft steht, stellt – zumindest auf den ersten Blick gesehen – die universitäre Lehrerbildung und mithin auch die pädagogische Kasuistik grundsätzlich in Frage. Bei genauerem Hinsehen wird jedoch deutlich, dass dem keineswegs so ist, die Theorie von Neuweg vielmehr dazu geeignet ist, die obigen Fragen einer Klärung näher zu führen.[1]

In mehreren Schritten soll die Auseinandersetzung mit der Argumentation Neuwegs geführt werden: Zunächst werden einige basale Überlegungen des Autors in groben Zügen referiert. Eingeflochten werden in diese Ausführungen Fragen sowie Ergänzungen, die sich vom Standpunkt einer pädagogischen Unterrichtsforschung bzw. einer pädagogischen Professionalisierungstheorie aus ergeben (Twardella 2015). Im zweiten Schritt wird dargelegt, welche Konsequenzen sich aus den Überlegungen von Neuweg für die Lehrerbildung ergeben. Der dritte Schritt wird schließlich darin bestehen, vor dem Hintergrund der theoretischen Überlegungen ein Beispiel, eine Passage aus einer Stunde im Fach Mathematik zu interpretieren. Die Ergebnisse der Analyse sowie die problematisierenden Überlegungen werden schließlich in einem Resümee zusammengefasst. Es wird sich zeigen, dass Neuweg trotz seiner Fokussierung auf Könnerschaft keineswegs das akademische Studium für unnötig hält, ja, dass er sich sogar für Kasuistik als Teil des Lehramtsstudiums ausspricht. (Und er bietet zudem wichtige Hinweise in Bezug auf die Frage, was von einer pädagogischen Kasuistik in diesem Rahmen erwartet werden kann und was nicht.) Offen bleibt bei Neuweg jedoch die Frage, wie eine pädagogische Kasuistik konkret aussehen und worin deren Bedeutung für die Lehrerbildung bestehen könnte. Diese Frage lässt sich beantworten, wenn nicht davon ausgegangen wird, dass bei einer kasuistischen Analyse des Handelns von ›Könnern‹ das diesem zugrunde liegende Wissen expliziert werden kann, sondern nur der diesem Handeln immanente Sinn. Dann lässt sich die These formulieren, dass die Bedeutung der pädagogischen Kasuistik darin gesehen werden kann, die ›eingehüllte Rationalität‹ (Krieg 1982) von Könnerschaft hermeneutisch zu erschließen und Studierende dazu zu befähigen, diese Rationalität zu verstehen, zu reflektieren und zu beurteilen.

II

Mit der Theorie impliziten Wissens, wie sie Neuweg im Anschluss an Michael Polyani vertritt, wird der Zusammenhang von Wissen und

1 Bezug genommen wird primär auf: Neuweg 2015.

Können radikal in Frage gestellt. Wie ist das gemeint und wie wird es begründet? Ausgangspunkt der Argumentation ist etwas, das Neuweg schlicht als ein empirisches Faktum nimmt: Es gibt offensichtlich Personen, die wissen, wie etwas geht. Neuweg spricht von ihnen plakativ als ›Könner‹, also Experten einer bestimmten Praxis. Sie sind in unterschiedlichen Bereichen anzutreffen, u.a. auch in der Schule. Ja, es gibt, so Neuweg, auch in der Schule Personen, die etwas können, eben die Lehrer, die unterrichten, und zwar durchaus erfolgreich.

Schon an dieser Stelle melden sich erste Bedenken: Wen meint Neuweg, wenn er von Könnern spricht? Ist jeder, der für sich einen Expertenstatus in Anspruch nimmt oder dessen Status als Experte ihm qua Amt verbürgt ist, ein Könner? Bezogen auf Lehrer: Sind alle Lehrer Könner? Ist es nicht plausibler, zu differenzieren und zu unterscheiden zwischen Lehrern, die tatsächlich als Könner anzusehen sind, und solchen, für die das nicht gilt? Ja, wäre es womöglich nicht noch besser, bezogen auf einzelne Lehrer zu unterscheiden zwischen dem, was sie können, und dem, was sie nicht können? Warum trifft Neuweg diese Unterscheidungen nicht? Eine differenzierte Sicht würde voraussetzen, dass Kriterien für Könnerschaft vorhanden sind. Doch die Frage nach solchen klammert Neuweg aus. Er begnügt sich mit der Feststellung, dass Könnerschaft empirisch vorfindbar sei und legt im Weiteren dar, was das bedeutet. Zu diesem Zweck rekurriert er auf den Begriff des ›impliziten Wissens‹. Diesem Begriff zufolge beruht jedes Können einer Person auf einem Wissen. Das werde, so Neuweg, deutlich, wenn wir über Könner reden, denn dann würden wir den Sprechakt formulieren, dass diese eben *wissen*, wie es geht. Entscheidend ist für Neuweg nun, dass dieses Wissen der Könner ein ›implizites‹ ist. Das heißt, es ist nicht ein solches, das ein Könner ›hat‹, das ihm gedanklich zur Verfügung steht und das er sich vergegenwärtigen kann, bevor er tätig wird, um es sodann in die Praxis zu überführen. Könnerschaft dürfe man sich nicht so vorstellen, dass ein Subjekt sein Handeln durch Wissen steuert. Sie kennzeichne vielmehr, dass das Subjekt richtig handle, ohne vorher nachdenken zu müssen. Der Könner handle intuitiv.

Auch an dieser Stelle melden sich sofort Bedenken: Es ist zwar durchaus plausibel, davon auszugehen, dass Könner intuitiv handeln und das Richtige tun. Aber inwiefern kann dann davon gesprochen werden, dass sie etwas ›wissen‹? Was soll das für ein Wissen sein, das die Könner auf der einen Seite haben, auf der anderen Seite aber auch nicht haben? Wie soll man sich das vorstellen?

Das handlungstheoretische Argument, dass man sich Könnerschaft nicht als Folge von einem Wissen, das dem Subjekt zur Verfügung steht, vorstellen dürfe, sondern als Identität von Wissen und Handeln begreifen müsse, verbindet Neuweg mit der Behauptung, dass Könner nicht zu explizieren vermögen, was sie machen und warum sie etwas machen. Dies kommt in der suggestiven Formulierung vom ›Schweigen der Könner‹ zum Ausdruck: Die Könner bleiben letztlich stumm. Werden sie gefragt, was sie machen und warum sie etwas so machen, wie sie es machen und nicht anders, antworten sie schlicht, dass es eben so gehe. Das aber, so Neuweg, tue ihrer Könnerschaft keinen Abbruch, denn für diese sei es gar nicht notwendig, dass das Subjekt sein Handeln auch zu explizieren vermag. Das bedeute aber keineswegs, dass Könner bloß automatenhaft agieren. Vielmehr seien sie bei ihrer Tätigkeit hoch konzentriert, und zwar auf die jeweilige Situation und die Anforderungen, welche sich in dieser stellen. Als Beispiel führt Neuweg u.a. den Wildwasserpaddler sowie den Radfahrer an: Beide würden gar nicht die Zeit haben, sich zu überlegen, wie sie durch die gefährlichen Stromstellen gelangen oder was sie tun, wenn sie beim Radfahren das Gleichgewicht halten. Sie würden sich einfach auf die gegebene Situation konzentrieren und intuitiv das Richtige machen. Und das gelte auch für Lehrer: Auch sie würden auf situative Anforderungen angemessen reagieren – ohne sagen zu können, was sie warum getan haben.

Hinzu kommt nun noch ein weiteres Argument. Dieses bezieht sich nicht auf das Verhältnis der Könner zu dem ihrem Handeln impliziten Wissen, sondern auf dieses Wissen selbst: Neuweg behauptet, dass dieses dem Handeln der Könner implizite Wissen nicht explizierbar sei, weil sich die Könnerschaft letztlich nicht auf die Befolgung von Regeln zurückführen lasse. Dafür seien die Situationen, in denen die Könner agieren, und sei auch ihr Handeln viel zu komplex. Und das gelte nicht nur für den Handelnden selbst, sondern auch für jemanden, der ihn beobachtet: Auch ein Beobachter könne das Handeln eines Könners bzw. das diesem implizite Wissen nicht explizieren, eben weil es nicht regelgeneriert und deswegen grundsätzlich nicht formalisierbar sei.

Dazu sei Verschiedenes angemerkt: Freilich schließt Neuweg die Möglichkeit nicht aus, dass jemand erst denkt und dann handelt. In vielen Fällen ist das – zum Glück – so gegeben. Doch für das Handeln der Könner gelte dies eben nicht. Das klingt auf den ersten Blick gesehen durchaus plausibel, ebenso wie die Annahme, dass Könner das ihrem Handeln implizite Wissen nicht darzulegen vermögen. Was aber, wenn ihr Handeln protokolliert, d.h. mit Hilfe technischer Verfahren festgehalten wird, also Daten von diesem erhoben werden? Neuweg zieht allein in Erwägung, dass Könner im Anschluss an ihr Handeln über dieses befragt werden. Möglich ist es aber auch, das Handeln der Könner unmittelbar zu erfassen, entweder mittels einer Audio- oder mit Hilfe einer Videoaufnahme. Warum sollte es dann nicht möglich sein, dieses zu analysieren?

Warum sollte ein Könner, erst recht aber ein Beobachter, ein Wissenschaftler nicht dazu in der Lage sein, es zu explizieren? Fraglich ist dann allerdings, *was* expliziert wird: Problematisch ist die Annahme, es könne ein dem Handeln zugrunde liegendes Wissen expliziert werden. Hingegen ist es durchaus möglich, die diesem Handeln immanente Bedeutung zu rekonstruieren, ihren Sinn. Und wenn dies geschieht, wenn die ›eingehüllte Rationalität‹ des Könnens expliziert wird, dann lässt sich freilich im Nachhinein sagen, der Könner habe so gehandelt, *als ob* er dieses und jenes Wissen gehabt habe.[2]

Schließlich bleibt noch zu fragen, warum so unterschiedliche Tätigkeiten wie die eines Sportlers und die eines Lehrers unter ein und dieselbe Kategorie, eben die des Könners subsumiert werden. Das Argument, in beiden Fällen würden in hoch konzentrierter Form situative Anforderungen bewältig, leuchtet zwar ein. Dennoch stellt sich die Frage, warum nicht im Hinblick auf die Anforderungen, die sich jeweils stellen, differenziert wird. Die Professionalisierungstheorie bietet hier eine Unterscheidung an, und zwar diejenige zwischen Problemen technischer Natur und solchen, die bei der Bewältigung von Krisen entstehen, in welche eine Lebenspraxis geraten ist (Oevermann 2002). Auf beide reagieren Könner intuitiv und situationsangemessen. Dennoch sind die zugrundeliegenden Probleme jeweils andere. Und während das Handeln der Experten in dem einen Fall durchaus auf Regeln zurückgeführt werden kann – deswegen ist es, so die Professionalisierungstheorie, stan-

2 Zwar ist die Rede vom Sinn ebenfalls missverständlich – auch der Sinn kann als etwas vorgestellt werden, das ein Subjekt zunächst ›hat‹ und das es sodann seinem Handeln zu geben versucht. Es ist aber auch möglich, Sinn als etwas zu begreifen, das unabhängig vom Subjekt dessen Handeln als ein ›objektiver Sinn‹ zugrunde liegt.

dardisierbar –, ist das in dem anderen Fall letztlich nicht möglich. Um welches Handeln es auch geht – um standardisierbares, ›ingeneuriales‹ oder um situationsspezifisches, bezogen auf die Krise einer Lebenspraxis –, in jedem Fall ist der Sinn des Handelns rekonstruierbar. Dabei ist es allerdings wichtig, den Regelbegriff zu differenzieren: Das standardisierbare Handeln folgt spezifischen Regeln, Handlungsregeln, die gelernt werden können, die immer gleich anzuwenden sind und die von dem Handelnden dermaßen verinnerlicht werden können, dass er nicht mehr über sie nachzudenken braucht. Davon zu unterscheiden sind Bedeutung generierende Regeln. Diese liegen dem Handeln auch dann zugrunde, wenn es nicht routiniert erfolgt, sondern auf die Krise einer Lebenspraxis bezogen ist. Und auf diese Regeln wird rekurriert, wenn der Sinn der Handlung eines Könners, deren ›eingehüllte Rationalität‹ rekonstruiert wird. Der Begriff der ›eingehüllten Rationalität‹ steht eben dafür: Das Handeln des Könners ist vernünftig, hat eine Rationalität. Diese ist aber nicht unmittelbar erkennbar, ist ›eingehüllt‹ in eine Praxis, in ein Können. Durch die wissenschaftliche Analyse kann diese Rationalität offengelegt, kann die Sinnhaftigkeit der Praxis expliziert werden. Und diese geht letztlich darauf zurück, dass Regeln – nicht im Sinne von Normen! – dem Handeln des Könners zugrunde liegen.

III

Welche Konsequenzen ergeben sich aus den grob zusammengefassten Überlegungen Neuwegs für die Lehrerbildung? Wenn man die Lehrerbildung vom Ende her denkt, also die Frage stellt, wie diese gestaltet werden müsste, wenn angehende Lehrer zu Könnern werden sollen, dann wird zu einem didaktischen Problem, dass das Wissen, was sie erwerben müssten, laut Neuweg nicht explizierbar und folglich auch nicht lehrbar ist. Wenn das Wissen, auf das es im Lehrerberuf letztlich ankommt, aber gar nicht lehrbar ist, worin könnte dann noch der Sinn eines Studiums bestehen? Wird ein solches dann nicht einfach überflüssig? Überraschend ist, dass Neuweg diesen Schluss keineswegs zieht. Vielmehr hält er ein Studium an der Universität durchaus für notwendig. Doch sei zu beachten, dass das Wissen, welches in seinem Rahmen vermittelt wird, kein ›Anwendungswissen‹ sei. Vielmehr diene es allein der Planung der pädagogischen Praxis sowie ihrer nachträglichen Rechtfertigung.

Exkurs zu einer neueren Publikation mit dem Titel ›Grundwissen Lehrerbildung‹

Tatsächlich aber ist die Vorstellung, an der Universität werde Wissen vermittelt, das handlungsrelevant ist, genauer gesagt, die Vorstellung, die Universität könne zu Könnern ausbilden, durch ein Studium könne – um es in der gegenwärtig dominanten Terminologie zu formulieren – die Kompetenz zu unterrichten erworben werden, weit verbreitet. Beispielhaft sei das kurz mit Bezug auf eine neuere Publikation, auf das Buch mit dem Titel ›Grundwissen Lehrerbildung‹ gezeigt (Kiel 2014). Dieses ist insofern äußerst interessant, als es den Versuch darstellt, dasjenige Wissen zu präsentieren, über welches Lehrer heutzutage verfügen sollten, und es ist mit der Behauptung verbunden, dieses Wissen sei wissenschaftlich gesichert, da es sich aus der empirischen Bildungsforschung der letzten Jahre bzw. Jahrzehnte speist. Dem Buch liegt also die Vorstellung zugrunde, dass jenes von der empirischen Bildungsforschung gebotene Wissen dazu in die Lage versetzt, erfolgreich zu unterrichten.

Erstaunlich ist dies angesichts dessen, dass bei genauerem Hinsehen rasch deutlich wird, wie begrenzt die Neuerungen sind, welche in diesem Buch präsentiert werden. Diese Neuerungen beziehen sich zum einen auf die Bedingungen, unter denen Unterricht stattfindet: Die empirische Bildungsforschung biete neue Möglichkeiten, diese Bedingungen – bezogen auf den Lehrer, die Schüler, die Sache und den Kontext, in dem der Unterricht stattfindet – zu analysieren. Zum anderen beziehen sie sich auf Fragen der Evaluation von Unterricht. Wenig Neues bietet das Buch hingegen im Hinblick auf die Planung und Durchführung von Unterricht: Im Zusammenhang mit der Planung tauchen die vier Entscheidungsfelder der Berliner Didaktik aus den 60er Jahren des letzten Jahrhunderts wieder auf. Und auch Wolfgang Klafkis ›Didaktische Analyse‹ wird erwähnt. Darüber hinaus wird im Zusammenhang mit der Durchführung von Unterricht auf das ›classroom management‹ sowie die ›Fehlervermeidungsdidaktik‹ von Fritz Oser und Maria Spychiger verwiesen.

Die Vorstellung von einem nahtlosen Übergang vom Wissen zum Können zeigt sich nun an zwei Stellen in diesem Buch: Zum einen legen die Autoren zwar im Zusammenhang mit Ausführungen zur Professionalisierungstheorie dar, dass Schüler keine ›trivialen Maschinen‹ (Luhmann 2005) seien und dass Handeln von Lehrern grundsätzlich durch Unsicherheit gekennzeichnet sei. Doch führt sie der Vergleich des Unterrichts mit einem Schachspiel zu der Behauptung, sowohl die Planung als auch die Durchführung von Unterricht könnten letztlich vollständig wissenschaftlich analysiert und begründet werden. Zum anderen ist das Buch so aufgebaut, dass der Leser vom Wissen zum Können geführt werden soll: Jedes Kapitel beginnt mit Fällen, die zunächst mit Hilfe des Vorwissens des Lesers reflektiert und gedanklich gelöst werden sollen. Gegen Ende eines jeden Kapitels, wenn also die in ihm präsentierten Wissensbestände rezipiert wurden, wird der Leser erneut dazu aufgefordert, die präsentierten Fälle zu reflektieren. Die Erwartung ist, dass er nun das durch die Lektüre gewonnene Wissen auf sie anwenden und mit seiner Hilfe eine Lösung finden kann. Schließlich wird ihm noch die Möglichkeit geboten, die Ergebnisse, zu denen er gelangt ist, zu evaluieren. Die Lektüre ermögliche so die Entwicklung von Kompetenz, und zwar über verschiedene Stufen, über das Kennenlernen, das Verstehen, das Anwenden und das Evaluieren. So könne der Leser, wie es die Autoren formulieren, ›vom Wissen zum Können‹ (Kiel 2014, S. 10) gelangen.

Die Vorstellung, das an der Universität vermittelte Wissen könne in der Praxis einfach angewendet werden und befähige zur Könnerschaft, ist mit Neuweg als naiv zurückzuweisen.

Wenn das Studium aber nicht ausreicht, wie werden dann Neuweg zufolge angehende Lehrer zu Könnern? Seine Antwort lautet: durch Erfahrung. Dafür sei es notwendig, dass sie sich auf die Praxis einlassen und sich in ein Meister-Schüler-Verhältnis begeben. Nur wenn sie sich in der Rolle eines Novizen befinden und von einem Meister lernen, können sie jenes Wissen erwerben, durch das sie zu Könnern werden. Lernen würden sie nicht wie an der Universität, sondern indem sie sich das Wissen des Könners ›einverleiben‹. Indem sie selber handeln, könne dieses Wissen bei ihnen ›in Fleisch und Blut übergehen‹.

Auf der einen Seite ist Neuwegs Argumentation durchaus plausibel: Das wissenschaftliche Studium und die praktischen Erfahrungen werden klar voneinander getrennt. Indem Neuweg sie scharf entgegensetzt und sich gegen jede Vermengung ausspricht – z.B. in dem Sinn, dass versucht wird, praktische Erfahrungen im Rahmen des wissenschaftlichen Studiums zu ermöglichen und etwa Unterricht in Seminaren zu simulieren –, behalten beide ihre Dignität, ihre Bedeutung und ihr jeweils eigenes Gewicht.

Für die Kasuistik würde das bedeuten, dass sie nur noch zu Forschungszwecken betrieben wird. Erstaunlicherweise kann sich Neuweg aber durchaus auch vorstellen, dass sie ein Teil der Lehrerbildung ist bzw. bleibt. Er verweist darauf, dass Lehrer sich an Fälle erinnern, ja, in Fällen denken. Doch äußert er sich in keiner Weise dazu, wie eine pädagogische Kasuistik konkret aussehen könnte. Würde er dies tun, dann würde sich zeigen, dass seine Argumentation modifiziert werden muss: Wenn das Handeln der Könner mit Hilfe technischer Verfahren festgehalten wird, kann – wie oben bereits behauptet wurde – dessen Sinn durchaus expliziert werden. Wird von der Sinnstrukturiertheit des Handelns ausgegangen, lässt sich aber nicht nur Könnerschaft explizieren, sondern darüber hinaus auch eine Antwort auf die Frage geben, wann Könnerschaft tatsächlich vorhanden ist und wann nicht. Das soll kurz an einem kleinen Beispiel gezeigt werden.

IV

Bei dem Beispiel handelt es sich um eine Episode aus einer Stunde im Fach Mathematik, die in der Jahrgangsstufe 6 an einem Gymnasium stattgefunden hat. Die verbale Kommunikation, welche in dieser Stunde stattgefunden hat, wurde mit einem Audiogerät aufgezeichnet und anschließend transkribiert (Sterlepper 2009).[3]

Die ausgewählte Episode ist Teil einer Phase des Unterrichts, in der Hausaufgaben besprochen werden. Thema ist das Rechnen mit Brüchen. Als vorläufiges Kriterium für Könnerschaft kann angesehen werden, dass die Lehrkraft, welche den Unterricht durchführt, schon seit längerem ihren Beruf ausübt. Ihr Können erweist sich zunächst daran, dass sie routiniert mit der Klasse die Hausaufgaben bespricht. Was sie macht, lässt sich an dieser Stelle durchaus auch als Resultat der Befolgung von Regeln begreifen, von Handlungsregeln, die sie routiniert befolgt: Sie lässt die Aufgabe, welche zu lösen war, jeweils vorlesen, dann trägt ein Schüler jenes Ergebnis vor, zu dem er bei seiner häus-

3 Es liegt auf der Hand, dass bei dieser Methode der Datenerhebung vieles verloren geht, was aus der Sicht von Neuweg zur Könnerschaft dazugehört: Gestik, Mimik etc. Diese Aspekte könnten berücksichtigt werden, wenn die Analyse des Transkripts ergänzt würde durch die einer Videoaufzeichnung.

lichen Arbeit gelangt ist. Im dritten Schritt evaluiert die Lehrperson schließlich dieses Ergebnis. Das alles geht eine Weile gut, bis plötzlich eine Schülerin ein Ergebnis vorträgt, das nicht richtig ist. In dieser Situation ist nun die Könnerschaft der Lehrperson in besonderer Weise gefordert, da es zwar auch für solche Situationen Regeln gibt, wie in ihnen zu verfahren ist, letztlich jedoch ein fallspezifisches Handeln notwendig wird. Diese Passage soll nun etwas genauer betrachtet werden. Sie beginnt damit, dass die Schülerin Sw2 zunächst die Aufgabe nennt, die zu lösen war:

›Sw2: (...) Ein Siebtel plus fünf Siebtel‹

Eine Analyse, die den basalen Begriff des Sinns zugrunde legt, verlangt es, dass bereits dieser Sprechakt detailliert analysiert wird. Nur angemerkt, nicht ausgeführt sei, dass jetzt zu explizieren wäre, was Schüler wissen und können müssten, um diese Aufgabe lösen zu können: Sie müssen wissen, was ein Ganzes und was der Teil eines Ganzen, genauer gesagt, was ein Bruch ist, müssten die Schreibweise von Brüchen kennen, also wissen, was ein Zähler und was ein Nenner ist, und müssten ebenfalls wissen, wie Brüche addiert werden, nämlich indem man sie auf einen gemeinsamen Nenner bringt und die Zähler addiert.[4]

›sind gleich sechs Siebtel,‹

Das Ergebnis ist richtig. Sw2 verfügt offensichtlich über das für die Lösung der Aufgabe erforderliche Wissen und vermag es auch richtig anzuwenden. Entscheidend ist nun aber, dass es nicht dabei bleibt, denn Sw2 fährt fort:

›sind gleich ein und ein Siebtel.‹

Offensichtlich bestand die Aufgabe nicht nur darin, zwei Brüche miteinander zu addieren, sondern das Ergebnis auch in unterschiedlicher Weise zu notieren. Dafür aber ist es notwendig, mehr zu wissen, nämlich was der Unterschied zwischen ›echten‹ und ›unechten Brüchen‹ ist und dass nur ein ›unechter Bruch‹ in einer – wie es im Unterricht heißt – ›gemischten Schreibweise‹ notiert werden kann.

Angesichts dieses falschen Ergebnisses wäre nun eigentlich der Frage nachzugehen, wie es zustanden gekommen ist. Auch darauf – also auf

4 Die Brüche gleichnamig zu machen ist hier nicht erforderlich, da sie das bereits sind.

die Frage, ob ein erzieherisches Problem zu dem falschen Ergebnis geführt hat (die Schülerin war unaufmerksam, hat ihre Aufgaben nicht sorgfältig gemacht o. Ä.), ein didaktisches Problem (die Lehrerin hat zuvor nicht jenes Wissen vermittelt, mit dessen Hilfe die Schülerin die Aufgabe fehlerfrei hätte lösen können) oder ein Verstehensproblem (der Schülerin, die trotz der didaktischen Bemühungen der Lehrkraft etwas nicht verstanden hat) – möchte ich hier nicht näher eingehen.

Wie kann die Lehrperson auf Sw2 reagieren? Verschiedene Möglichkeiten sind denkbar: Dass sie den Fehler einfach übergeht, kann ausgeschlossen werden. Wenn sie aber auf ihn eingeht, so kann dies mindestens in zweifacher Weise geschehen: Entweder wird der Fehler einfach korrigiert oder auf ihn wird näher zu sprechen gekommen, um zu klären, wie es zu ihm kam.

Die Schweizer Erziehungswissenschaftler Fritz Oser und Maria Spychiger haben im Rahmen ihrer ›Fehlervermeidungsdidaktik‹ dafür plädiert, Fehler von Schülern als Chance zu sehen, als Chance für Lernprozesse (Oser/Spychiger 2005). Zur Begründung haben sie das logische Argument angeführt, eine ›Position‹ sei am besten (womöglich nur) vor dem Hintergrund ihrer ›Negation‹ zu verstehen. Ein ›negatives Wissen‹, also ein fehlerhaftes Wissen sei eine geeignete Voraussetzung dafür, dass es zu einer – wie Klafki es formulierte – ›wechselseitigen Erschließung‹ von Schüler und Gegenstand kommen kann. Ausgehend von diesen Überlegungen haben die beiden Autoren eine Reihe von Empfehlungen für eine ›tolerante Fehlerkultur‹ und für einen produktiven Umgang mit Fehlern gegeben: Lehrer sollten zunächst Bedingungen schaffen, unter denen sich Schülern die Möglichkeit bietet, Fehler zu machen.

Wenn es dann tatsächlich zu solchen gekommen ist, sollten sie gelassen auf diese reagieren (die Schüler nicht beschämen) und klassenöffentlich auf sie eingehen und zwar so, dass das ›negative Wissen‹, auf dem der Fehler beruht, zur Sprache kommt. Ausgehend davon könne dann mit den anwesenden Schülern im Gespräch das ›negative‹ in ein ›positives Wissen‹ überführt werden.

Wie hat die Lehrerin tatsächlich auf den Fehler von Sw2 reagiert? Zunächst formuliert sie ein Lob – offensichtlich hat sie nicht sofort realisiert, dass die Antwort von Sw2 falsch war. Doch dann machen einige Mitschüler sie auf den Fehler aufmerksam und sie korrigiert sich:

›Lw: Ach so, a-h-h-h-h-h, Sw2, frage mal die anderen, die melden sich, was falsch ist.‹

Wir wissen nicht, ob die Lehrerin die ›Fehlervermeidungsdidaktik‹ von Oser und Spychiger kennt oder nicht. Doch zeigt sich, dass sie durchaus so handelt, wie diese es vorsieht: Die Aufgabe, die sie stellte, bot die Möglichkeit Fehler zu machen. Und angesichts dessen, dass Sw2 einen solchen begangen hat, reagiert sie nicht negativ. Und sie macht den Fehler zum Thema. Auffällig ist nun, dass sie nicht selbst den Fehler korrigiert, sondern erwartet, dass die Mitschüler dies tun.

›Sw3: Das geht gar nicht, weil sechs kleiner als sieben ist.‹

Sw3 benennt den Fehler von Sw2 nicht, sondern liefert sofort eine Begründung dafür, warum etwas nicht gehe. Doch der Lehrerin reicht das nicht aus und sie fragt weiter:

›Lw: Warum nicht?‹

Mit dieser Frage wird deutlich, dass die Lehrerin hinter dem Fehler von Sw2 ein Verstehensproblem vermutet, womöglich eines, das nicht nur Sw2 hat, sondern das auch andere Schüler in der Klasse haben. Dieses soll nun klassenöffentlich besprochen werden. Das Handeln der Lehrerin könnte bis hierhin noch als regelgeneriert begriffen werden – unabhängig davon, ob sie die ›Fehlervermeidungsdidaktik‹ von Oser und Spychiger kennt oder nicht, handelt die Lehrerin so, wie diese Didaktik es vorsieht. Im Folgenden wird jedoch deutlich, dass bei dem Versuch, das Verstehensproblem zu lösen, diese Didaktik nicht mehr weiterhilft.

Eine Schülerin antwortet:

›Sw3: Also die Sieben kann man nicht nochmal teilen …‹

Und die Lehrerin greift dies einfach auf:

›Lw: Also die Sieben kann man nicht nochmal teilen, hat Sw3 gesagt.‹

Dass die Antwort einer Schülerin einfach wiederholt wird, entspricht nicht den Regeln von Oser und Spychiger. Doch kann die Bemerkung der Lehrerin auf eine andere Regel bezogen werden: Zum einen kann sie als Verstoß gegen die Regel gesehen werden, ein ›Lehrerecho‹ möglichst zu vermeiden. Zum anderen kann sie aber auch als Resultat der Befolgung einer anderen Regel begriffen werden, nämlich der Regel, als Lehrperson nicht selbst Probleme zu lösen, sondern die Schüler die jeweilige Lösung selbst finden zu lassen, also konkret: eine klärende Antwort zu vermeiden. Nach dieser Regel bzw. Norm scheint die Lehrerin sich konsequent zu richten: Wie sie nicht selbst den Fehler von Sw2 identifizieren wollte und auch nicht erklärte, warum Sw2 einen Fehler begangen hat, so will sie auch jetzt Sw3s Bemerkung nicht selbst problematisieren.

An dieser Stelle kann die Analyse abgebrochen werden, weil – so hoffe ich – hinreichend deutlich geworden ist, dass das Handeln der Lehrerin nicht auf ein bestimmtes Set von Regeln (hier der Fehlervermeidungsdidaktik) zurückgeführt, dennoch aber als ein sinnstrukturiertes rekonstruiert werden kann. Es lässt sich die Hypothese formulieren, dass dieses Handeln durch einen grundlegenden Widerspruch gekennzeichnet ist: Auf der einen Seite fühlt sich die Lehrerin der Norm verpflichtet, auf Verstehensprobleme ihrer Schüler einzugehen und diese zu lösen. Deswegen korrigiert sie nicht einfach den Fehler von Sw2, sondern beginnt mit der Klasse ein Gespräch darüber, warum ihr Ergebnis falsch ist. Auf der anderen Seite verfolgt sie aber gleichzeitig das Ziel, die Schüler in ihren Fähigkeiten zu stärken und in ihrer Autonomie zu fördern. Deswegen überlässt sie es den Mitschülern, die Sache zu klären und enthält sich konsequent des ›Zeigens‹ (im Sinne von Klaus Prange). Diese Kombination, die Orientierung an der Norm, dass Schüler die im Unterricht behandelte Sache verstehen sollten, und diejenige an der Selbstständigkeit der Schüler gekoppelt mit der selbstauferlegten Verpflichtung, sich des Zeigens zu enthalten, ist hoch riskant und führt in dem Beispiel schließlich dazu, dass das Problem von Sw2 im – wie Oser und Spychiger es metaphorisch formulieren – ›Bermuda-Dreieck‹ der Unterrichtskommunikation untergeht: Es wird die Tafel zu Hilfe genommen, es wird von einem ›Kuchen‹, der in mehrere Teile geschnitten werden könne, gesprochen usw. usf. Und am Ende fragt die Lehrerin Sw2, ob sie die Sache nun verstanden habe. Die Schülerin antwortet zwar mit ›Ja‹, doch angesichts der zahlreichen unterschiedlichen Schüleräußerungen ist es eher unwahrscheinlich, dass sich die Sache für sie geklärt hat.

Prinzipiell wäre es möglich, das gesamte Unterrichtsgespräch en detail zu analysieren – um dann die Frage zu beantworten, ob die Lehrerin tatsächlich als Könnerin bezeichnet werden kann oder nicht. Das Kriterium, nach dem dies entschieden werden könnte, wäre dann die Frage, ob die Sache für die Schüler(in) letztlich klar wurde oder nicht.

Dieser Maßstab – der nur gewonnen werden kann, wenn sowohl die Sache als auch die Äußerungen, welche die Schüler über sie machen, analysiert werden – macht ein solches Urteil durchaus möglich. Anders gesprochen, das Kriterium für die Könnerschaft von Lehrern besteht letztlich darin, dass sie – sowohl durch die Befolgung von Handlungsregeln als auch durch situatives Intervenieren – die Bedingungen dafür zu schaffen, dass es zu einer ›wechselseitigen Erschließung von Schüler und Gegenstand‹ kommen kann.

V

Kommen wir zum Schluss: Die Überlegungen von Neuweg sind insofern plausibel, als sie nicht von vornherein mit einer Skepsis gegenüber dem Handeln derer verbunden sind, die als Könner bezeichnet werden bzw. sich selbst als solche sehen, sondern auf der Unterstellung beruhen, dass ihr Handeln vernünftig ist und eine ›eingehüllte Rationalität‹ besitzt. Entsprechend kann bzw. sollte eine pädagogische Kasuistik, die das Handeln von Lehrern, genauer gesagt, die Interaktion im Unterricht zum Gegenstand macht, von eben dieser Unterstellung ausgehen. Auch überzeugen die Konsequenzen, welche Neuweg für die Lehrerbildung zieht, v.a. wenn er das Wissen, welches im Rahmen des Studiums vermittelt wird, von demjenigen, welches Könner besitzen, deutlich unterscheidet. Die Vorstellung, angehende Lehrer könnten im Rahmen des Studiums ›vom Wissen zum Können‹ gelangen, ist mit Neuweg als naiv zurückzuweisen. Wichtig ist daran auch, dass kehrseitig durch diese klare Unterscheidung die Verantwortlichkeit der Praktiker deutlich hervorgehoben wird: Diese können sich nicht darauf berufen, ein wissenschaftlich gesichertes Wissen einfach zu exekutieren.

Doch bleiben letztlich zahlreiche Fragen offen: Lässt sich tatsächlich jenes Wissen, welches im Rahmen des Studiums vermittelt wird, auf ein Planungs- und Rechtfertigungswissen reduzieren? Gibt es nicht Wissensbestände, welche nicht unmittelbar auf die Praxis bezogen sind und dennoch an der Universität vermittelt werden können und sollten, Wissen etwa über den organisatorischen Kontext, in dem Lehrer und Schüler tätig sind (Schultheorie), Wissen über die Schüler und deren Entwicklung (Entwicklungstheorien) etc.?

Des Weiteren stellt sich die Frage, ob von den Könnern nur durch Erfahrung gelernt werden kann. Dies betrifft zunächst das Lernen in der Praxis: Warum sollten Experten nicht dazu in der Lage sein, mit ›Novizen‹ über deren sowie ihr eigenes Handeln zu sprechen? Das kann für letztere auch dann lehrreich sein, wenn das Reden über diese Praxis nicht der Komplexität, die dieser eigen ist, gerecht wird. Hinzu kommt, dass im Rahmen des Studiums bereits das Handeln von Experten zum Gegenstand der Analyse und der Reflexion gemacht werden kann und zwar im Rahmen einer pädagogischen Kasuistik. Während in anderen Bereichen der Lehrerbildung durchaus Wissen vermittelt werden kann, ist dies im Rahmen der pädagogischen Kasuistik allerdings nicht möglich. Genauer gesagt, gegebenenfalls kommt es bei Studierenden auch im Rahmen der pädagogischen Kasuistik zu einem Wissenszuwachs, doch kann es letztlich bei dieser nicht darum gehen, das ›implizite Wissen‹ von Könnern zu explizieren – verknüpft mit der Erwartung, dass angehende Lehrer sich dieses sodann aneignen und in ihrem späteren Berufsleben in die Praxis umsetzen. In diesem Sinne produziert die pädagogische Kasuistik kein Regelwissen. Freilich stößt, wer den Sinn von Handlungen zu rekonstruieren versucht, durchaus auf Regeln. Doch handelt es sich bei diesen nur begrenzt um Handlungsregeln, die gelehrt und gelernt werden können. Vielmehr geht es dann um Normen, an denen Lehrer sich orientieren, um Ansprüche, die sich aus der jeweiligen Situation heraus ergeben, solche, die mit der Sache, die behandelt wird, im Raum stehen, sowie solche der Schüler, für die sich die Sache erschließen soll. Und nicht zuletzt geht es um Regeln des vernünftigen Sprechens über die jeweilige Sache sowie um Sinn generierende Regeln. Aber aus diesen Normen, Ansprüchen und Regeln lässt sich letztlich kein Anwendungswissen ableiten.

Wenn im Rahmen der Rekonstruktion von Unterrichtstranskripten Aufgabenstellungen und die in ihnen enthaltene Didaktik, erzieherische Herausforderungen, die sich aus der Interaktion zwischen Lehrer und Schülern ergeben, jene erzieherischen Normen, an welchen Lehrer sich orientieren, sowie nicht zuletzt auch die Probleme, welche Schüler mit dem Verstehen einer Sache haben, analysiert werden und über praktische Alternativen, welche die Akteure in der jeweiligen Situation haben, reflektiert wird, dann können auf diese Weise jene Erfahrungen, welche später in der Praxis gemacht werden, zwar nicht vorweggenommen bzw. ersetzt werden, jedoch können diese durchaus angebahnt werden – und insofern kann die Differenz zwischen der Wissensvermittlung im

Studium und den Erfahrungen in der Praxis ein Stück weit durch die pädagogische Kasuistik abgemildert werden.

Darüber hinaus könnte die pädagogische Kasuistik auch nach dem Studium, also bei der Entwicklung von Könnerschaft in der Praxis dazu beitragen, dass (angehende) Lehrer ihre eigene Praxis reflektieren. Nur wenn sie die Möglichkeit haben, frei von Handlungsdruck das eigene Handeln zu reflektieren, können sie tatsächlich ›Erfahrungen‹ machen – und gerät der Einstieg in die Praxis nicht zu einer bloßen ›Einsozialisierung in den Betrieb‹.

Unterricht als Bewährungssituation

Versuch, einen soziologischen Begriff für das Verständnis von Unterricht fruchtbar zu machen

I

Im Jahr 2006 erschien aus der Feder des bekannten Pädagogen Hartmut von Hentig ein »pädagogisches Manifest«, das den Titel »Bewährung« trug und u.a. den Vorschlag enthielt, die Mittelstufe zu »entschulen« (von Hentig 2006). In der Schule gebe es keine Möglichkeiten für Schüler, sich zu bewähren, hier finde immer nur »Belehrung« nach einem »verordneten Plan« statt, werde den Schülern »Gehorsam« abverlangt (ebd., S. 11). Wenn die Schüler in die Pubertät gelangen, seien sie dafür aber kaum empfänglich und wenig bereit, und es sei folglich viel sinnvoller, sie außerhalb der Schule, im »wahren Leben« ein gemeinsames Projekt durchführen zu lassen, etwa einen alten Kotten wieder »in Schuss zu bringen«, um sich eben dabei zu bewähren (ebd., S. 27).

Hentigs Manifest ist eine der wenigen Schriften der Pädagogik, in welcher der Begriff der »Bewährung« eine zentrale, ja, systematische Rolle spielt. Ansonsten kommt dieser Begriff in der pädagogischen Literatur kaum vor. Der Grund dafür kann schlicht darin gesehen werden, dass er kein genuin pädagogischer Begriff ist, also nicht zu den »einheimischen Begriffen« (Herbart) der Pädagogik gehört, vielmehr aus der Tradition soziologischen Denkens stammt.

In meinem Beitrag möchte ich nun den Versuch unternehmen, auszuloten, ob und inwiefern der Begriff der Bewährung, obwohl er, wie gesagt, kein pädagogischer, sondern ein soziologischer ist, für die Pädagogik, genauer gesagt, für das Verständnis einer spezifischen pädagogischen Praxis, derjenigen des Unterrichts fruchtbar gemacht werden kann. Im Unterschied zu der Annahme von von Hentig, Schüler könnten sich nur außerhalb der Schule bewähren, soll hier davon ausgegangen werden, dass auch das Geschehen innerhalb der Schule, ja, dass vor allem auch der schulische Unterricht als ein Feld der Bewährung angesehen werden kann. Und dies gilt – so meine These – für alle am Unterricht beteiligten Akteure, also nicht nur für die Schüler, sondern auch für die Lehrer. Für die Schüler ist Unterricht insofern eine Situation der Bewährung, als sie in ihm – unter spezifischen zeitlichen, räumlichen und sozialen Bedingungen – mit »Sachen« konfrontiert werden, die sie herausfordern und an denen sie sich bewähren können. Für die Lehrer ist Unterricht ebenfalls ein Feld der Bewährung, auch sie sind durch die gegebene Situation herausgefordert, können hier scheitern oder Erfolg haben. Und für beide Akteure bzw. Akteursgruppen ist mit dem Unterricht als einer Bewährungssituation die Möglichkeit verbunden, zu reifen: für die Schüler im Sinn der Entwicklung ihrer Autonomie, für die Lehrer in dem Sinn, dass sie an Professionalität hinzugewinnen können.

Im Folgenden möchte ich zunächst kurz darauf eingehen, wie der Begriff der Bewährung in der Alltagssprache sowie in der Soziologie verwendet wird. Dann werde ich – ebenfalls nur grob – versuchen, ihn zu einigen pädagogischen Begriffen ins Verhältnis zu setzen. Im Anschluss daran, werde ich sodann eine Fallanalyse vorstellen, mit deren Hilfe nicht nur die »Brauchbarkeit« des Begriffs der Bewährung für die Unterrichtsforschung geprüft werden, sondern die auch dazu dienen soll, diesen Begriff weiter auszudifferenzieren.

II

Wie wird der Begriff der Bewährung in der Alltagssprache verwendet? Wir sprechen von Bewährung sowohl bezogen auf eine Tätigkeit als auch auf eine Person. Wir sagen etwa, dass *etwas* sich bewährt habe und meinen damit eine bestimmte Praxis, genauer gesagt, eine bestimmte Vorgehensweise: »*Es* hat sich bewährt, so und so vorzugehen.« Oder wir sprechen davon, dass *jemand* sich bewährt habe: »Er/sie hat sich bewährt.« Im Hintergrund steht stets eine bestimmte Aufgabe bzw. ein bestimmtes Problem, mit Bezug auf welches von einer Tätigkeit oder einer Person behauptet werden kann, sie habe sich bewährt. Das heißt, ein bestimmtes Handeln war richtig, richtig allerdings nicht in einem moralischen Sinn, sondern in einem pragmatischen, eben dass durch dieses Handeln eine Aufgabe bewältigt bzw. ein Problem gelöst wurde. Ja, das scheint wesentlich zu sein: Weder lässt sich bezogen auf das zugrunde liegende Problem sagen, welches Handeln moralisch richtig wäre, noch lässt sich überhaupt *eine* richtige Handlungsweise bestimmen. Vielmehr ist, so wird unterstellt, das Problem so komplex, dass es unterschiedliche, ja, eine Vielzahl von Möglichkeiten gibt, es zu lösen. Und wenn wir sagen, eine bestimmte Vorgehensweise habe sich bewährt, dann impliziert dies stets die Annahme, dass auch andere Vorgehensweisen möglich gewesen wären. Wenn schließlich auf eine bewährte Vorgehensweise zurückgegriffen wird, dann nicht schlicht aus Traditionalismus, sondern weil es erfolgversprechend ist. Es geschieht dann auf der Basis tradierten Erfahrungswissens. Wird die Behauptung schließlich auf eine Person bezogen, hat diese nicht nur dieses und jenes richtig gemacht, sondern sich eben angesichts gegebener Probleme als Ganze bewährt.

In der Soziologie taucht der Begriff der Bewährung bekanntlich bereits bei einem der Gründerväter des soziologischen Denkens, bei Max Weber auf, der ihn vor allem im Rahmen seiner Religionssoziologie verwendet hat (Zisek 2015). Als religionssoziologischer Begriff wird er von Weber nicht nur auf einzelne Handlungen bezogen, sondern auch auf das gesamte Leben eines Individuums. Und dabei spielen die soeben genannten zwei Aspekte eine Rolle: zum einen, dass das zugrunde liegende Problem, das Problem des »richtigen Lebens«, komplex ist, es zahlreiche Möglichkeiten gibt, es zu lösen und es eben nicht möglich ist, zu sagen, wann eine Lebensführung richtig und wann sie falsch ist. Bekanntlich sind es vor allem Religionen, die auf dieses komplexe Problem eine Antwort geben, und zwar indem sie sowohl ein Deutungsmuster bieten, mit dessen Hilfe ein Kollektiv sowie ein zu diesem gehöriges Individuum sein Leben verstehen kann, als auch Normen vermitteln, die zu einem bestimmten Handeln anhalten – und mit deren Hilfe ein Individuum beurteilen kann, ob es sich bewährt hat oder nicht.

In der Moderne haben die Religionen bekanntlich ihre traditionelle Gültigkeit eingebüßt, sprich: Das Individuum kann sich nicht mehr schlicht in eine Tradition, eine religiöse Tradition stellen, sondern ist dazu aufgefordert, selbst darüber zu entscheiden, nach welchen Kriterien es sein Leben führen und beurteilen möchte. Dabei ist es nach wie vor möglich, auf eine Religion zu rekurrieren und diese sich subjektiv anzueignen. Doch ist es darüber hinaus auch möglich, dass ein Individuum auf eine andere, nicht mehr religiöse Weise das Bewährungsproblem löst (Franzmann 2014).

Deswegen spricht Ulrich Oevermann in seiner Weiterentwicklung der Weberschen Religionssoziologie von einem universellen Bewährungsproblem, das stets in partikularer, besonderer Weise gelöst werde, entweder eben mit Hilfe einer Religion oder auch in säkularisierter Form. In jedem Fall bedürfe ein Individuum eines Bewährungsmythos, eine

Antwort auf die Fragen: »Woher kommen wird? Wer sind wir? Und wohin gehen wir?« Eingebettet in diesen Mythos sei ein Bewährungsmodell, welches die Antwort auf die Frage »Was sollen wir tun?« liefere (Oevermann 1995).

III

Man könnte nun die Ansicht vertreten, Schule habe mit »Bewährung« nichts zu tun, und zwar nicht nur in dem Sinn, wie es der Pädagoge von Hentig behauptet hat, eben dass in der Schule nur »Belehrung« stattfinde und »Gehorsam« verlangt werde, weswegen Kinder und Jugendliche sich nur außerhalb ihrer bewähren können, sondern auch vor dem Hintergrund der soeben dargelegten Verwendung des Begriffs in der Religionssoziologie: Die Schule habe, so ließe sich argumentieren, mit »Bewährung« auch insofern nichts zu tun, als sie eine säkulare Institution ist. Freilich werde in ihrem Rahmen auch über religiöse Fragen gesprochen, vor allem im Religions- und Ethikunterricht. Doch sei sie nicht dafür zuständig (auch nicht der Religions- und Ethikunterricht), dass die in ihr handelnden Akteure eine Antwort auf die Frage nach dem richtigen Leben bzw. nach dem Sinn des Lebens finden. Dieses Argument ist auf der einen Seite nicht von der Hand zu weisen: Es wäre eine nur in totalitären Systemen denkbare, mit einer offenen, liberalen Gesellschaft nicht vereinbare Form von Bevormundung, wenn Schule das Ziel verfolgen würde, Schülern einen bestimmten Bewährungsmythos zu vermitteln. Doch auf der anderen Seite wäre es unrealistisch, zu behaupten, dass dasjenige, was Kinder und Jugendliche in der Schule erleben, keinen Einfluss darauf habe, welchen Bewährungsmythos sie schließlich besitzen. Kurz: Es wäre falsch, ja, womöglich sogar fatal, wenn Schule beabsichtigte, den Schülern einen Bewährungsmythos zu vermitteln, faktisch aber ist sie zweifelsohne ein Ort der Bewährung.

Rein intuitiv ist es durchaus plausibel, davon zu sprechen, dass Schüler sich in der Schule, im Unterricht bewähren, ja, dass sie nicht nur einmal, sondern mehrfach tagtäglich in der Schule Situationen ausgesetzt sind, in denen sie sich bewähren müssen, und zwar in dem einfachen Sinn, dass sie mit Problemen konfrontiert werden, an denen sie scheitern, bei deren Bewältigung sie aber auch erfolgreich sein können. Und es ist darüber hinaus auch intuitiv plausibel davon auszugehen, dass die Erfahrungen, die Kinder und Jugendliche in der Schule machen, ganz wesentlich dazu beitragen, welche Kriterien der Bewährung sie schließlich für gültig erachten, mit deren Hilfe sie sodann ihr eigenes Handeln, mithin auch ihr gesamtes Leben beurteilen, kurz: Sie tragen gewiss auch dazu bei, welchen Bewährungsmythos sie jeweils entwickeln. Worauf aber stützen sich diese Intuitionen?

Nun, es ist ganz offensichtlich so, dass Kinder und Jugendliche in der Schule mit Problemen konfrontiert werden, die sie lösen müssen. Es sind Probleme der unterschiedlichsten Art. Im Unterricht nehmen sie aber vor allem die Gestalt von »Aufgaben« an. Die Frage stellt sich folglich, ob ganz normale schulische Aufgaben als Bewährungsprobleme verstanden werden können. Zudem werden den Schülern ständig Rückmeldungen gegeben, vor allem von Seiten der Lehrer, die ihnen auf unterschiedliche Weise signalisieren, ob sie die ihnen gestellten Probleme erfolgreich gelöst haben oder nicht. Die Frage stellt sich dann, ob die Erfahrungen, welche Schüler in der Auseinandersetzung mit Aufgaben machen, und die Reaktionen, welche sie von Seiten der Lehrer darauf erhalten, bei ihnen dazu führen, dass sie allmählich eine Vorstellung davon bekommen, was sie können und was nicht – und darüber hinaus, was sie sind. Die Reflexion darüber, die Deutung der Erfahrungen der Schüler könnte sodann eventuell von zentraler Bedeutung für die Entwicklung eines individuellen Bewährungsmythos sein.

Aus der Sicht der Schulpädagogik ist diese Sichtweise, also die Wahrnehmung von Unterricht als Bewährungssituation, eher abwegig. Die Schulpädagogik reflektiert freilich intensiv über Aufgaben, erörtert sie aber vor allem unter der Fragestellung, ob sie eine »Sache« gültig repräsentieren bzw. dergestalt ein Problem konstruieren, dass Schüler in dem Versuch, es zu lösen, eine Sache lernen bzw. verstehen können. Und im Hinblick auf die Schüler werden Aufgaben unter der Fragestellung reflektiert, ob sie ihnen einen Zugang zu der Sache ermöglichen, ob sie der Verwicklung mit einem Problem förderlich sind und ob sie sich auf dem richtigen, sprich: auf dem der Entwicklung der Schüler angemessenen Niveau befinden (Sacher 2007). Die Schulpädagogik ist also wenig dazu geneigt, Aufgaben als Bewährungsprobleme zu sehen – auch weil diese aus ihrer Sicht häufig wenig komplex sind und es nur einen Weg bzw. nur wenige Wege gibt, sie zu lösen. Anders gesprochen, sie geht weitgehend davon aus, dass es im Normalfall möglich ist, zu sagen, welche Vorgehensweise und welches Ergebnis richtig oder falsch ist.

Aus der Perspektive der Schüler betrachtet sehen die Dinge, so möchte ich behaupten, jedoch häufig ganz anders aus. Bei etlichen Aufgaben mag es für viele Schüler so sein, dass sie wissen, wie der Lösungsweg sowie das Ergebnis aussehen sollte – und entsprechend scheint es auch aus ihrer Sicht abwegig zu sein, Aufgaben als Bewährungsproblem zu sehen. Doch zum einen kann dies nicht verallgemeinert werden: In vielen Fällen werden Schüler mit Aufgaben konfrontiert, bei denen sie keineswegs unmittelbar wissen, wie sie zu lösen sind, bei denen sie womöglich verschiedene Wege sehen, sie zu lösen, womöglich einige ausprobieren und schließlich auch dann noch, wenn sie die Aufgabe erfolgreich gelöst haben sollten, nicht verstanden haben, warum ihnen das eigentlich gelungen ist. Sie wissen dann, dass es irgendwie richtig war, was sie getan haben, und können, wenn ihnen zu einem späteren Zeitpunkt eine ähnliche Aufgabe gestellt werden sollte, auf dieses Erfahrungswissen zurückgreifen, aber dies muss eben keineswegs bedeuten, dass sie ihren Lösungsweg auch verstanden haben.

Zum anderen möchte ich behaupten, dass, auch wenn nicht jede Aufgabe für Schüler zu einem Bewährungsproblem werden sollte, die Erfahrungen, die sie mit Aufgaben und deren Bewältigung machen – sowohl der Erfolg als auch das Scheitern – Konsequenzen für die Schüler haben, sowohl für ihr Selbstbewusstsein als auch für ihr Selbstverständnis, für die Art und Weise, wie sie sich sehen – z.B. als jemand, der mit Mathematik keine Probleme hat, dem jedoch Fremdsprachen nicht liegen –, und insofern auch wesentlich dazu beitragen, welche Vorstellungen von Bewährung sie für sich selbst entwickeln.

Es liegt auf der Hand, dass für diesen Prozess die Art und Weise, wie Lehrer auf Schüler reagieren, von besonderer Bedeutung ist. An den Reaktionen der Lehrer orientieren sich Schüler, wenn sie sich fragen, ob sie sich bewährt haben oder nicht – nicht immer, aber wohl doch in den meisten Fällen (abhängig von dem jeweiligen Alter, in dem sie sich befinden). Die Schulpädagogik reflektiert auch die Reaktionen von Lehrern auf die Leistungen der Schüler in äußerst differenzierter Weise.

Gegenwärtig geschieht dies entweder unter dem Stichwort der Evaluation, deren Fluchtpunkt in einer Ziffernote besteht, oder unter dem des »Feedback«. Letzteres ist weiter gefasst, kann vielfältige Formen annehmen, und muss keineswegs allein vom Lehrer ausgehen, sondern kann auch von Seiten der Mitschüler erfolgen. Ihm bzw. der Entwicklung einer »Feedbackkultur« wird eine große Bedeutung für den Unterricht und das Lernen der Schüler zugesprochen (Hattie 2013). Aber auch hier wird die Bedeutung, welche die Reaktionen der Lehrer für den Bewährungsprozess der Schüler und für die Herausbildung eines je individuellen Bewährungsmodells haben, tendenziell ausgeblendet.

Letztlich sind die Reaktionen der Lehrer jedoch nicht nur von Belang im Hinblick auf die Entwicklung der Schüler, sondern auch auf die der Lehrer selbst. In Bezug auf Lehrer ist es bekanntlich durchaus üblich, davon zu sprechen, ein Lehrer habe sich bewährt oder nicht. Doch die Kriterien der Bewährung sind hier in den meisten Fällen äußerst vage: So kann für Schulleitungen etwa schon ein solches Kriterium sein, dass sich Eltern noch nicht über einen Lehrer beschwert haben. Eine Professionalität scheint dann zumindest insofern gegeben zu sein, als es noch nicht zu erheblichen Verletzungen beruflicher Pflichten gekommen ist.

Die Professionsforschung ist diesbezüglich freilich genauer. Sie lehnt sich sprachlich insofern an die Didaktik an, als auch sie von »Aufgaben« spricht, genauer gesagt, von »Entwicklungsaufgaben«, die sich Lehrer in ihrer Berufsbiographie stellen. Diese seien jedoch nicht einfach von außen gesetzt wie schulische Aufgaben, sondern würden zum einen aus den objektiv gegebenen Anforderungen resultieren, die sich einem Lehrer in seinem Beruf stellen. Zum anderen ergäben sie sich dadurch, dass Lehrer diese Aufgaben subjektiv interpretieren, und zwar vor dem Hintergrund ihrer eigenen Erfahrungen, ihrer Biographie. Auf diesem Wege würden die objektiven Anforderungen zu je individuellen Entwicklungsaufgaben (Hericks 2006).

Diese Überlegungen lassen sich zum einen mit Hilfe des Begriffs der Bewährung reformulieren, zum anderen ergänzen: Die Anforderungen des Berufs können durchaus als Bewährungsprobleme begriffen werden. Diese werden von den Lehrern gedeutet, so dass ein individuelles Bewährungsmodell entsteht, allerdings im Rahmen eines Bewährungsmythos, der sich nicht nur auf die eigene Vergangenheit bezieht und die Erfahrungen, die in dieser gemacht wurden, sondern auch auf die Zukunft, auf die Frage: »Wohin gehen wir?«

IV

Inzwischen dürfte klar geworden sein, dass, wenn im Folgenden die These weiter verfolgt wird, dass Unterricht als eine Bewährungssituation verstanden werden kann, nicht intendiert ist, eine Pädagogik der

Bewährung zu entwickeln, genauer gesagt, eine Postulatepädagogik, welche den Lehrern empfiehlt, Bewährungssituationen innerhalb der Schule bzw. im Unterricht zu konstruieren. Vielmehr ist allein beabsichtigt, eine Dimension besonders herauszustellen, die häufig bei der Analyse von Unterricht ausgeblendet wird, eben die der Bewährung. Diese Absicht ist vergleichbar mit der jener Bildungssoziologen, die bereits vor Jahrzehnten darauf aufmerksam machten, dass in der Schule viel mehr passiert als nur das, was auf dem Lehrplan steht. Sie gingen davon aus, dass unterschieden werden müsse zwischen dem, was in der Schule offiziell intendiert wird, bzw. dem, wofür sie offiziell zuständig ist, und dem, was faktisch in ihr geschieht und was, wie es dann bezeichnet wurde, einem *hidden curriculum* folgt. So hat z.B. Robert Dreeben im Anschluss an Talcott Parsons darauf verwiesen, dass Schule zwar offiziell das soziale Lernen propagiere, faktisch jedoch als Sozialisationsinstanz wesentlich zur Verinnerlichung des Leistungsprinzips beitrage (Dreeben 1980). Deutlich machte er dies an der Situation von Klassenarbeiten, in welcher jene Schüler, die ihren Mitschülern helfen, negativ sanktioniert werden. Wenn dem aber so ist, wenn also die Schule, der Unterricht letztlich dazu beiträgt, dass Individuen das allgemeine Leistungsprinzip internalisieren, ist es dann nicht ebenfalls plausibel anzunehmen, dass in ihr Schüler auch individuelle Leistungskriterien entwickeln, also Kriterien dafür, was sie leisten können und was sie leisten wollen, mithin Kriterien, die sie letztlich auch an ihr eigenes Leben anlegen?

Wie ist nun eine empirische Forschung möglich, welche die theoretischen Überlegungen aufgreift und für die Unterrichtsforschung fruchtbar zu machen versucht, bzw. eine solche, die es ermöglicht, zu prüfen, ob diese Überlegungen tatsächlich dazu geeignet sind, die pädagogische Praxis des Unterrichts weiter zu erhellen? Notwendig ist ein Vorgehen, das es möglich macht, sowohl die im Unterricht gegebenen Situationen als auch die in ihr aufkommenden Deutungen der am Geschehen beteiligten Akteure verstehend zu erschließen. Die Voraussetzungen dafür sind insofern gegeben, als zum einen eine Vielzahl von »natürlichen Protokollen« von Unterrichtsstunden vorliegt, und zwar in Form von Transkripten im »Archiv für pädagogische Kasuistik« (APAEK).[1] Zum anderen kann auf die Methode der Objektiven Hermeneutik zurückge-

1 Siehe: http://www.apaek.uni-frankfurt.de/.

griffen werden, die besonders geeignet ist, gerade auch Ausdruckgestalten von Subjektivität zu rekonstruieren (Oevermann 2000).

Mit Hilfe der Objektiven Hermeneutik und ausgehend von der Fallbestimmung von Unterricht als Bewährungssituation kann also mit Hilfe von Transkripten alltäglicher Unterricht erforscht werden, zu dem eben gehört – darauf wurde oben bereits verwiesen –, dass Schülern Aufgaben gestellt werden. Diese gilt es zunächst eben als Teil der Bewährungssituation zu rekonstruieren. Wie Schüler sodann auf diese Aufgaben reagieren, das findet weitgehend auf der »Hinterbühne« des Unterrichts statt, d.h. im Innern der Subjekte, und wird nur partiell kommuniziert. Doch zumindest einige Reaktionen von Seiten der Schüler sind in Transkripten festgehalten und können als exemplarische zum Gegenstand der Analyse gemacht werden. Die Frage ist dann: Stellen sich die Schüler den mit den Aufgaben gegebenen Anforderungen oder entziehen sie sich ihnen? Und wenn sie sich ihnen stellen: Wie machen sie das? Wie interpretieren sie die jeweilige Aufgabe? Sehen sie sie als eine Aufgabe, von der sie sich innerlich distanzieren und die sie »jobmäßig« (Breidenstein) erledigen? Oder machen sie sich die Aufgabe dergestalt zu eigen, dass sie in ihr ein Problem sehen, das sie persönlich angeht, das ihr Problem ist? Und welche Deutung der Aufgabe liegt ihrer Haltung zugrunde? Bezogen auf diese Deutung lässt sich dann bestimmen, ob sie die Aufgabe als ein Bewährungsproblem sehen oder nicht.[2]

Die Verwendung von Transkripten ermöglicht es darüber hinaus, auch die Reaktionen der Lehrer auf die »Mediation« (Helmke) der Schüler zu berücksichtigen. Die Frage stellt sich dann: Wie interpretieren die Lehrer die jeweilige Situation? Wie verstehen sie die Reaktionen der Schüler? Sehen sie die Schüler als in einer Situation der Bewährung befindlich? Und deuten sie die eigene Situation ebenfalls als eine der Bewährung? Beispielsweise welches Bewährungsmodell liegt ihrem Handeln jeweils zugrunde? Kurz, im Rahmen einer Transkriptanalyse kann auf die verschiedenen Aspekte, welche für die Frage der Bewährung relevant sind, eingegangen werden: die jeweilige Aufgabe, die Reaktionen der Schüler auf die Aufgabe sowie das Handeln der Lehrer, welches wiederum auf die Reaktionen der Schüler bezogen ist. Alle drei

2 Von der jeweiligen Sozialform hängt es dann ab, ob diese Fragen individuell beantwortet oder die Antworten auf sie kommunikativ »ausgehandelt« werden.

Aspekte sollen im Hinblick darauf befragt werden, ob sie als Teil eines Bewährungsprozesses verstanden werden können, der schließlich – in the long run – auf Seiten der Schüler in die Herausbildung eines individuellen Bewährungsmodells mündet und auf Seiten der Lehrer zur Entwicklung ihrer Professionalität beitragen kann.

Das Beispiel, welches für die Analyse ausgewählt wurde, stammt aus dem Kontext des Forschungsprojektes »Pädagogische Rekonstruktion des Unterrichtens« (PAERDU)[3], welches vor einiger Zeit an der Goethe-Universität unter der Leitung von Andreas Gruschka durchgeführt wurde. Das Beispiel ist insofern ein besonderes, als das Protokoll eine Stunde im Fach Kunst festhält, die an einer Integrierten Gesamtschule in der Jahrgangsstufe 9 stattgefunden hat.[4] In dieser Stunde führen die Schüler eine praktische Arbeit durch, bei der sie an Gruppentischen sitzen.[5]

Besonders ist allerdings nicht nur das Setting, sondern vor allem auch die Aufgabenstellung, an der die Schüler schon seit einiger Zeit arbeiten und die zu Beginn der Stunde von dem Lehrer formuliert. Da heißt es:

> Lm: So, wir machen grade (...) wir machen weiter an den Selbstportraits.

Zu sagen, was Portraits in der bildenden Kunst sind, ist nicht schwer: Es sind »künstlerische Darstellungen eines Menschen«. Dabei kann entweder nur *ein* Mensch oder können auch *mehrere* Menschen dargestellt werden, entweder ganz oder nur halb, von den Knien an aufwärts, nur die Brust und der Kopf oder eben nur der Kopf. Das kann jeweils aus unterschiedlichen Perspektiven geschehen: von vorne (en face) oder von der Seite (im Viertel-, Halb- oder Dreiviertelprofil). Ein Portrait wird schließlich als »Selbstportrait« bezeichnet, wenn der Künstler nicht einen anderen bzw. mehrere andere Menschen, sondern eben sich selbst darstellt.

In der Kunst der Antike und des Mittelalters stellte sich der Künstler im Selbstportrait noch typisierend dar, in der Kunst der Neuzeit präsentiert er sich hingegen als ein besonderes Individuum: Der Künstler

3 Siehe: http://www.uni-frankfurt.de/51669803/PAERDU

4 Siehe https://archiv.apaek.uni-frankfurt.de/show.php?docid=1488&treffer=7&total=7

5 Eine ausführliche Analyse des Protokolls (ohne die Frage nach der Bewährung im Hintergrund) findet sich in: Twardella 2018.

stellt sich dar, wie er sich selbst sieht, wie er gesehen werden möchte – von anderen oder von sich selbst –, oder wie er sich eben nicht sehen möchte. Mit dem Selbstportrait verhält der Künstler sich also zu sich selbst, schafft sich und anderen ein Bild davon, wie er sich sieht, sehen möchte oder eben gerade nicht gesehen werden möchte. Nun wird die Aufgabe Schülern der Jahrgangsstufe 9 gestellt, also Jugendlichen, die sich entwicklungspsychologisch gesehen gerade in einer Phase befinden, in der sich ein Selbstbild mit mehr oder weniger klaren und festen Konturen noch gar nicht entwickelt hat. Die Schüler können (und wollen wahrscheinlich auch) noch gar nicht von sich sagen: »Das bin ich!« Doch können sie vermutlich durchaus sagen: »Das würde ich gerne sein« oder »So möchte ich jedenfalls nicht sein.« Sie befinden sich in einem Prozess, in dem – in unterschiedlichen Geschwindigkeiten – allmählich ein »Selbstbild« entsteht und in diesem Prozess spielt sowohl die Identifikation mit anderen (z.B. mit Idolen der Kulturindustrie) als auch die Abgrenzung von anderen eine große Rolle.

Die Aufgabe kann nun in unterschiedlicher Weise als eine solche verstanden werden, an der Schüler sich bewähren können: Zu einem Problem der Bewährung kann die Aufgabe bereits werden, wenn auf Seiten der Schüler nicht die notwendigen künstlerischen Fähigkeiten vorhanden sind, die – unabhängig davon, wie die Aufgabe interpretiert wird – zu ihrer Lösung notwendig sind. Dabei ist zu berücksichtigen, dass ihnen in der protokollierten Stunde durchaus gewisse Hilfestellungen vorweg gegeben wurden: Es steht ihnen frei, eine Vorlage zu verwenden, genauer gesagt ein Foto von ihnen selbst, sie haben die Möglichkeit, ein »Raster« anzufertigen – zunächst auf dem Foto, dann auf dem Papier um eine höheres Maß an Kontrolle über den Prozess des Zeichnens zu gewinnen, und schließlich sind ihnen verschiedene Techniken wie z.B. die »Verwischtechnik« erklärt worden, mit der Striche aufgelöst bzw. ausgehend von diesen eine Fläche gestaltet werden kann.

Die Aufgabe kann sodann von den Schülern auf unterschiedliche Weise gedeutet werden: Denkbar ist etwa, dass die Schüler bestrebt sind, eine möglichst große Ähnlichkeit zwischen dem Bild und dem Original, also sich selbst, ihrer äußeren Erscheinung herzustellen. Das Kriterium der Bewährung bestünde dann darin, ein möglichst hohes Maß an Abbildlichkeit zu erreichen. Zum anderen könnten die Schüler sich aber auch zum Ziel setzen, ein möglichst hohes Maß an Kunstfertigkeit in der Ausübung bestimmter Techniken oder eine möglichst starke ästhetische Ausdruckskraft zu erreichen.

Unabhängig von der Deutung kommt schließlich noch eine dritte Ebene hinzu, nämlich die den Schaffensprozess begleitenden bzw. sich spätestens an dessen Ende stellende Frage, inwiefern das Bild es ermöglicht, dass die Schüler sich mit ihm identifizieren. Das ist für die gegebene Fallbestimmung insofern besonders interessant, als es tendenziell um die Frage geht: »Wer bin ich?« »Wer will ich sein?«

V

Wie wird nun der Arbeitsauftrag tatsächlich von den Schülern interpretiert? Exemplarisch soll dies an einigen Bemerkungen deutlich gemacht werden, welche die Schüler während der Arbeit von sich geben. So äußert sich etwa eine Schülerin:

> Sw5: (...) sind die Augen jetzt, (...) ist das (eine noch) zu groß?

Wenn davon ausgegangen wird, dass diese Schülerin kein Selbstgespräch führt, sondern sich mit ihrem Sprechakt an jemand anderen richtet, kann ausgeschlossen werden, dass es ihr um die Übereinstimmung mit dem Bild, das sie von sich selbst hat, geht (sonst wäre sie die einzige, die diese Frage beantworten könnte). Weil sie sich selber unsicher ist, will sie vielmehr von einem anderen im Hinblick auf die Augen, die sie gezeichnet hat, eine Einschätzung erhalten. Unklar ist jedoch, worauf das »zu groß« referiert: Nimmt Sw5 damit Bezug auf das Original, geht es ihr also darum, ein möglichst genaues Abbild zu erstellen. Sollte sie sich allerdings auf das andere Auge, welches auf dem Bild zu sehen ist, beziehen, würde das bedeuten, dass für sie die Proportionen im Vordergrund stehen.

Nachdem Sw5 von jenen Mitschülern, die an ihrem Gruppentisch sitzen, keine für sie hilfreiche Antwort erhalten hat, wendet sie sich an den Lehrer, und zwar mit der Frage:

> Sw5: Muss man das Auge hier noch höher malen?

Es bestätigt sich die Annahme, dass es Sw5 nicht primär darum geht, sich in dem Bild wiederzuerkennen. Vielmehr scheint ihr wichtig zu sein, dass gewisse Regeln eingehalten werden bzw. ihr Bild bestimmten Normen entspricht. Deswegen adressiert sie nun den Lehrer, und zwar in der Annahme, dass dieser die Regeln kennt, dass er also weiß, wie »man« Augen malen »muss«. Und es wird deutlich: »Gleich« meint hier: »auf gleicher Höhe«.

> Lm: Nein, das ist richtig. (...) Das ist sowieso manchmal, irgendwie auch von der Natur (immer), dass das ganz genau (symmetrisch ist).

Ging aus den Ausführungen von Sw5 nicht eindeutig hervor, woran sie sich orientiert – an der Abbildlichkeit oder an der Symmetrie, den Proportionen –, unterstellt der Lehrer ihr nun, ihr gehe es primär um die Symmetrie. Und diese Orientierung weist er mit seinem »Nein« klar zurück. Im Anschluss daran macht er sofort klar, dass er ein anderes Kriterium für wichtig hält, die Übereinstimmung mit dem Original, mit der »Natur«. Die Transkription ist an dieser Stelle etwas ungewiss, weshalb es sich nur vermuten lässt, dass der Lehrer die Ansicht vertritt, in der »Natur« sei nicht alles symmetrisch, weswegen es eben auch in der Kunst nicht so ein müsse.

Etwas vereinfachend könnte man sagen, dass die Schülerin vom Lehrer erwartet, er möge ihr einen technischen Hinweis geben, damit sie ihr Bewährungsproblem, das sie offensichtlich primär als ein technisches begreift (sich orientierend entweder am Ziel der Abbildlichkeit oder dem der Symmetrie bzw. der stimmigen Proportionen). Der Lehrer gibt daraufhin einen Hinweis, der durchaus auch als ein technischer begriffen werden kann – die Schülerin weiß jetzt, was zu tun ist, nämlich nichts: Sie kann das Gezeichnete so lassen, wie es ist –, korrigiert die Schülerin jedoch im Hinblick auf das Bewährungskriterium: Entscheidend sei die Übereinstimmung mit der »Natur«.

An den Bemerkungen einer weiteren Schülerin wird deutlich, dass die Aufgabe durchaus auch zu anderen Problemen führen kann.

> Sw2: Ich guck echt voll (gejagt).

Woran Sw2 sich in ihrer Arbeit an einem Selbstportrait orientiert, was für sie das Bewährungskriterium ist, lässt sich nicht sagen. Deutlich ist jedoch, dass sie ihr Ergebnis irritiert. Es veranlasst sie zum Sprechen, zur Deutung – mit dem Ergebnis, sie habe den Blick einer Gejagten. Es kann davon ausgegangen werden, dass diese Irritation daraus resultiert, dass eben der Eindruck, den das Bild auf sie macht, mit dem inneren Bild, das sie von sich selbst hat, nicht übereinstimmt. Folglich fragt sie sich: »Bin ich das wirklich? Werde ich gejagt? Wenn ja: Von wem? Von was?«

> Sw2: (Ich hab ja n lachenden Mund, aber meine Augen. (...) Deshalb seh ich so) gejagt aus.

Sich über ihr Bild beugend fragt die Schülerin nach dem Grund für den besagten Eindruck: Der Mund, so ihre Meinung, könne es nicht sein, da sich auf ihm ein Lachen befinde. Der Grund könne nur bei den Augen liegen – wohl, weil diese weit aufgerissenen sind.

Festhalten lässt sich, dass diese Schülerin – ob gewollt oder nicht – sich mit dem Bild von sich selbst, mit dem Entwurf von dem, wie sie sich sieht bzw. wie sie sein will, auseinandersetzt. Und die Vorstellung gejagt zu werden entspricht diesem inneren Selbstbild offensichtlich nicht.

Was den Lehrer betrifft, so wurde oben deutlich, dass er, als er von einer Schülerin als Autorität adressiert wurde, mit einem evaluierenden Urteil reagierte (»das ist richtig«), sich also an dem Modell eines Lehrers orientiert, der Maßstäbe vertritt, Maßstäbe, die entweder nur seine eigenen oder solche allgemeiner Natur sind. Als erfolgreich kann er angesehen werden, wenn die Schüler nicht nur diese Maßstäbe akzeptieren, sondern auch dazu in der Lage sind, ihnen zu entsprechen. Im Folgenden zeigt sich jedoch, dass der Lehrer auch noch ein anderes Selbstverständnis hat. Da reagiert er erneut auf Sw5, die jetzt allerdings ein anderes Problem hat, nicht eines mit den Augen, sondern eines mit den Augenbrauen:

> Sw5: Gucken Sie mal, hier ist die Augenbraue hier, [hier ist sie viel, soll ich die jetzt noch runter malen?]

Hier geht es Sw5 inhaltlich zwar um anderes, von der Struktur her ist die Frage, welche sie an den Lehrer richtet, jedoch mit der obigen vergleichbar. Sie möchte erneut einen technischen Hinweis von ihm bekommen. Der Lehrer reagiert auch hier zunächst mit dem Verweis auf die Natur. Weil Sw5 sich aber mit dieser Antwort nicht zufrieden gibt, fragt er nach:

> Lm: Das is, is dir das zu hoch, oder was?

Der Lehrer reagiert nun nicht wie oben, indem er einfach der Schülerin ein bestimmtes Kriterium für das Gelingen unterstellt, sondern zeigt mit seiner Frage, dass er dazu bereit ist, sich auf die Sicht der Schülerin und damit auf ihre Kriterien der Bewährung einzulassen.

> Lm: Dann (leg) die noch so etwas höher, aber nur minimal.

Auf der Basis der Anerkennung der Kriterien der Schülerin gibt der Lehrer nun einen technischen Rat, nämlich die *eine* Augenbraue »etwas höher« zu »legen«. Und er fährt fort:

> Ich würde das, ich würde das hier die unterste Ebene (...) wegmachen (.)

Der Lehrer beschränkt sich also auf einen technischen Hinweis auf der Basis der Anerkennung des Bewährungskriteriums der Schülerin. Gleichzeitig scheint er nun sein eigenes Bewährungsmodell gewechselt zu haben: Er orientiert sich nun nicht mehr an dem Modell des Lehrers, der als Autorität Maßstäbe vertritt, mit deren Hilfe die Arbeiten der Schüler bewertet werden. Er ist nun nicht mehr derjenige, der sagt, wie »man es machen muss«, sondern jemand, der unverbindlich darlegt, wie *er* es machen würde, der also einen Ratschlag gibt, den die Schülerin annehmen, den sie aber auch missachten kann. Und das impliziert, dass Sw5 letztlich nicht mehr als Schülerin adressiert wird, sondern tendenziell als eine Kollegin.

VI

Es wäre möglich und eigentlich auch nötig, weitere Passagen aus dem Transkript dieser Stunde zu berücksichtigen. Doch da es hier nicht darauf ankommt, der Stunde in ihrer Komplexität gerecht zu werden, sondern es allein darum geht, die oben angeführten theoretischen Überlegungen mit der Empirie zu konfrontieren, soll jetzt ein Fazit gezogen werden. Zu welchen Ergebnissen hat also die Analyse des empirischen Beispiels geführt?

Es hat sich gezeigt, dass es durchaus plausibel ist, davon auszugehen, dass Schüler nicht nur außerhalb der Schule die Möglichkeit haben sich zu bewähren, sondern auch die Schule bzw. der in ihr stattfindende Unterricht als ein Feld der Bewährung angesehen werden kann. Dies gilt nicht nur für die außeralltägliche Situation von Klassenarbeiten, die Dreeben im Blick hatte, sondern auch für den alltäglichen Unterricht, insofern dieser für die Schüler eine Situation darstellt, in der sie mit

Problemen konfrontiert werden, an denen sie sich bewähren, an denen sie aber auch scheitern können.

Die Analyse der Aufgabe, ein Selbstportrait anzufertigen, machte deutlich, dass unterschiedliche Ebenen bzw. Dimensionen voneinander zu unterscheiden sind: zum einen die Ebene des Technischen bzw. Operativen. Es wurde festgehalten, dass den Schülern zu deren Bewältigung durchaus Hilfestellungen gegeben wurden, die Schwierigkeiten jedoch zu groß und komplex sind, als dass nicht bereits auf dieser Ebene Probleme auftauchen können.

Zum anderen wurde die Ebene der Deutung herausgestellt: Die Aufgabe ist so beschaffen, dass sie unterschiedlich interpretiert werden kann, genauer gesagt, bei ihrer Lösung können unterschiedliche Ziele angestrebt werden – Abbildlichkeit, Kunstfertigkeit und/oder ästhetische Ausdruckskraft. Diese können durchaus als unterschiedliche Kriterien der Bewährung begriffen werden. Unabhängig davon kommt noch eine andere, eine dritte Dimension ins Spiel, insofern sich immer für die Schüler die Frage stellt, ob sie sich in dem Bild, das sie anfertigen, wiedererkennen können.

Die Ergebnisse der Analyse von Schüleräußerungen können dergestalt resumiert werden, dass die beiden Schülerinnen als repräsentativ für zwei unterschiedliche Typen betrachtet werden: Die Schülerin Sw5 steht für einen Typus, den kennzeichnet, dass die Aufgabe bzw. die Bemühungen sie zu lösen auf ein technisches Problem reduziert werden. Das Bewährungsproblem taucht nur auf der operativen Ebene auf – bestimmte Techniken, die ihrerseits als bewährte Handlungsmuster betrachtet werden können, können erfolgreich angewendet bzw. beherrscht werden oder eben nicht.

Die Person der Schülerin bleibt insofern – zunächst – außen vor. Sollte die Lösung misslingen bzw. die Aufgabe für die Schülerin auf nicht befriedigende Weise gelöst werden, ist sie – zumindest auf den ersten Blick gesehen – nicht als »ganze Person« gescheitert. Dennoch hätte auch das Konsequenzen: nicht unmittelbar, wenn sie sich vornehmen sollte, an ihrer Technik zu arbeiten, also entweder weitere Techniken zu erlernen oder bereits gelernte zu verbessern. Wenn aber die Schülerin resigniert und den Schluss zieht: »Ich kann das nicht«, dann hätte das unmittelbare Folgen für ihr Selbstbild und vermittelt darüber auch für ihr Bewährungsmodell.

Die zweite Schülerin kann als repräsentativ für einen Typus von Schüler betrachtet werden, der durch die Ergebnisse seiner Arbeit unmittelbar zu einer Reflexion über das eigene Selbst angestoßen wird. Obwohl sich nicht sagen lässt, wie diese Schülerin den Arbeitsauftrag deutete, wurde ersichtlich, dass die technischen Probleme für diese Schülerin nicht im Vordergrund standen – entsprechend adressierte sie auch nicht den Lehrer, um von diesem eine technische Hilfestellung zu erhalten. Sie stellte fest, dass ihr Bild einem möglichen Ziel, dem, dass das Selbstportrait eine starke ästhetische Wirkung entfaltet, durchaus Genüge tut, im Vordergrund stand für sie jedoch die Frage: »Kann ich mich darin wiedererkennen?« Deswegen suchte sie das Gespräch eben nicht mit dem Lehrer, sondern mit den Peers. Von diesen erwartete sie eine Antwort auf die Frage: »Wie seht ihr mich?« »Bin ich in euren Augen eine Gejagte«, um ihre Irritation wieder zu überwinden. Für sie wurde, so lässt es sich zusammenfassen, durch die Aufgabe und die Arbeit an ihr tatsächlich die für den Bewährungsmythos zentrale Frage aktuell: »Wer bin ich?« »Wer will ich sein?«

Wenn die Auseinandersetzung mit Aufgaben im alltäglichen Unterricht unter dem Aspekt der Bewährung betrachtet wird, zeigt sich also, dass Schüler zwar die Möglichkeit haben, sich als Person von dem, was sie machen, zu distanzieren. Das ist bei dem ersten Typus der Fall. Letztlich aber geht es immer auch um Fragen der Bewährung und damit der ganzen Person – das wird an dem zweiten Typus deutlich.

Im Hinblick auf den Lehrer ließ sich zum einen feststellen, dass dieser gewisse technische Hilfestellungen gab, zum anderen selbst den Arbeitsauftrag auf eine spezifische Weise deutete: Für ihn steht die Übereinstimmung mit der »Natur« im Vordergrund. Auf die Frage der Schülerin Sw5, die sich allein auf die Ebene der technischen Probleme bezog, reagierte er das eine Mal, indem er der Schülerin eine andere Interpretation der Aufgabe nahelegte, das andere Mal tatsächlich mit einem Rat. Auch hier lässt sich generalisierend festhalten, dass damit zwei grundsätzlich gegebene Handlungsmöglichkeiten von Lehrern exemplarisch deutlich wurden.

Auffällig war in dem Beispiel nun, dass der Lehrer an einer Stelle in ein anderes Handlungs- bzw. Bewährungsmodell wechselte: Während er aus der Position des Lehrers seine eigene Interpretation der Aufgabe derjenigen der Schülerin entgegenhielt, gab er an der anderen Stelle als Kollege einen technischen Rat. Dem Lehrer stehen hier offensichtlich unterschiedliche Handlungsmodelle zur Verfügung: das des Lehrers und das des Meisters, der in dem Gesellen schon den potentiellen Kollegen sieht. Subjektiv mag dies unbefriedigend sein: Der Lehrer wäre womöglich gerne ausschließlich Künstler, würde womöglich lieber in einem Atelier arbeiten als in einer Schulklasse. Doch objektiv gesehen sind damit auch Chancen verbunden, sind damit erweiterte Möglichkeiten des professionellen Umgangs mit Schülern gegeben.

Sind nun diese Ergebnisse der Analyse generalisierbar? Im Hinblick auf die Aufgabe scheint das nicht der Fall zu sein, ja, Aufgaben im Fach Kunst scheinen eben deswegen besonders zu sein, weil mit ihnen in der Regel verbunden ist, dass bei ihrer Lösung die Subjektivität der Schüler stark zum Ausdruck kommen kann. Doch lässt sich dagegen halten, dass auch Aufgaben in anderen Fächern zu Bewährungsproblemen werden können. Zwar ist es immer möglich, dass Schüler Aufgaben auf einer rein technischen bzw. operativen Ebene zu lösen versuchen, doch selbst dann kann deren Lösung letztlich Konsequenzen für das Bewährungsmodell der Schüler haben (Twardella 2010b).

Was die Schüler betrifft, so können meines Erachtens tatsächlich die beiden Typen, welche in dem Beispiel vorkamen, als repräsentativ angesehen werden, und zwar insofern, als sie beide sich auf die Aufgabe einlassen (ein gänzlich anderer Typ wäre derjenige Schüler, der die Aufgabenstellung erst gar nicht annimmt), und der eine sie primär auf eine operative und damit partiell distanzierte Weise zu lösen intendiert, während der andere sich unmittelbar als ganze Person mit ihr verstrickt.

Und was den Lehrer betrifft, so können meines Erachtens durchaus die beiden Reaktionsformen verallgemeinert werden – dass entweder auf die operative Ebene oder auf die der Deutung eingegangen wird. Nicht generalisierbar aber ist freilich der Dualismus der zwei Handlungsmodelle. Der Normalfall besteht vielmehr darin, dass nur eines dieser Modelle zur Verfügung steht, das jedoch auf sehr unterschiedliche Weise wahrgenommen und auch transzendiert werden kann (vgl. Gruschka 2014).

Auch wenn es also grundsätzlich möglich ist, Unterricht als Bewährungssituation zu rekonstruieren, bleibt doch das Problem, dass es schwierig, ja, mit einem kaum zu bewältigenden Forschungsaufwand verbunden wäre, den Beitrag, den Unterricht in the long run für die Entwicklung des Bewährungsmodells von Schülern leistet, empirisch zu erfassen.

Über die Arbeit an einer Strukturtheorie des Unterrichts und die dabei auftretenden methodologischen Probleme

I. Skizze der Forschungslage

Die Schulpädagogik als eine akademische Disziplin befindet sich grundsätzlich in einer schwierigen Situation: Auf der einen Seite ist sie mit der Erwartung konfrontiert, der Praxis zu dienen. Sie soll angehende Lehrer auf ihren zukünftigen Beruf vorbereiten und zur Verbesserung der pädagogischen Praxis, wie sie faktisch permanent stattfindet, beitragen. Auf der anderen Seite wird von ihr erwartet, Wissenschaft zu betreiben. Durch diese Schwierigkeit ist auch die Forschungslage geprägt, u.a. auf einem der zentralen Gebiete der Schulpädagogik: der Theorie des Unterrichts. Von einer Theorie des Unterrichts wird einerseits erwartet, dass sie einen praktischen Nutzen hat, und zwar für die – angehenden oder bereits im Beruf stehenden – Lehrer. Für diese soll sie eine Hilfe sein bei der Planung und Durchführung ihres Unterrichts. Gleichzeitig aber soll sie den Standards der avanciertesten wissenschaftlichen Forschung genügen. In der zweiten Hälfte des 20. Jahrhunderts dominierten Theorien des Unterrichts, die von Personen stammten, welche Erfahrungen in der Praxis gesammelt hatten und diese theoretisch reflektierten. Gegen Ende des 20. Jahrhunderts schlug das Pendel in die entgegengesetzte Richtung aus – inzwischen dominieren Personen die Diskussion, die ausschließlich wissenschaftlich qualifiziert sind. Praktische Erfahrungen gelten eher als für einen wissenschaftlichen Zugang zum Feld hinderlich. Das hat jedoch nicht dazu geführt, dass die Erwartung, der Praxis zu dienen, keine Rolle mehr spielt. Im Gegenteil: Die Behauptung eines praktischen Nutzens hat als Legitimationsgrund für Forschungen zur Theorie des Unterrichts vielmehr an Bedeutung gewonnen – und diese haben zunehmend einen technokratischen Charakter.

Im Folgenden soll von einem Versuch berichtet werden, eine materiale Theorie des Unterrichts zu entwickeln, einem Versuch, der sich frei von der Erwartung machte, der Praxis dienlich zu sein, und allein darauf zielte, wissenschaftlichen Ansprüchen zu genügen. Der Schwerpunkt soll auf die methodologischen Probleme gelegt werden, die bei diesem Versuch auftauchten. Unternommen wurde er im Rahmen des Forschungsprojektes »Pädagogische Rekonstruktion des Unterrichtens« (PAERDU), das in der Zeit von 2004 bis 2013 an der Goethe-Universität in Frankfurt am Main unter der Leitung von Andreas Gruschka durchgeführt wurde und an dem ich auch beteiligt war.[1] Im Rahmen dieses Projektes ist meine Studie »Konstellationen des Pädagogischen im Unterricht an einer Integrierten Gesamtschule«[2] entstanden, auf die im Folgenden Bezug genommen werden soll.

II. Forschungsfrage

Die Entscheidung für eine Forschungsfrage ist stets von mehreren Faktoren abhängig: dem Forschungsinteresse des einzelnen Forschers, dem Forschungsansatz, den er bzw. eine Gruppe von Wissenschaftlern verfolgt, sowie den pragmatischen Bedingungen, unter denen ein konkretes Forschungsprojekt durchgeführt wird.

Das eigene Forschungsinteresse war zunächst recht diffus. Fest stand allein der Gegenstand, auf den es sich bezog: Unterricht. Ihn zu erforschen, ihn zu verstehen war mir ein starkes Bedürfnis, da ich mehrere Jahre zuvor als Lehrer gearbeitet hatte. Die Arbeit in der Schule, vor allem das Unterrichten, ist ein Prozess, der aus der Teilnehmerperspektive kaum zu verstehen ist. Die Interaktionen sind dermaßen dicht und die Voraussetzungen für eine Reflexion so ungünstig, dass vieles, ja, das meiste, was in der Schule passiert, unverstanden bleibt. Viele Dinge muss ein Lehrer planen und reflektieren, das Unterrichten wird z.T. vorweg sehr genau durchdacht[3], doch auch bei der genauestens Planung ist

1 https://www.uni-frankfurt.de/51669803/PAERDU (zuletzt angesehen am 2.12.2019.)

2 Die Studie wurde 2011 fertiggestellt. In überarbeiteter Fassung ist sie 2018 erschienen.

3 Das Referendariat kennzeichnet, dass angehende Lehrer dazu angehalten werden, ihren Unterricht immer differenzierter zu planen und zu durchdenken – bis sie am Ende dazu in der Lage sind, einen »Entwurf« zu schreiben, der die wichtigsten Aspekte einer Unterrichtsstunde differenziert reflektiert. In der Berufseinstiegsphase nimmt der Umfang der Planung deutlich ab und in einem Prozess des Ausprobierens entwickelt ein jeder Lehrer das Maß an Planung, das er langfristig gesehen für die Durchführung seines Unterrichts benötigt.

die Praxis, der Unterricht selbst, etwas ganz anderes. Und was in ihm geschieht, bleibt – wie gesagt – weitgehend unverstanden.

Ich war also in eine Praxis involviert, die ich zwar selber plante und organisierte, die mir jedoch fremd und unverständlich blieb. Daraus entstand der Wunsch, sie zu erschließen – und die Wissenschaft versprach, die Mittel zur Verfügung zu stellen, mit denen dieser Wunsch erfüllt werden kann.

Dem subjektiven Forschungsinteresse kam ein Forschungsansatz entgegen, der auf das Verstehen von Unterricht, seine Rekonstruktion als ein empirisches Geschehens zielte, die pädagogische Unterrichtsforschung von Andreas Gruschka. Als ich zu der Forschungsgruppe um Gruschka stieß, war dieser Ansatz so weit entwickelt, dass mit der Durchführung von PAERDU unmittelbar begonnen werden konnte. Gruschka hatte zuvor mit dem Soziologen Ulrich Oevermann über mehrere Jahre hinweg gemeinsam eine rekonstruktive Unterrichtsforschung betrieben[4] und sodann eine »Vorstudie« vorgelegt, in der die Umrisse dieses Forschungsprojektes dargelegt wurden (Gruschka 2005). Die Besonderheit dieses Ansatzes ging bereits aus dem Untertitel dieser Studie hervor: Gruschka modelliert Unterricht als eine »widersprüchliche Einheit von Erziehung, Didaktik und Bildung«.

Die eigene Forschungsfrage ergab sich schließlich unter den pragmatischen Bedingungen des Forschungsprojektes PAERDU: Da das Projekt letztlich auf die Konstruktion einer allgemeinen Theorie des Unterrichts zielte, auf Strukturmerkmale von Unterricht unabhängig vom Fach sowie von der Schulform, musste dieser umfassend in den Blick genommen werden. Ausgewählt wurden dafür vier Schulen in der Rhein-Main-Region, welche für die verschiedenen Schulformen stehen – eine Haupt- und Realschule, eine Integrierte Gesamtschule (IGS), ein traditionelles Gymnasium sowie eine reformorientierte Gesamtschule – und Unterricht wurde aufgenommen in sieben Fächern, die als repräsentativ für den Fächerkanon angesehen werden können.[5] Der Fokus wurde sodann auf *eine* Jahrgangsstufe gelegt, die Jahrgangsstufe 8. Daraus, dass mir die Zuständigkeit für eine der Schulen zufiel, in der Unterricht aufgezeichnet wurde: für die IGS, und daraus, dass es

4 Im Rahmen von schulpraktischen Studien.

5 Deutsch, Englisch als erste Fremdsprache, eine zweite Fremdsprache (Französisch oder Spanisch), Kunst, Ethik oder Religion, Sozialkunde (bzw. »Politik und Wirtschaft«) oder Geschichte, Mathematik, Physik oder Chemie.

mein Anliegen war, einen Beitrag zur Theorie des Unterrichts zu leisten, ergab sich sodann die Frage, die ich in meinem Teilprojekt beantworten wollte: Ist überhaupt eine allgemeine Theorie des Unterrichts möglich, oder unterscheidet sich der Unterricht an einer IGS dergestalt von dem Unterricht an anderen Schulen, dass nur schulformspezifische Theorien des Unterrichts möglich sind?

III. Was ist Unterricht?

Die Frage, was Unterricht ist, scheint nicht schwer zu beantworten zu sein. Jeder kennt Unterricht, hat lange an ihm teilgenommen. Eine einfache, vorwissenschaftliche Antwort könnte lauten, Unterricht sei schlicht ein Geschehen, in dem eine Lehrperson einer Gruppe von Schülern einen bestimmten »Stoff« vermittelt. Wird Unterricht jedoch zum Gegenstand wissenschaftlicher Forschung gemacht, stellen sich sofort eine Reihe von Fragen: Wenn ein Forscher von dem oben erwähnten Vorverständnis ausgeht und einen Lehrer aufsucht, der in einer Schule mit Schülern über einen bestimmten Stoff spricht, wird sich ihm zunächst die einfache Frage stellen, wann denn der Unterricht beginnt: Fängt er damit an, dass der Lehrer und die Schüler aufeinandertreffen, ersterer den Klassenraum betritt und die Anwesenden sich wechselseitig wahrnehmen? Oder beginnt er dann, wenn der erste verbale Austausch zwischen ihnen stattfindet? Der scheinbar einfache Unterschied zwischen dem, was gemeinhin als »Pause«, und dem, was als »Unterricht« bezeichnet wird, erweist sich bei genauerer Betrachtung als ein komplexer Übergang, der beschrieben werden kann als ein solcher von der kommunikativen Ordnung »Pause« zu einer anderen kommunikativen Ordnung, der des Unterrichts. Und gestaltet wird dieser Übergang in vielen Fällen mit Hilfe eines Rituals, dem Ritual der Begrüßung. Doch diese erste begriffliche Bestimmung lässt immer noch Fragen offen: Ist dasjenige, was auf die Begrüßung folgt, der Unterricht? Dann irritiert jedoch, dass im Anschluss an die Begrüßung häufig erst einmal über »Organisatorisches« gesprochen wird (z.B. über eine bevorstehende Klassenfahrt). Handelt es sich dennoch bereits um Unterricht? Oder beginnt dieser erst dann, wenn über einen bestimmten »Stoff« gesprochen wird?

Die Antwort, welche im Rahmen von PAERDU auf diese Frage gegeben wurde, lautete: Empirisch in den Blick genommen wird die Kommunikation zwischen Lehrer und Schüler. Ob es sich bei dieser Kommunikation sodann um eine pädagogische Kommunikation, genauer gesagt, um Unterrichtskommunikation handelt, das hängt davon ab, aus welcher theoretischen Perspektive das Geschehen untersucht wird, anders formuliert, welche Gegenstandsbestimmung vorgenommen wird.

IV. Die Frage der Gegenstandsbestimmung

Auf der Basis der Prämisse, dass dasjenige, was empirisch im Unterricht anzutreffen ist, als Kommunikation zu begreifen ist, kann diese in unterschiedlicher Weise als Gegenstand bestimmt werden. Der Forscher könnte z.B. das kommunikative Geschehen wahrnehmen und den Eindruck gewinnen, es handle sich bei diesem um ein Spiel. Was er dort vor sich habe, sei gewissermaßen eine Bühne, auf der die Personen unterschiedliche Rollen einnehmen und etwas aufführen. Er habe es also mit inszenatorischem Handeln, also mit Theater zu tun. Dann würde sich womöglich die Frage stellen, wie die Akteure ihre jeweilige Rolle ausfüllen, welcher rhetorischen Mittel sie sich bedienen und wie die Dramatik des Stückes beschaffen ist, das sie aufführen (Hausmann 1959). Ist es eine Komödie, die hier geboten wird, oder eine Tragödie?

Eine andere Möglichkeit bestünde darin, dass der Forscher das beobachtete Geschehen als ein Managementhandeln sieht. Dann würde er sich auf die Lehrperson konzentrieren und danach fragen, wie diese den kommunikativen Prozess organisiert: Hat sie alles, was im Unterricht geschieht, im Blick? Ist der Ablauf so strukturiert, dass es zu keinen Reibungsverlusten kommt? Sind die Arbeitsaufträge präzise formuliert und wird insgesamt dafür gesorgt, dass der Unterricht effizient ist und das heißt, einen möglichst hohen Ertrag, einen möglichst hohen »Output« bringt (Schönbächler 2007).

Oder der Forscher sieht den Unterricht als einen Interaktionsprozess an, der durch ein Machtgefälle gekennzeichnet ist. Dann interessiert er sich für die asymmetrische Beziehung zwischen der Lehrperson und den Schülern, für die Mikrophysik der Macht, die nicht nur funktioniert, wenn die Lehrperson machtvoll auftritt, z.B. indem sie ein Machtwort spricht, sondern auch wenn sie dies nicht tut, da die Macht längst ihre Spuren in den Schülern hinterlassen hat, so dass diese auch ohne ein solches tun, was von ihnen erwartet wird (Hummrich 2012).

Dem Forschungsprojekt PAERDU lag nun die Entscheidung zugrunde, das kommunikative Geschehen zwischen Lehrer und Schüler als pädagogische Praxis zu bestimmen. Das klingt trivial, ist es jedoch keineswegs – und selbstverständlich ist es auch nicht. Tatsächlich wird Unterricht in der Regel *nicht* als pädagogischer Gegenstand bestimmt.

V. Gegenstandsbestimmung in der Unterrichtsforschung

Wer sich die Literatur zur Unterrichtsforschung ansieht, wird rasch bemerken, dass Unterricht aus äußerst unterschiedlichen theoretischen Perspektiven in den Blick genommen bzw. als Gegenstand bestimmt wird. Die Vielzahl von Gegenstandsbestimmungen, wie sie in der Unterrichtsforschung zu finden ist, lässt sich grob drei Disziplinen zuordnen: der Psychologie, der Soziologie und der Pädagogik.

1.

Vereinfacht gesprochen fokussiert die Psychologie, genauer gesagt, die Pädagogische Psychologie ihren Blick allein auf das Individuum. Sie interessiert sich für dessen Intelligenz und Wissen, für dessen Motivation und Selbstwahrnehmung sowie für dessen Lernen. Im Unterricht treten jedoch mehrere Individuen in Beziehung zueinander und sie interagieren miteinander. Dem versucht die Pädagogische Psychologie Rechnung zu tragen, indem sie Modelle entwirft, die es auf der einen Seite ermöglichen, weiterhin nach wie vor die einzelnen Individuen im Blick zu behalten, auf der anderen Seite aber auch, sich eine Vorstellung davon zu machen, wie die Individuen miteinander agieren. Das gegenwärtig dominante Modell, mit dem in der Pädagogischen Psychologie gearbeitet wird, ist das Angebots-Nutzungs-Modell von Andreas Helmke (Helmke 2003). Unterricht wird von Helmke modelliert als ein Prozess, in dem ein Individuum, die Lehrperson, ein »Angebot« macht. Dieses Angebot besteht in der »Lehre«, welche sich in der Regel eines »Lehr-Lern-Materials« bedient. Die Lehre richtet sich an andere Individuen, an Schüler, welche dieses »Angebot« »nutzen«. Ihre Nutzung besteht in »Lernaktivitäten«, die entweder im Rahmen des Unterrichts oder auch außerhalb seiner stattfinden (z.B. als Hausaufgabe) und die in einen bestimmten »Ertrag« münden.

Die letzte Reform des Bildungssystems stützte sich mehr oder weniger auf eben dieses Modell. Um Unterricht »optimieren« zu können, muss er messbar werden, so hieß es. Das gilt auch in Bezug auf die Lehrperson: Deren »Kompetenzen« sollen messbar sein, vor allem deren fachliche und didaktische Kompetenzen (Baumert/Kunter 2006). Auch werden inzwischen die Qualität des »Angebots«, die Kompetenzen der Schüler und vor allem der »Output« des Unterrichts, sein »Ertrag« gemessen.[6]

An dieser Modellierung von Unterricht wurde kritisiert, sie lehne sich zu sehr an diejenige der Wirtschaftswissenschaften an, Unterricht werde bestimmt als ökonomisches Handeln (Frost 2006). Zwar könne, was Lehrpersonen tun, durchaus als »Angebot« bezeichnet werden, doch stehe diesem keine Nachfrage auf Seiten der Schüler gegenüber. Und vor allem gehe es im Unterricht nicht darum, dass ein möglichst großer Gewinn bzw. Ertrag, der sich messen lässt, erreicht wird. Worauf es im Unterricht ankomme, das sei letztlich nicht messbar, ja, sei »unverfügbar« (Rosa 2016: 78).

Wenn, wie oben geschehen, davon ausgegangen wird, dass Unterricht ein kommunikativer Prozess ist, ist unmittelbar evident, dass die Begriffe des Angebots-Nutzungs-Modells unzureichend sind: Kommunikationsprozesse sind viel zu komplex, als dass sie einfach nach dem Muster von Angebot, Nutzung und Ertrag begriffen werden könnten. Hinzu kommt, dass sich mit diesem Modell die Spezifik der pädagogischen Kommunikation nicht erfassen lässt. Diese folgt einer bestimmten Logik, wird bestimmt durch pädagogische Normen und Ziele, die sich nicht mit den Begriffen »Effizienz« und »Maximierung des Ertrags« fassen lassen.

2.

Auch die Möglichkeiten, Unterricht mit den Begriffen einer anderen Disziplin, der Soziologie, als Gegenstand zu bestimmen, können hier nur grob angedeutet werden. Die Soziologie, genauer gesagt, eine in der Tradition Max Webers stehende Soziologie, fokussiert weniger

6 Die Ergebnisse werden sodann in großen Studien miteinander verglichen, z.B. im Rahmen der regelmäßig stattfindenden PISA-Studien. Aus diesen lässt sich dann ableiten, wer noch – wie es im Jargon heißt – seine »Hausaufgaben« machen muss, also seinen Unterricht »optimieren« sollte.

das Individuum als vielmehr das Handeln bzw. die Interaktion von Akteuren. Und dieses Handeln wird stets als ein soziales begriffen, das einen Sinn hat, welcher sich explizieren lässt. Der soziologische Zugriff ist insofern kompatibel mit dem Vorverständnis von Unterricht als einem kommunikativen Geschehen – und mit seiner Hilfe kann z.B. verständlich gemacht werden, wie die Differenz zwischen Lehrer und Schüler kommunikativ erzeugt wird. Ja, kommunikativ wird im Unterricht eine bestimmte Ordnung eingerichtet, werden Erwartungen vermittelt, die sich auf der einen Seite zur Rolle des Lehrers verdichten, auf der anderen zu derjenigen des Schülers. Ausgehend von diesen Prämissen bzw. von systemtheoretischen Überlegungen des Soziologen Niklas Luhmann haben Wolfgang Meseth, Matthias Proske und Frank-Olaf Radtke Unterricht als ein soziales System theoretisch modelliert (Meseth/Proske/Radtke 2011). Auf zwei Punkte ihrer soziologischen Theorie des Unterrichts sei kurz eingegangen: Vor dem Hintergrund des Theorems der »doppelten Kontingenz«, demzufolge Kommunikationsprozesse äußerst fragil sind, stellen die Autoren die Frage, warum die Ordnung im Unterricht dennoch weitgehend stabil ist. Es sei, so behaupten sie, vor allem ein bestimmtes Interaktionsmuster, das die Stabilität der Ordnung im Unterricht gewährleiste:[7] das Schema von Lehrerfrage, Schülerantwort und Bewertung durch den Lehrer.[8] Dieses Schema sei auf verschiedenen Ebenen und in unendlich vielen Varianten im Unterricht zu finden und es sichere – wie gesagt – die Stabilität der Unterrichtskommunikation. Vollkommen unsicher sei jedoch, so die Autoren, was mit den am Unterricht beteiligten Akteuren geschehe, vor allem was der Unterricht bei den Schülern bewirke. Diese Behauptung stützt sich auf ein theoretisches Argument: Unterricht sei zu bestimmen als soziales System. Wie alle anderen sozialen Systeme werde er kommunikativ erzeugt. Die an ihm beteiligten Akteure seien ihrerseits ebenfalls als Systeme zu begreifen, jedoch nicht als soziale Systeme, sondern als psychische Systeme. Da aber der Systemtheorie zufolge alle Systeme autopoietisch sind, sich also nur auf sich selbst beziehen, würden zwar empirisch gesehen Lehrer und Schüler am Unterricht teilnehmen, aber die Vorstellung, dass Lehrer auf Schüler einwirken können, ja, die Vor-

7 Und zwar in verschiedenen Dimensionen, der Sach-, der Zeit- und der Sozialdimension.

8 In der linguistischen Forschung zum Unterricht wird dieses als IRE-Schema bezeichnet (Steiner 2008).

stellung von irgendeinem Wirkungszusammenhang sei abwegig, sei völlig naiv. Auch Schüler würden sich letztlich nur auf sich selbst beziehen.

3.

Nicht zuletzt ist es möglich, Unterricht aus einer pädagogischen Perspektive als Gegenstand zu bestimmen; z.B. ist es möglich, ihn als didaktischen Prozess zu bestimmen und danach zu fragen, welche didaktischen Strategien in ihm zu finden sind. Es wurde bereits erwähnt, dass in der Vergangenheit Unterricht häufig in dieser Weise bestimmt wurde, ja, dass Unterrichtstheorie häufig mit didaktischer Theorie in eins gesetzt wurde. Ebenfalls aber wurde schon gesagt, dass es eine Differenz zwischen didaktischen Theorien bzw. der Planung von Unterricht und der Praxis des Unterrichts gibt. Die Praxis ist immer wesentlich komplexer als alles das, was vorweg geplant wurde. Dennoch ist ihr immer eine bestimmte Didaktik inhärent. Deswegen hat schon in den 20er Jahren des 20. Jahrhunderts Erich Weniger zwischen verschiedenen Ebenen von »Theorie« differenziert: der (didaktischen) Theorie, welche dem Handeln einer Lehrperson (inklusive den Medien, Methoden und Materialien, derer sie sich bedient) implizit ist. Weniger bezeichnete sie als Theorie 1. Grades. Jene didaktischen Überlegungen, die eine Lehrperson zu explizieren vermag, wenn sie entweder vor oder nach dem Unterricht nach ihrer Didaktik gefragt wird, gehören zu der Theorie 2. Grades. Und wissenschaftliche Theorien sind für Weniger Theorien 3. Grades (Weniger 1929/1975).

Aus einer pädagogischen Perspektive kann Unterricht aber nicht nur als didaktischer Prozess, sondern auch als Erziehung bestimmt werden. In den Fokus gerät dann die Differenz zwischen dem Lehrer als einem Erwachsenen und den Schülern, die noch nicht erwachsen sind. Und es stellt sich die Frage, worin das Ziel der Kommunikation des Lehrers mit den zu erziehenden Heranwachsenden besteht. Nicht nur der einzelne Lehrer, sondern die Schule insgesamt hat einen Erziehungsauftrag, ist dazu verpflichtet, die ihr anvertrauten Kinder und Jugendlichen zu mündigen Bürgern zu erziehen. Wenn Lehrer danach gefragt werden, welche erzieherischen Ziele sie verfolgen, dann äußern sie sich entsprechend. Davon zu unterscheiden ist jedoch, was in der Praxis geschieht. Dieser sind stets bestimmte Erziehungsziele inhärent, die z.T. mit den offiziellen Erziehungszielen von Schule übereinstimmen, z.T. aber auch nicht. Die Zusammenhänge sind hier sehr kompliziert, und zwar deswegen, weil, um das Ziel der Mündigkeit zu erreichen, zunächst ein anderes Ziel verfolgt werden muss, nämlich die Kinder- und Jugendlichen zu Schülern zu erziehen. Damit die Heranwachsenden durch den Unterricht zu mündigen Bürgern erzogen werden können, müssen sie bereits ein Stück weit erzogen worden sein, und zwar dazu, gemäß den Erwartungen zu handeln, die mit der Schülerrolle verbunden sind. Die Erziehung der Heranwachsenden zu Schülern kann nun aber derjenigen zur Mündigkeit durchaus auch hinderlich sein. Dies geschieht z.B. dann, wenn Mittel, die primär der Erziehung dienen, für anderes verwendet werden. (Wenn z.B. die Frage eines Schülers, der etwas nicht verstanden hat, nicht geklärt, sondern, weil der Schüler nicht das Rederecht besaß und unaufgefordert hereingerufen hat, als Unterrichtsstörung angesehen und entsprechend sanktioniert wird.)

Schließlich kann Unterricht auch als Bildungsprozess bestimmt werden. Dann kann – wie dies Wolfgang Klafki für die Planung von Unterricht vorgesehen hatte – in Bezug auf den »Gegenstand«, der zum Inhalt der Unterrichtskommunikation gemacht worden ist, im Nachhinein gefragt werden, worin dessen »Bildungsgehalt« besteht. Und es stellt sich die Frage, ob die Unterrichtskommunikation Hinweise darauf enthält, dass es zu Bildungsprozessen auf Seiten der Schüler gekommen sein könnte.

Wenn davon ausgegangen wird, dass der Begriff des Lernens für eine Aneignung steht, die sich darauf beschränkt, dass ein Wissen reproduziert oder eine Operation richtig durchgeführt werden kann, und der Begriff der Bildung für eine Veränderung der Person, die sich ein Wissen aneignet oder ein Können erlernt, eine Veränderung, die auf ein Verstehen, ein »Erschlossensein einer dinglichen und geistigen Wirklichkeit für einen Menschen« und ein »Erschlossensein dieses Menschen für diese seine Wirklichkeit« (Klafki 1959/1964: 43) zurückzuführen ist, dann kann ein erstes Indiz für einen möglichen Bildungsprozess eine Frage oder eine Bemerkung sein, die auf das Interesse eines Schülers an dem Unterrichtsgegenstand hinweist. Ein weiteres, eventuell noch deutlicheres Indiz ist es, wenn Schüler beim Lernen ins Stocken kommen oder Fehler machen. Dann zeigt sich, dass zumindest die Möglichkeit eines Bildungsprozesses gegeben ist (Oser/Spychiger 2005).

Die pädagogische Unterrichtsforschung, wie sie Gruschka konzipiert hat, geht nun davon aus, dass Unterricht weder als allein didaktischer

Prozess, noch als allein erzieherischer oder als Bildungungsprozess angemessen bestimmt ist, sondern bei der Gegenstandsbestimmung von Unterricht auf alle drei pädagogischen Begriffe Bezug zu nehmen ist; d.h., Unterrichtskommunikation unterscheidet sich von allen anderen Formen der Kommunikation dadurch, dass sie durch drei Dimensionen bestimmt ist, eben diejenigen, für die die drei Begriffe Erziehung, Didaktik und Bildung stehen.

VI. Gibt es eine *richtige* Gegenstandsbestimmung?

Angesichts dessen, dass Unterricht in unterschiedlicher Weise als Gegenstand bestimmt werden kann, stellt sich die Frage, ob es Gründe gibt, die für die eine oder die andere Gegenstandsbestimmung sprechen und wenn ja, welche? Wovon ist die Gegenstandsbestimmung abhängig, von dem jeweiligen Forscher oder von dem Gegenstand? Verschiedene Antworten sind denkbar:

Wird davon ausgegangen, dass der Gegenstand nicht vorab bestimmt werden muss, hängt die Bestimmung letztlich von demjenigen ab, der diesen zu erforschen beabsichtigt, bzw. von der Disziplin, der er angehört, oder der »Schule«, aus der er stammt. Die Folge wäre, dass unterschiedliche Perspektiven auf Unterricht gleichberechtigt nebeneinander stünden und es wäre fraglich, ob sie miteinander konkurrieren oder sich vielmehr schlicht wechselseitig tolerieren würden – ohne dass eine Auseinandersetzung zwischen ihnen stattfindet. Von einem übergeordneten Standpunkt aus gesehen könnte dann behauptet werden, dass in der Summe dieser Pluralismus zu einem äußerst facettenreichen Bild von Unterricht führe.

Oder es wird der Standpunkt vertreten, dass zwar unterschiedliche Gegenstandsbestimmungen möglich sind, der Gegenstand aber letztlich eine spezifische Bestimmung verlange. Nur wenn diese vorgenommen werde, könne er in seiner ganzen Komplexität erschlossen werden. Das heißt von der Gegenstandsbestimmung sei die Reichweite der analytischen Durchdringung des Gegenstandes abhängig. Nur wenn eine dem Gegenstand angemessene Gegenstandsbestimmung vorgenommen werde, könne die Analyse zu dem vordringen, was ihn letztlich bestimmt.

Die pädagogische Unterrichtsforschung beruht auf der Prämisse, dass der Gegenstand zwar tatsächlich unterschiedlich bestimmt werden kann, letztlich aber nur die Bestimmung als pädagogisches Handeln es ermöglicht, die »Strukturlogik« des Unterrichts zu rekonstruieren. Diese gehe darauf zurück, dass in der Praxis des Unterrichts bestimmte Normen bzw. Ansprüche wirken, die Einfluss auf das Handeln der Akteure und den Verlauf des Geschehens haben. Kurz, die pädagogische Unterrichtsforschung beruht auf der Annahme, dass es pädagogische Normen, pädagogische Ansprüche sind, die dem Verlauf des Unterrichts zugrunde liegen. Sie beeinflussen das Handeln der Akteure, auch wenn diese sich dessen nicht bewusst sind (Geier/Pollmanns 2015).

Wichtig ist festzuhalten: Wenn in der pädagogischen Unterrichtsforschung von einer pädagogischen »Eigenstruktur« des Unterrichts ausgegangen wird, so ist dies nicht als eine dogmatische Setzung, sondern als eine heuristische Annahme zu verstehen, die sich im Prozess der Forschung entweder bewährt oder widerlegt wird (Dewey 2008).

VII. Das Problem der Normativität

Die Gegenstandsbestimmung von Unterricht als einem pädagogischen Geschehen bezieht sich auf Begriffe, die sehr unterschiedlich interpretiert werden können. Nicht selten werden sie als normative Begriffe verstanden. In der Praxis ist dies notwendig der Fall. Die Frage stellt sich jedoch, ob diese Begriffe auch in der Wissenschaft immer normative sind oder ob sie auch als analytische Begriffe verwendet werden können.

Tatsächlich ist der pädagogischen Unterrichtsforschung, wie man auf Tagungen und in Gesprächen immer wieder erfahren kann, schon mehrfach vorgeworfen worden, nicht wissenschaftlich zu sein, da sie normative Begriffe verwende. Dabei wird davon ausgegangen, dass die Begriffe Didaktik, Erziehung und Bildung nur als normative und nicht auch als analytische verstanden werden können. Das leuchtet jedoch keineswegs ein. Erinnert sei an Max Weber, der sich gegen die Behauptung wandte, soziale Prozesse könnten nicht wissenschaftlich untersucht werden, da sie durch Normen bestimmt seien. Demgegenüber stellte er klar, dass dies durchaus möglich sei, und zwar dergestalt, dass die in der Praxis wirkenden Normen selbst zum Gegenstand der Forschung gemacht werden. In gleicher Weise geht die pädagogische Unterrichtsforschung davon aus, dass im Unterricht pädagogische Normen und Ansprüche wirken, die analytisch bestimmt und deren Wirkung rekonstruiert werden kann – ohne Gefahr zu laufen, unwissenschaftlich zu werden.

Die pädagogische Unterrichtsforschung werde jedoch unwissenschaftlich, wenn sie Unterricht kritisiere, heißt es dann weiter in den entsprechenden Vorwürfen. Tatsächlich mündet sie nicht selten in eine Kritik von Unterricht. Entscheidend ist jedoch zum einen, dass der Maßstab der Kritik nicht von außen an den Unterricht herangeführt wird. Vielmehr wird der Unterricht an den ihm eigenen, ihm immanenten Normen kritisiert. Die immanente Kritik von Unterricht ergibt sich also aus der Frage, ob er seinen eigenen Ansprüchen genügt oder nicht. Zum anderen enthält sich die pädagogische Unterrichtsforschung insofern normativer Aussagen, als sie nicht sagt, wie praktisch auf die Kritik am Unterricht geantwortet werden könnte bzw. sollte. Anders gesprochen, die Frage, welche praktischen Konsequenzen aus der Kritik zu ziehen sind, lässt die pädagogische Unterrichtsforschung unbeantwortet – dies ist aus ihrer Sicht die Aufgabe der Praxis.

VIII. Zur Methode

Für ein wissenschaftliches Vorgehen ist neben der Bezugnahme auf Theorie ein weiteres konstitutiv: die Verwendung einer Methode. Diese dient dem Zweck, den wissenschaftlichen Erkenntnisprozess dergestalt zu kontrollieren, dass dieser sowie die Ergebnisse, zu denen er führt, intersubjektiv überprüfbar sind.

Ähnlich wie bei der Frage nach der Gegenstandsbestimmung könnte auch bei derjenigen nach der Methode auf unterschiedliche Möglichkeiten verwiesen und danach gefragt werden, wovon die Entscheidung für die eine oder die andere Methode abhängig gemacht wird. Auch hier bestehen zwei Möglichkeiten: Entweder es wird angesichts der Vielzahl existierender Methoden der Standpunkt vertreten, dass keine Methode »besser« als die anderen sei. Jede Methode habe, so wird häufig behauptet, ihre Stärken und ihre Schwächen. Welche geeignet ist, das hänge von dem jeweiligen Forschungsinteresse ab. So seien qualitative Methoden eher geeignet für die Auswertung geringer Mengen von Daten, und ihre Stärke bestehe darin, explorativ zu sein, d.h. neue Thesen generieren zu können. Quantitative Methoden seien hingegen bei großen Mengen von Daten zu bevorzugen, und ihre Stärke liege im Überprüfen von Hypothesen in Bezug auf eine Vielzahl von Fällen.

Oder es wird der Standpunkt vertreten, eine bestimmte Methode sei allen anderen überlegen, da nur mit ihrer Hilfe objektive, intersubjektiv überprüfbare Ergebnisse gewonnen werden können.

In dem Forschungsprojekt PAERDU wurde mit einer Methode gearbeitet, die zu den häufig als ›qualitativ‹ bezeichneten gehört: mit der »Objektiven Hermeneutik« (Oevermann 2000). Dies geschah nicht in der Überzeugung, dass allein diese zu objektiven Ergebnissen führen könne; die Verwendung dieser Methode beruhte aber auf der Überzeugung, dass durch keine andere Methode, auch nicht durch eine andere ›qualitative‹ Methode (z.B. durch die dokumentarische Methode)[9] die kommunikativen Prozesse im Unterricht in ihrer Komplexität und ihrer »Eigenlogik« rekonstruiert werden können.

Die Objektive Hermeneutik verlangt, dass jeder Sprechakt in einzelne Sequenzen zerlegt wird – nur auf diese Weise kann man dem Gebot eines kontrollierten Vorgehens gerecht und kann eine intersubjektive Überprüfbarkeit gewährleistet werden. Mehrere Sequenzen gleichzeitig zu interpretieren, ist hingegen stets mit dem Risiko eines Kontrollverlustes verbunden. Zu jeder Sequenz sind sodann Lesarten zu bilden, und zwar indem danach gefragt wird, welche Bedeutung die jeweilige Sequenz in unterschiedlichen pragmatischen Kontexten haben könnte. Diese Lesartenbildung soll – wie es Andreas Wernet formulierte – auf der einen Seite extensiv geschehen, d.h., es sollen möglichst viele Lesarten gebildet werden, auf der anderen Seite jedoch auch sparsam, d.h., abwegige Lesarten sollen ausgeschlossen werden (Wernet 2000). Wenn dann zur zweiten Sequenz übergegangen wird, zeigt sich, dass der Sprecher in dieser an *eine* der möglichen Lesarten, welche zu der ersten gebildet wurden, anschließt. Die zweite Sequenz ermöglicht dann ihrerseits wieder mehrere Lesarten. In der Folge ergibt sich so eine Reihe von Öffnungen und Schließungen, von Eröffnung einer bestimmten Zahl von Lesarten und Schließung durch den Anschluss an jeweils *eine* Lesart, kurz, es ergibt sich eine bestimmte Struktur, die in Abhängigkeit davon, welche Gegenstandsbestimmung zuvor vorgenommen wurde, als Struktur des Gegenstands bezeichnet werden kann.

9 Siehe hierzu: Twardella 2010c.

IX. Zum Zusammenhang von Theorie und Methode

Es wurde davon ausgegangen, dass für die Gegenstandsbestimmung der Rekurs auf eine bestimmte Theorie erforderlich ist (die wiederum einer bestimmten wissenschaftlichen Disziplin zugeordnet werden kann). Wenn nun mit der Objektiven Hermeneutik gearbeitet wird, ist diese überhaupt geeignet für eine Erforschung des Unterrichts als einem pädagogischen Prozess?

Diese Frage mag überflüssig wirken, tatsächlich aber wird über sie heftig gestritten. Nicht selten wird der Standpunkt vertreten, eine Gegenstandsbestimmung sei erst dann möglich, wenn mit der Analyse empirischer Daten begonnen wurde und eine bestimmte Struktur erkennbar wird. Sie vorweg vorzunehmen, so wird argumentiert, könne nur dazu führen, dass nicht mehr so vorgegangen wird, wie es die Methode verlangt, nämlich dass unvoreingenommen (»künstlich naiv«) eine Vielzahl von Lesarten gebildet werden. Ein solches Vorgehen hat dann nicht selten zur Folge, dass die Gegenstandsbestimmung eine soziologische wird. Dies erklärt sich dadurch, dass die Methode der Objektiven Hermeneutik von einem Soziologen entwickelt wurde, von Ulrich Oevermann und vor allem von ihm selbst und seinen Schülern, die ebenfalls Soziologen sind, angewendet wird. (Z.B. Wernet 2006)

Umgekehrt wird von Erziehungswissenschaftlern gelegentlich die Behauptung vertreten, die Objektive Hermeneutik sei für die Analyse pädagogischer Prozesse grundsätzlich ungeeignet, da sie ja eine soziologische Methode sei. Oder es wird behauptet, die Objektive Hermeneutik könne zwar als soziologische Methode auf pädagogische Prozesse angewendet werden, mit ihrer Hilfe könne man aber nur zu soziologischen Erkenntnissen über diese gelangen. (Z.B. Meseth/Proske/Radtke 2011)

Die pädagogische Unterrichtsforschung beruht auf der Prämisse, dass die Objektive Hermeneutik keine per se soziologische Methode ist. Zwar lässt sich nicht bestreiten, dass sie in der Soziologie entwickelt wurde und dort äußerst erfolgreich angewendet wurde (und nach wie vor wird). Doch führt ihre Anwendung keineswegs notwendig immer zu einer soziologischen Gegenstandsbestimmung. Zudem ist es durchaus möglich, vorweg eine pädagogische Gegenstandsbestimmung vorzunehmen. Dies muss keineswegs dazu führen, dass der Prozess der Lesartenbildung von Anfang an eingeschränkt wird.

Worauf kann sich die pädagogische Unterrichtsforschung mit dieser Annahme stützen? Zum einen auf die Geschichte der Hermeneutik als einer wissenschaftlichen Methode. Es sei kurz daran erinnert, dass diese gegen Ende des 19. Jahrhunderts von Wilhelm Dilthey als *die* Methode der Geisteswissenschaften begründet wurde. Und zu Beginn der Pädagogik als wissenschaftlicher Disziplin wurde sie von den Vertretern der »Geisteswissenschaftlichen Pädagogik« als *die* Methode einer erziehungswissenschaftlichen Forschung begriffen. Einer ihrer geistigen Väter, Eduard Spranger, sprach sich in den 20er Jahren des 20. Jahrhunderts deutlich gegen eine »Einfühlungshermeneutik« aus und formulierte damals bereits die Forderung, die Hermeneutik müsse zu objektiven Ergebnissen führen können (Hollstein 2011). An diese Traditionslinie wurde angeknüpft, als die Objektive Hermeneutik ab den 60er Jahren entwickelt wurde. Weiter entwickelt wurde sie durch den Bezug auf andere Theorietraditionen, vor allem die des französischen Strukturalismus. Zum anderen kann darauf verwiesen werden, dass sich die Objektive Hermeneutik im Kontext erziehungswissenschaftlicher Forschung bereits hinreichend bewährt hat. Das gilt auch für die pädagogische Unterrichtsforschung, bei der die Anwendung der Methode es ermöglichte, sich auf die Subtilitäten der Erziehung, der Didaktik und der Bildung im Unterricht einzulassen und diese zu erschließen (Twardella 2015).

X. Auswahl des Datenmaterials

Eine materiale Theorie des Unterrichts kann sich nicht auf einige wenige Daten beschränken, sondern bedarf einer breiten empirischen Basis, ist doch mit ihr der Anspruch verbunden, für Unterricht überhaupt zu gelten. Dieser tritt in äußerst unterschiedlichen Formen in Erscheinung, in der Grundschule anders als an weiterführenden Schulen, an einer Haupt- und Realschule anders als an einem Gymnasium oder einer Gesamtschule, abhängig zudem von der Jahrgangsstufe sowie dem jeweiligen Fach. Wie ist es möglich, auf der einen Seite den hohen Ansprüchen der Sequenzanalyse gerecht zu werden und gleichzeitig Unterricht in seinen vielfältigen Erscheinungsformen in den Blick zu nehmen und auf dem Weg über die Rekonstruktion der äußerst bunten und komplexen Empirie zu einer allgemeinen Theorie des Unterrichts zu gelangen?

Auf der Basis der Prämisse, dass die Unterrichtsstunde (im Umfang von zumeist 45 Minuten) die elementare Analyseeinheit ist, wurden im Rahmen von PAERDU mehr als 200 Unterrichtsstunden sequenzanalytisch interpretiert. Zunächst war es das Ziel, an allen vier Schulen mindestens fünf Stunden in jedem der sieben Fächer aufzunehmen. (So entstand ein Korpus von 140 Stunden, der durch weitere Stunden ergänzt wurde.) Diese Stunden wurden einzeln interpretiert und dann wurde eine Auswahl getroffen. Kriterium der Auswahl für mein Teilprojekt, in dessen Zentrum eine IGS stand, war zum einen, dass aus jedem der sieben Fächer *eine* Stunde stammen sollte, und zudem, dass die Differenzierung, wie sie für eine IGS typisch ist, die Differenzierung in verschiedene Leistungsniveaus (die der des dreigliedrigen Schulsystems entspricht) berücksichtigt wird. Aufgrund der Fragestellung wurden sodann sieben weitere Stunden aus den anderen Schulen herangezogen. Für die Auswahl ergab sich so ein weiteres Kriterium, das der Vergleichbarkeit, welches vor allem im Hinblick auf die Thematik der Stunden eine Rolle spielte. (So wurden z.B. Deutschstunden ausgewählt, in denen jeweils ein literarischer Text behandelt wurde, oder zwei Mathematikstunden, in denen es jeweils um Funktionen ging.)

XI. Fallstrukturgeneralisierung

Was bedeutet es, Unterricht als einen Gegenstand zu analysieren, der die Aspekte Erziehung, Didaktik und Bildung umfasst? In der Konsequenz bedeutet es, dass letztlich jeder Sprechakt der pädagogischen Kommunikation im Unterricht, ja, jede einzelne Sequenz eines Transkriptes im Hinblick auf diese drei Begriffe zu interpretieren ist. Und dies hat vor dem Hintergrund der Tradition pädagogischen Denkens zu geschehen, ohne dass damit die Präferenz für eine bestimmte Variante der Erziehung, der Didaktik oder der Bildung verbunden ist – zumal in der Empirie die unterschiedlichsten Varianten anzutreffen sind und es schlicht gilt, diese empirisch zu rekonstruieren.

Das Ziel der Rekonstruktion besteht darin, die Struktur des jeweiligen Falles zu bestimmen, und zwar im Sinne einer spezifischen Logik, welche der jeweiligen pädagogischen Kommunikation als einem Prozess zugrunde liegt. Und diese Logik soll letztlich beschrieben werden als ein spezifisches Verhältnis der drei pädagogischen Dimensionen zueinander. Das heißt, dass auf der einen Seite das Material möglichst detailliert zu analysieren ist und auf der anderen Seite möglichst weitgehende Hypothesen zu formulieren sind. Nachdem der Fall analysiert und die Hypothesen, zu deren Bildung er Anlass gegeben hat, überprüft, verändert und/oder modifiziert wurden, ist die Struktur des Falles zu bestimmen.

Das Ziel der Analyse besteht also darin, die Fallstruktur einer Unterrichtsstunde als Konstellation der Dimensionen Erziehung, Didaktik und Bildung zu bestimmen, wobei der Begriff der Konstellation dafür steht, dass dieses Verhältnis äußerst unterschiedlich beschaffen sein kann und es nicht darum geht, *ein* bestimmtes Verhältnis als das einzig wünschenswerte oder richtige zu behaupten.

XII. Typenbildung

Die obigen Überlegungen können in ein Modell überführt werden, das sich mit Hilfe des pädagogischen Dreiecks des Unterrichts veranschaulichen lässt:

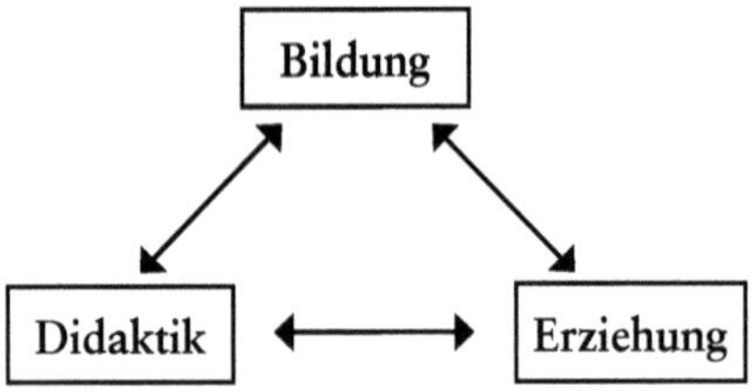

Abbildung 1: Das pädagogische Dreieck des Unterrichts

Dieses Modell macht es möglich, Idealtypen zu konstruieren.[10] Dabei ist von der Frage auszugehen, welche Dimension des Pädagogischen jeweils in einer Unterrichtsstunde dominiert.

Denkbar ist, dass die drei Dimensionen dergestalt im Verhältnis zueinander stehen, dass das Telos des Unterrichts, die Bildung der Schüler in der Auseinandersetzung mit der Sache möglich wird und die Dimension der Bildung dominiert. Die beiden anderen Dimensionen, die der Erziehung und die der Didaktik, sind dem dann untergeordnet, ermöglichen, dass es zu Bildungsprozessen im Unterricht kommen kann. Der Didak-

10 Der Begriff »Idealtypus« ist nicht mit einer positiven Bewertung verknüpft. »Ideal« ist hier allein im Sinne von »abstrakt« zu verstehen.

tik ist dieses Ziel immanent: Sie ist kein Selbstzweck, sondern soll der Ermöglichung von Bildungsprozessen im Unterricht dienen. Gleiches gilt für die Erziehung. Auch sie ist kein Selbstzweck. Erziehung im Sinne von Disziplinierung zielt darauf, dass die Heranwachsenden zu Schülern werden, damit sie sich mit der Sache auseinandersetzen und es zu Bildungsprozessen kommen kann. Und eine Erziehung zur Mündigkeit ist von Bildung nicht zu trennen, fällt mit ihr vielmehr letztlich ins eins.

Denkbar sind aber auch andere Konstellationen, in denen die Dimension der Erziehung und die der Didaktik *nicht* der Bildung förderlich sind. Das ist entweder dann der Fall, wenn die Didaktik ihren Zweck nicht erfüllt. Sie kann einer wechselseitigen Erschließung von Schüler und Gegenstand in sehr unterschiedlicher Weise eher hinderlich sein. Dominant wird sie dann, wenn sie sich tendenziell verselbstständigt hat, anderen Zwecken dient oder vollkommen zum Selbstzweck geworden ist. In der Empirie ist dieser Typus nicht anzutreffen, wird immer ein Stück weit eine Sache erschlossen. Die einzelnen Fälle bzw. Fallstrukturen können graduell danach unterschieden werden, inwieweit bei ihnen trotz der Dominanz der Didaktik Bildungsprozesse noch ermöglicht werden oder nicht.

Oder die Erziehung erfüllt nicht ihren Zweck. Auch sie kann im Unterricht dominieren, kann anderen Zwecken dienen oder zum Selbstzweck werden. In der Empirie können die einzelnen Fälle bzw. Fallstrukturen ebenfalls danach unterschieden werden, inwieweit trotz der Dominanz dieser Dimension Bildungsprozesse möglich werden oder nicht.

XIII. Drei Fälle

Im Folgenden soll auf drei Fälle eingegangen werden um an diesen zu zeigen, wie sie typologisch zugeordnet wurden. Das heißt, alle vorausgehenden Schritte – die Erhebung der Daten vor Ort, die Transformation der primär akustischen Daten in einen Text, ein Transkript – werden nicht dargestellt.[11] Vielmehr werde ich mich darauf beschränken, einen kurzen Überblick über die jeweilige Stunde zu liefern, werde einen

11 Alle Transkripte, die im Rahmen von PAERDU interpretiert wurden, sind online verfügbar, finden sich im »Archiv für pädagogische Kasuistik«: http://www.apaek.uni-frankfurt.de (zuletzt angesehen am 2.12.2019.)

Auszug aus der Analyse der Stunde einschieben und schließlich die Fallstruktur der jeweiligen Stunde präsentieren.[12]

1.

Bei dem ersten Fall handelt es sich um eine Stunde im Fach Deutsch, die in einem c-Kurs stattgefunden hat. In dieser Stunde wird über ein Buch der Kinder- und Jugendliteratur gesprochen, über »Und das nennt ihr Mut« von Inge Meyer-Dietrich. Die Stunde besteht im Wesentlichen aus zwei Phasen: In der vorangegangenen Stunde wurde den Schülern die Hausaufgabe gestellt, das Buch bis zu einer bestimmten Seite zu lesen. In der ersten Phase des Unterrichts stellt die Lehrperson (eine Lehrerin) nun einige Fragen um zu prüfen, wie »fit« die Schüler im Hinblick auf den Text sind. Die zweite, deutlich längere Phase besteht darin, dass die Klasse an einem Soziogramm arbeitet, mit dem das »soziale Umfeld« der Hauptfigur namens Andi erfasst werden soll. Diese Phase lässt sich wiederum in mehrere Subphasen untergliedern: Sie beginnt mit einer Darlegung des Arbeitsauftrages und längeren Erklärungen der Lehrerin dazu. Es folgt eine Stillarbeitsphase und anschließend wird damit begonnen, die Ergebnisse der Stillarbeitsphase zu besprechen.

Analyse des »Spiels« mit der Lehrerin

Bevor die Fallstruktur der Stunde präsentiert wird, soll kurz die Analyse einer Passage geboten werden, die aus der Stillarbeitsphase stammt. Die Lehrerin geht in der Klasse herum, schaut den Schülern über die Schulter und gibt gelegentlich Hilfestellungen. Da heißt es plötzlich im Transkript:

> 360 {Sm pfeift}[13]

Ein männlicher Schüler pfeift. Würde ein Lehrer-Schüler-Gespräch oder eine offene Diskussion geführt, wäre dies eindeutig als Unterrichtsstörung zu qualifizieren. Im Rahmen einer Stillarbeit könnte Pfeifen jedoch

12 Die hier präsentierten Fälle stammen alle aus der IGS, die im Zentrum meiner Studie stand. Aus den dort entwickelten Analysen werden im Folgenden Ausschnitte geboten.

13 Sm steht für »Schüler männlich«, Sw für »Schüler weiblich«, Lm für »Lehrer männlich« und Lw für »Lehrer weiblich«.

auch geduldet werden. Oder es könnte mit einer leichten Ermahnung auf ein solches reagiert werden. Die Frage ist allerdings, um was für ein Pfeifen es sich handelt: Ist es ein Pfeifen, mit dem Sm sich selbst und andere ein wenig unterhält, oder ist es gezielt an jemanden gerichtet, den der Schüler auf sich aufmerksam machen will oder den er mit seinem Pfeifen dazu auffordert, zu ihm zu kommen? Entsprechend sind unterschiedliche außerschulische pragmatische Kontexte denkbar, in denen gepfiffen wird: Jemand geht (allein oder in Begleitung) im Wald spazieren und pfeift ein Lied vor sich her. Ein junger Mann macht einen »Kumpel«, der sich in einiger Entfernung von ihm befindet und ihn noch nicht bemerkt hat, auf sich aufmerksam. Ein Hundebesitzer pfeift seinen Hund herbei. Und schließlich gibt es auch noch das Pfeifen von Männern, die einer Frau hinterherpfeifen. Dieses Pfeifen bedeutet, dass sie die Frau als mögliche Sexualpartnerin sehen.[14]

361 Lw: Was war das?

Die Lehrerin hat offensichtlich das Pfeifen vernommen. Und ihre Frage zielt, so ist anzunehmen, nicht einfach auf die Identität des Wahrgenommenen – sie weiß, dass es ein Pfeifen und nicht irgendetwas anderes (z.B. ein Schreien) war –, sondern auf die Bedeutung des Pfeifens. Die Lehrerin will wissen, wie das Pfeifen, das sie gehört hat, zu verstehen ist.

Was könnte nun folgen? Es könnte sein, dass die Lehrerin auf ihre Frage keine Antwort bekommt. Weil eine negative Reaktion von Seiten der Lehrerin zu erwarten ist, traut sich niemand auf ihre Frage einzugehen. Unverfänglich wäre eine Antwort, die sich gewissermaßen dumm stellt und die Frage einfach als eine solche nach der Identität des Wahrgenommenen versteht: Auf die Antwort »Das war ein Pfeifen« kann die Lehrerin nicht negativ reagieren. Schließlich wäre darüber hinaus auch denkbar, dass auf die Ebene der Deutung eingegangen wird und jemand erklärt, wie das Pfeifen zu verstehen sei. Dann wäre freilich relevant, wer die Antwort gibt: derjenige, der selbst gepfiffen hat, oder ein anderer. Und dann könnte die Frage von einem Schüler dazu verwendet werden, einen Mitschüler anzuschwärzen und in Bedrängnis zu bringen oder auch ihn in Schutz zu nehmen. Wie dem auch sei: Die Reaktion

14 Von Pfeifen in bestimmten institutionalisierten Kontexten – dem Pfeifen des Polizisten, der den Verkehr regelt, oder dem Pfeifen des Schiedsrichters, der die Befolgung der Spielregeln kontrolliert – kann hier abgesehen werden.

auf die Frage ist auf jeden Fall aussagekräftig für das Verhältnis, das zwischen der Lehrerin und der Klasse besteht.

362 Sm: Können Sie mal bitte please kommen?

Ist Schüler Sm, der jetzt die Lehrerin anspricht, derjenige, der gepfiffen hat? Mit Sicherheit lässt sich dies nicht sagen. Und das liegt daran, dass er sich ganz höflich und »unschuldig« an die Lehrerin wendet. Unter der Voraussetzung, dass er es tatsächlich war, ist Verschiedenes vorstellbar: Entweder diente das Pfeifen nur der eigenen Unterhaltung (und eventuell auch derjenigen anderer). Dann hat die darauf folgende Bitte an die Lehrerin, sie möge zu ihm kommen, nichts mit ihm zu tun. Der Schüler kann seine Bitte bedenkenlos äußern. Oder das Pfeifen war ein solches, mit dem Sm die Lehrerin zu sich rufen wollte. Dass er nun explizit die Bitte äußert, die Lehrerin möge kommen, kann dann wiederum heißen, dass er hofft, die Lehrerin werde das Pfeifen anders deuten, nicht ihm zurechnen oder ihm nicht übel nehmen, d.h. es nicht negativ sanktionieren. Womöglich hegt er diese Hoffnung, gerade weil er denkt, die Lehrerin rechne gar nicht damit, dass der Täter sich meldet, sich »outet«, sondern sich – feige – nicht zu erkennen gibt. Wenn nun aber er sich an die Lehrerin wendet, so werde sie annehmen, dass er der Täter nicht sein könne, sondern jemand anderes es gewesen sein müsse. Das wäre eine sehr offensive und riskante Form auf seine »Unverschämtheit« und die Frage der Lehrerin zu reagieren. Oder das Pfeifen war tatsächlich ein anzügliches. Dann versucht der Schüler womöglich mit seiner Bitte, dem Pfeifen seine Spitze zu nehmen, indem er die Aufmerksamkeit der Lehrerin auf etwas zu lenken versucht, das ihn beschäftigt. Irgendeinen Grund muss er ja jetzt nennen, aus dem heraus er die Lehrerin zu sich bittet. Naheliegend ist, dass er entweder Probleme mit dem Arbeitsauftrag hat oder etwas in dem Text nicht versteht.

363 Lw: War das, sollte das eine freundliche Aufforderung sein –

Worauf bezieht sich diese Frage? Entweder auf das Pfeifen oder auf die fragende Bitte von Sm, die Lehrerin möge zu ihm kommen. Doch letzteres wäre eigentlich unsinnig. Natürlich war die Bitte von Sm freundlich, auf sie ist eigentlich nur eine Antwort mit »ja«, »nein« oder »gleich« möglich.

Die Lehrerin erkundigt sich also nicht nach dem Grund für die Bitte des Schülers, will nicht wissen, warum sie zu ihm kommen soll, sondern bleibt bei der Frage, die sie zuvor schon gestellt hatte: Wollte sie soeben wissen »was war das?« (361), bietet sie nun eine mögliche Interpretation des Pfiffes an. Genauer gesagt: Sie schließt – unabhängig davon, wie der Pfiff tatsächlich gemeint war, respektive dessen, dass er anzüglich war – alle anderen »Lesarten« des Pfiffes aus und geht davon aus, dass er eigentlich nur eines gewesen sein kann: »eine freundliche Aufforderung«. Das heißt, auch wenn er etwas anderes war, ein befehlendes »Bei Fuß!« oder ein anzügliches Hinterherpfeifen, signalisiert die Lehrerin: »Ich bin bereit, das ›durchgehen zu lassen‹, nachgiebig zu sein und es nicht zu sanktionieren. Wir müssen uns allerdings auf eine gemeinsame Interpretation des Pfiffes einigen und ich biete dir an, die einzig tolerierbare Interpretation – eben als ›freundliche Aufforderung‹ – zu akzeptieren und ihr zuzustimmen.« Geht der Schüler auf dieses Angebot ein?

364 Sm: Ne, ne Anmache

Aufgrund dessen, dass der Schüler vom Transkribenten nicht genau identifiziert werden konnte und es mehrere männliche Schüler in der Klasse gibt, kann es sein, dass jetzt ein anderer Schüler der Lehrerin antwortet. Doch unter der Voraussetzung, dass es nach wie vor derselbe ist, muss die Antwort von Sm als Ausdruck einer extremen Dreistigkeit gedeutet werden. Und es wird deutlich, dass er letztlich schon von Anfang an äußerst dreist war: Zunächst hat er nach der Lehrerin gepfiffen, als sei sie eine potentielle Sexualpartnerin. Dann hat er auf die Nachfrage der Lehrerin ganz unschuldig reagiert, als ob er nichts getan und nur ein legitimes Anliegen hätte, eben hilfsbedürftig sei. Dann bietet ihm die Lehrerin an, dass dasjenige, was der Pfiff faktisch war – eine extreme Respektlosigkeit gegenüber der Lehrerin – zu übergehen und sich auf eine mehr als benevolente Deutung des Pfiffes zu einigen. Doch er schlägt dieses Angebot auch noch aus und treibt seine Dreistigkeit auf die Spitze, indem er erklärt, er habe mit dem Pfiff die Lehrerin anmachen wollen.

Auf der einen Seite ist klar: Es ist zwar vorstellbar, dass ein Schüler sich in seine Lehrerin verliebt. Doch eine »Anmache« ist eine Form der Respektlosigkeit, die nicht nur die Grenzen der zwischen Lehrer und Schüler normalen Umgangsformen eindeutig überschreitet, ja, diese verletzt, sondern auch – unter normalen Bedingungen – vollkommen absurd erscheint, da als selbstverständlich vorausgesetzt werden kann, dass sie keinen Erfolg haben wird. Das heißt, sie kann eigentlich nicht ernst gemeint sein – und das wissen, so kann angenommen werden, alle Beteiligten. Man könnte sagen, die »Anmache« steht in so eklatantem Widerspruch zu dem Verhalten, das eigentlich gegenüber der Lehrerin als Respekts- und Autoritätsperson geboten ist, dass sie in ihrer Übertreibung sich selbst negiert. Anders ausgedrückt: Das, was der Schüler Sm als »Anmache« bezeichnet, ist faktisch keine. Es kann gar keine »Anmache« sein, da ein solches Verhalten eines Schülers gegenüber seiner Lehrerin schlicht nicht möglich ist. Und das heißt: Der Schüler Sm »spielt« mit der Lehrerin, er bringt erotische, sexuelle Aspekte mit in das Verhältnis zur Lehrerin, ja, man könnte sagen, er kokettiert mit ihr – was eben letztlich nur geht unter der Voraussetzung, dass allen Beteiligten klar ist, dass das Ganze nicht ernst gemeint ist.

Diese Interaktion – bzw. diese Deutung der Interaktion – setzt zwei Dinge bezüglich des Lehrer-Schüler-Verhältnisses voraus: Zum einen müssen – als Voraussetzung – die Positionen klar sein. Die Rollenbeziehung muss stabil, die Distanz zwischen den Schülern und der Lehrerin muss klar sein, nicht der geringste Zweifel an der Unverrückbarkeit dieser Distanz darf bestehen. Zum anderen muss gleichzeitig eine »lockere Atmosphäre« herrschen (»muss« nicht normativ, sondern im Sinne einer logischen Voraussetzung). Wäre dies nicht gegeben, hätte der Schüler es nicht gewagt, auf so »riskante« Weise mit der Lehrerin umzugehen. Er muss sich gewissermaßen sicher sein: Die Lehrerin ist eine solche, mit der ich mein »Spiel« spielen kann ohne befürchten zu müssen, dass mein Verhalten sofort hart und schmerzhaft sanktioniert wird. So gesehen ist das Verhalten des Schülers Sm noch weiter zu deuten: Es kann entweder tatsächlich als Ausdruck einer gewissen Respektlosigkeit verstanden werden, einer Respektlosigkeit, die Sm dazu verleitet, sich einiges herauszunehmen, weil er sich sicher ist, dass er keine Sanktionen zu befürchten hat. Oder das Verhalten von Sm ist Ausdruck eines großen Vertrauens in die Lehrerin – und womöglich darüber hinaus einer gewissen Sympathie, die auf diese Weise der Lehrerin signalisiert wird.

Das macht es umso schwieriger für die Lehrerin, adäquat zu reagieren. Welche Möglichkeiten stehen ihr zur Verfügung? Die Möglichkeit, den Schüler Sm einfach zu übergehen, besteht freilich nicht – irgendwie muss die Lehrerin reagieren. Würde die Lehrerin zurückweisend reagieren, womöglich Sms Verhalten negativ sanktionieren, würde das Vertrauen, das der Schüler in die Lehrerin hat, zerstört – ebenso wie die »lockere Atmosphäre«. Lässt sich das aber verhindern? Muss die Lehrerin nicht mindestens dem Schüler klar machen, dass er zu weit gegangen ist?

Zum anderen könnte die Lehrerin versuchen das »Spiel«, das der Schüler Sm mit ihr begonnen hat, mitzuspielen. Das wäre aber sehr heikel, könnte leicht »kippen«, wäre ein »Drahtseilakt« angesichts dessen, dass eigentlich eine Zurückweisung erfolgen müsste. Denn mit dem Einlassen auf das Spiel lässt die Lehrerin sich auf die vom Schüler Sm gesetzten Bedingungen ein. Und wenn dieser sie kündigt, stünde die Lehrerin schlecht da, da sie den Zeitpunkt verpasst hat, den Schüler in seine Grenzen zu verweisen. Ein solches Vorgehen wäre also hoch riskant: Auf der einen Seite würde die Lehrerin das Vertrauen, das in sie gesetzt wurde und die gute Atmosphäre nicht zerstören, würde auch der Provokation, die in Sms Verhalten liegt, die Spitze nehmen. Auf der anderen Seite würde sie sich auf Bedingungen einlassen, die der Schüler gesetzt hat und die sie selbst nicht mehr kontrollieren kann. Sie würde sich also ein Stück weit in die Hände von Sm begeben.

> 365 Lw: dass ich zu dir komme?

Die Lehrerin führt ihren Satz, der durch die Antwort von Sm unterbrochen wurde, zu Ende.

> 365 {Lachen}

Wer lacht hier? Lacht der Schüler, der gepfiffen hat, lacht ein Mitschüler oder ist es die Lehrerin, die lacht? Wäre es ein Außenstehender, ein Dritter, so könnte dessen Lachen auf die Komik und Irrealität der Interaktion bezogen sein. Wäre es das Lachen des Schülers, der gepfiffen hat, so könnte es als ein weiterer Ausdruck seiner Überheblichkeit gedeutet werden, als Ausdruck der Freude über seine dreiste Antwort auf die Frage der Lehrerin. Das Lachen könnte aber auch – unabhängig davon, wer es ist, der lacht – als ein solches verstanden werden, in dem das Wissen zum Ausdruck kommt (und dem anderen signalisiert wird), dass dasjenige, was hier gerade geschieht, nicht ernst gemeint ist.

> 365 Na, da werd ich natürlich
> 366 schwach

Die Lehrerin lässt sich tatsächlich auf das Spiel von Sm ein. Auch das ist freilich nur möglich unter der Voraussetzung, dass die Beziehung, welche zwischen Sm und der Lehrerin existiert, so fest steht, dass allen – den unmittelbar Beteiligten und dem Publikum – klar ist, dass die Äußerung der Lehrerin nicht ernst gemeint sein kann.

Also, das Spiel ist auf der einen Seite möglich, weil die Voraussetzungen – die Distanz in der Beziehung zwischen der Lehrerin und dem Schüler – klar sind und auf der anderen Seite die Spielzüge aufgrund der maßlosen Übertreibung, die für alle unübersehbar ist, klar als solche erkennbar sind.

367 Sm: Ja, is' klar. Bei mir. {lacht}

Der Schüler setzt das Spiel weiter fort: Dass die Lehrerin schwach wird, ist nicht selbstverständlich. Doch die Attraktivität seiner Person ist so bezwingend, dass die Lehrerin ihm nicht widerstehen kann. Er vermag das Spiel weiterzuspielen, weil er dessen Bedingungen zu beherrschen scheint: Er beherrscht die Registratur der maßlosen Übertreibung. Doch kann dieses Spiel endlos weiter gespielt werden? Irgendwann wird die Lehrerin genötigt sein, Sm wieder »auf den Teppich zu holen«, d.h. auf den Boden der Realität. Wie wäre das möglich? Es ist ein Punkt erreicht, an dem weitere »Anschlusskommunikationen« schwer vorstellbar sind. Die Lehrerin müsste, wollte sie Sms Äußerung auf der gleichen Ebene parieren, sich zu ihrer eigenen Person äußern. Das könnte nur dergestalt geschehen, dass sie ihre extreme Verführbarkeit behauptet. Das würde aber definitiv zu weit gehen. Oder sie würde die Attraktivität von Sm in Frage stellen und da sie dies ebenfalls im Modus der maßlosen Übertreibung tun müsste, würde sie also das glatte Gegenteil behaupten müssen – und damit eine Äußerung machen, die ebenfalls »daneben« wäre. Warum? Weil ein Lehrer sich über die Frage, ob ein Schüler sexuell attraktiv ist, nicht äußern sollte. Er bzw. sie würde seinerseits eine Grenze überschreiten. Das heißt, die Lehrerin wird hier durch Sm zu einer Grenzverletzung geradezu provoziert. Vollzieht sie eine solche? (Das einzig Mögliche wäre noch eine Bestätigung mit einem ironischen Unterton.)

368 (4 sec)

Es geschieht erst einmal nichts. Dies kann als ein Indiz dafür interpretiert werden, dass die Lehrerin nicht sofort weiß, wie sie auf Sm reagieren soll, der unverdrossen sein Spiel fortsetzt.

{Es klopft an die Tür. Ein zu spät kommender Schüler kommt
herein}

Die Interaktion wird durch ein externes Ereignis unterbrochen. Im Folgenden wird, das zeigt sich bei der weiteren Lektüre des Transkriptes, nicht noch einmal an sie angeknüpft. Das heißt, mit der Unterbrechung ist die Interaktion beendet. Man könnte sagen: Die Lehrerin hat Glück gehabt, sie wurde aus einer Situation, in die sie durch ein dreistes Verhalten eines Schülers gebracht wurde und aus der herauszukommen für sie sehr schwer gewesen wäre, durch einen Zufall gerettet. Sie hat sich auf ein Spiel eingelassen, das, wenn der Schüler es beendet hätte, zu einem Gesichtsverlust für sie hätten führen können. Deswegen wäre es unbedingt notwendig gewesen, dass sie selbst ihm ein Ende setzt. Der Punkt, an dem dies unausweichlich zu sein schien, war nun erreicht. Da aber etwas anderes geschah, blieb der Lehrerin dieser Schritt erspart.

Hinzuzufügen ist, dass durch die Unterbrechung auch der Grund »unter den Tisch fällt«, der den Schüler dazu veranlasst hatte, die Lehrerin zu sich zu bitten. Nach diesem hätte die Lehrerin fragen, damit das Spiel beenden und zu der rollenförmigen Kommunikation zurückkehren können. Diesen hätte aber auch der Schüler geltend machen können. Zu vermuten ist, dass er auf der Ebene der Didaktik liegt, d.h., mit dem Arbeitsauftrag zu tun hat. So liegt letztlich die Deutung nahe, dass beide – sowohl der Schüler als auch die Lehrerin – es vorgezogen haben, sich auf eine informelle Kommunikation einzulassen, auf ein »Spiel«, statt sich mit dem Arbeitsauftrag und der Sache zu befassen. Erotik, Koketterie wird so für eine kurze Zeit zu einem Gegenthema, zu einem Nebenschauplatz, der attraktiver ist als »das soziale Umfeld von Andi«.

Die Analyse dieser Stunde mündete in folgende Fallstruktur: Die Lehrerin nutzt die Möglichkeiten, die in dem Verhältnis zwischen ihr und den Schülern liegen, die Möglichkeit von Nähe und Distanz, um auf die Schüler erzieherisch einzuwirken. Ihre Erziehung ist dadurch gekennzeichnet, dass sie nicht abstrakt auf Disziplin und Ordnung setzt, wohl aber darauf beharrt, dass die Schüler diejenigen Pflichten erfüllen, welche die Voraussetzung dafür sind, am Unterricht teilnehmen und sich mit der in diesem behandelten »Sache« auseinandersetzen zu können. Ansonsten versucht sie ihren Schülern ein Zutrauen in ihre eigene Leistungsfähigkeit zu vermitteln. Mit dieser Art von Erziehung scheint sie weitgehend erfolgreich zu sein: Davon, dass die Schüler nicht bereit wären, ihre Rolle als Schüler und die damit verbundenen Pflichten zu übernehmen, ist nichts im Transkript erkennbar.[15] Sie beteiligen sich selbst dann noch am Unterricht, wenn sie eine Aufgabe gestellt bekommen, deren Sinnhaftigkeit fraglich und die kaum zu verstehen ist. Freilich schließt das nicht aus, dass sie gelegentlich versuchen, sich ihren Verpflichtungen zu entziehen, z.B. indem sie mit der Lehrerin ein »Spiel« spielen. Darauf vermag die Lehrerin – wie sich gezeigt hat – weitgehend souverän zu reagieren.

Die Kooperationsbereitschaft der Schüler führt jedoch nicht dazu, dass eine bildende Auseinandersetzung mit einer »Sache« im Unterricht stattfindet. Das ist zum einen darauf zurückzuführen, dass die »Sache« selbst wenig dazu geeignet ist, die Schüler herauszufordern. Zum anderen liegt der Grund dafür darin, dass die Didaktik der Lehrerin dies eher verhindert. Auch wenn davon ausgegangen wird, dass die Auseinandersetzung mit der Lektüre den Schülern ein Stück weit ein Verständnis der »Welt« oder ihrer selbst ermöglichen könnte, so ist doch der von der Lehrerin formulierte Arbeitsauftrag kaum dazu geeignet, den Prozess einer wechselseitigen Erschließung in Gang zu bringen. Und das liegt daran, dass die Methode des Soziogramms für die Erschließung eines literarischen Textes nur bedingt geeignet ist. Hinzu kommt, dass diese Methode keineswegs klar und verständlich erklärt wurde.

Bildung im Sinne einer wechselseitigen Erschließung von Schüler und Gegenstand wäre trotz der Simplizität der Lektüre möglich gewesen, wenn sich die Schüler mit der Darstellung der Krisensituation des Protagonisten unmittelbar hätten befassen können. Die Didaktik, welche in dieser Stunde zur Anwendung kam und in deren Zentrum die Methode des Soziogramms stand, machte dies jedoch schwierig, ja, stand dem letztlich eher im Wege. Wie lässt sich dieser Fall nun typologisch zuordnen?

Die Fallstruktur der Stunde kennzeichnet, dass die Dimension der Bildung eine untergeordnete Rolle spielt. Die beiden anderen Dimensionen sind hingegen sehr wichtig. Und von der Dimension der Didaktik kann gesagt werden, dass sie in der Weise, wie sie sich hier darstellt, einer Erschließung der Sache wenig förderlich ist, ja, sie eher erschwert – zumal den Schülern die Methode des Soziogramms nicht hinreichend erklärt wurde. Angesichts dessen könnte man annehmen, dass die Schü-

15 Mit einer Ausnahme, derjenigen eines Schülers, der behauptet nicht mitarbeiten zu können, weil er sein Buch schon abgegeben habe. Im Gegenteil, die Schüler scheinen äußerst kooperationsbereit zu sein.

ler sich weigern zu tun, was von ihnen verlangt wird. Warum aber machen sie das nicht? Aus der Analyse ergab sich die Hypothese, dass dies aufgrund der positiven Lehrer-Schüler-Beziehung nicht geschieht: Die Schüler lassen sich auf die Didaktik ein, sie kooperieren, auch wenn für sie nicht klar ist, was sie aus welchem Grund machen sollen, weil sie Vertrauen in die Lehrperson haben. Und die Lehrperson ist darauf bedacht, dieses Vertrauen bzw. die Nähe zu den Schülern nicht durch harte Sanktionen – etwa anlässlich des »Spiels« eines Schülers – zu zerstören. Letztlich kann deswegen der Fall dem Typus der Dominanz der Didaktik zugeordnet werden.

2.

Bei dem zweiten Beispiel geht es um eine Stunde aus dem Fach Gemeinschaftslehre. Thema der Stunde ist die Eroberung Mexikos durch die Spanier unter der Führung von Hernando Cortez. Die Stunde gliedert sich in eine Vielzahl von Phasen, die dadurch entstehen, dass Texte auf Arbeitsblättern abwechselnd vorgelesen und dann besprochen werden. Was das didaktische Vorgehen betrifft, so ist dieses hier darauf beschränkt, dass zunächst Texte vorgelesen und sodann im Lehrer-Schüler-Gespräch Fragen behandelt werden, Fragen, die sich entweder auf den Arbeitsblättern befinden und von diesen abgelesen werden, oder die von dem Lehrer gestellt werden. Die Fragen sind dergestalt, dass sie zunächst primär auf das Textverständnis zielen, später aber auch darauf, das in den Texten beschriebene Geschehen zu betrachten: aus der Perspektive der Zeitgenossen, die von diesem Geschehen hören und aus der Perspektive der Schüler selbst, die aufgefordert werden, das Geschehen zu beurteilen bzw. zu bewerten.

Hinzu kommt, dass der Lehrer an einer Stelle ausgehend von den auf den Arbeitsblättern abgedruckten Quellentexten fragt, was denn überhaupt eine »Quelle« ist. Die Stunde endet mit der Aufforderung zu einer Internetrecherche.

Analyse von Teilen des Unterrichtsgesprächs

Einige Passagen aus dem Transkript sollen im Folgenden analysiert werden, Passagen, in denen deutlich wird, wie sehr in dieser Stunde das

Anforderungsniveau herabgesenkt wird – so sehr, dass die Kooperationsbereitschaft der Schüler erkennbar nachlässt.

Nachdem eine Quelle vorgelesen wurde, verweist der Lehrer auf die Fragestellungen, welche unterhalb der Quelle abgedruckt sind und liest die erste vor:

> »Erklärt, was Montezuma meinte, wenn er sagte: ›Du bist in deiner Stadt angekommen.‹«

Ein Schüler versucht darauf zu antworten:

> 190 Sm5: Montezuma wollte-e, was wollte Montezuma?

Die Antwort von Sm5 könnte so gedeutet werden, als wisse er nicht, wie die Frage des Lehrers beantwortet werden kann. Doch ist eine andere Deutung plausibler: Sm5 setzt dazu an, zu erklären, was Montezuma wollte, zweifelt dann jedoch plötzlich daran, ob er sich mit seiner Antwort auch hinreichend auf die Frage des Lehrers bezieht. Deswegen fragt er diesen: »Wollen sie wissen, was Montezuma wollte?«

Der Lehrer könnte nun diese Frage schlicht mit »Ja« beantworten. Stattdessen aber sagt er:

> 191 Lm: Ähm, Sm5, wer ist denn der Montezuma überhaupt noch
> 192 mal?

Mit dieser Frage wechselt der Lehrer die Ebene, verlässt die der Deutung und begibt sich auf diejenige der einfachen Fakten. Warum macht er das? Die Vermutung liegt nahe, dass die Tatsache, dass Sm5 nicht unmittelbar eine Antwort gab, sondern sich erst noch einmal rückversichern wollte, ob er den Lehrer richtig verstanden habe, diesen dazu veranlasst, daran zu zweifeln, ob Sm5 (und/oder auch andere Schüler) überhaupt weiß, über wen gerade gesprochen wird. Erst wenn dies geklärt sei, könne über die – anspruchsvollere – Frage nachgedacht werden, was Montezuma mit seiner Äußerung gemeint haben könnte. Der Lehrer fragt also so basal, als hätte Sm5 nicht einmal die einfachsten Dinge verstanden. Das ist aber unwahrscheinlich. Vorstellbar wäre es nur, wenn Sm5 bisher vollständig geistig abwesend gewesen sein sollte.

> 193 Sm5: N Spanier.

Es hat den Anschein, als habe der Lehrer Recht, als sei es tatsächlich nötig, erst einmal die einfachsten Dinge zu klären. Doch ist es so offensichtlich, dass diese Antwort falsch ist, es liegt dermaßen auf der Hand, dass Montezuma gerade *kein* Spanier ist, dass die Vermutung nahe liegt, Sm5 weigere sich, auf die triviale, seine vollkommene Ahnungslosigkeit unterstellende Frage des Lehrers eine ernsthafte Antwort zu geben. Das würde bedeuten, dass seine Antwort als ein Protest gegen die Herabsenkung des Niveaus und die damit verbundene Unterstellung, er wisse nicht, von wem gerade geredet wird, zu verstehen ist.

194 Sm3: {lacht}

Bei Sm3 ist nun jeglicher Zweifel ausgeschlossen: Er weiß, dass die Antwort von Sm5 falsch ist. Unklar ist allenfalls, ob er lacht, weil er glaubt, Sm5 sei von der Richtigkeit seiner Antwort überzeugt, oder ob er davon ausgeht, dass Sm5 sich gegen die Unterstellung des Lehrers zur Wehr setzt.

Was gerade als Vermutung, als eine mögliche Lesart formuliert wurde, gewinnt an Plausibilität angesichts dessen, dass im Folgenden das Unterrichtsgespräch in ähnlicher Weise fortgesetzt wird: Der Lehrer stellt weiter die aller einfachsten Fragen, z.B.:

223 Lm: Wer sind die Azteken? Wo wohnen die?

und die Schüler geben folgende Antworten:

224 Sm4: In Mexiko.
225 Sw?: [In Spanien.]
226 Sm?: [In Häusern.]

Während Sm4 unverdrossen mit dem Lehrer ernsthaft kooperiert, antwortet Sw? so, wie es Sm5 in ähnlicher Weise oben schon getan hatte. Auch ihre Antwort könnte als Indiz dafür genommen werden, dass sie den Text nicht verstanden hat und die Vorgehensweise des Lehrers richtig und angemessen ist. Doch zeigt sich hier sehr deutlich, wohin eine solche Interpretation führt: Sie würde darauf hinauslaufen, Sw? für so unwissend zu halten, dass sie nicht einmal weiß, dass in Spanien nicht die Azteken, sondern die Spanier leben.

Wenn die Herabsenkung des Niveaus, das Stellen von einfachsten Fragen nicht einfach als Ausdruck für eine mangelde Vorbereitung bzw. einen Mangel an der Fähigkeit, sich spontan bessere Fragen einfallen zu lassen (was wiederum auf eine unzureichende fachliche Qualifikation verweisen könnte), gedeutet wird, kann es als Hinweis auf eine pessimistische Anthropologie des Schülers verstanden werden (Twardella 2008). Die Antworten von Sm5, Sw? und anderer Schüler ernst zu nehmen würde dann bedeuten, die pessimistische Anthropologie, die dem Handeln des Lehrers wohl zugrunde liegt, zu teilen. Dies ist aber keineswegs zwingend, da die Antworten der Schüler auch als Ausdruck von Protest interpretiert werden können. Der Lehrer wird von den Schülern »auf den Arm genommen« – und für die Schüler gewinnt ein Unterrichtsgespräch, das sie ansonsten völlig unterfordert, auf diese Weise einen gewissen Reiz. Dafür spricht auch die Antwort von Sm?, der auf die Frage des Lehrers mit »in Häusern« antwortet. Er begibt sich bereits mit seinen Mitschülern in einen Wettstreit, welcher der Logik der Überbietung folgt: Wer produziert den geistreichsten Unsinn?

In dieser Art und Weise setzt sich das Unterrichtsgespräch fort. Der Lehrer stellt weiter einfache Fragen, die Schüler nehmen ihn teilweise ernst, teilweise protestieren oder provozieren sie und machen sich über ihn bzw. über die Sache lustig.

Die Analyse des Transkriptes dieser Stunde führte schließlich zu folgender Fallstruktur: Die Stunde ist durch eine Didaktik gekennzeichnet, die kaum als Didaktik des Lehrers, vielmehr als die des Arbeitsblattes, das hier Verwendung findet, bezeichnet werden kann. Auf dem Arbeitsblatt befinden sich sowohl einige Bilder als auch Texte: didaktisierte Texte, die der Information dienen, einige Quellen sowie auf diese bezogene Aufgabenstellungen. Nicht auf die Bilder, sondern nur auf die Texte wird im Unterricht eingegangen. Diese Texte enthalten eine Deutung, die den hoch komplexen und sehr interessanten historischen Prozess der Eroberung Mexikos auf eine einfache Formel bringt: Die Spanier waren getrieben von ihrer Gier nach Gold und die Azteken haben sich von diesen besiegen lassen, weil sie religiös verblendet waren. Diese unterschiedlichen Voraussetzungen machten es möglich, dass ein kleiner Trupp von Spaniern ein kulturell hoch entwickeltes Reich, das Reich der Azteken erobern konnte. Die Beschäftigung mit diesem Prozess hätte durchaus bildend sein können – wenn den Schülern ein subjektiver Zugang zu den verschiedenen Texten ermöglicht worden wäre und/oder wenn diese Texte daraufhin befragt worden wären, wie denn das, was in ihnen beschrieben wird, zu verstehen sei. Doch weder die Fragen, die der Lehrer im Unterrichtsgespräch stellte, noch die Aufgabenstellungen auf dem Arbeitsblatt waren dazu geeignet, einen Prozess der wechselseitigen Erschließung in Gang zu bringen: Entweder zielten sie auf ein elementares Textverständnis oder auf die Reproduktion des simplen Deutungsmusters.

Die Kooperationsbereitschaft der Schüler war zunächst dergestalt ausgeprägt, dass zu Beginn des Unterrichts der Eindruck entstand, es sei gar nicht nötig, dass der Lehrer die Autorität, mit der er als Lehrer ausgestattet ist, für die Disziplinierung der Schüler und die Herstellung der Voraussetzungen für die Durchführung des Unterrichts nutzt. Die Unterforderung, ja, das systematische Unterlaufen der mit dem Thema gegebenen Bildungsmöglichkeiten führte bei einigen Schülern jedoch zu einer Änderung in ihrer Art zu kooperieren: Ihre Äußerungen wurden ambivalent, insofern sich in diese nicht nur eine Distanzierung, sondern auch Provokation oder sogar auch Resignation mischte. Die sehr verhalten geäußerte, nur latent in manchen Schüleräußerungen enthaltene Kritik am Unterricht führte jedoch nicht zu einem Fehlverhalten oder zu einer massiven Unterrichtsverweigerung, die den Lehrer erzieherisch gefordert hätte. Von daher gesehen »lief« die Stunde – auch wenn es übertrieben wäre zu sagen, sie lief »wie geschmiert«.

Auch diese Stunde kann dem Typus der Dominanz der Didaktik zugeordnet werden. Vereinfacht gesprochen resultiert diese daraus, dass es im Unterricht nicht um die Erschließung der Sache, das historische Geschehen geht, sondern um die Erschließung des Arbeitsblattes, das eine äußerst vereinfachte Deutung bietet. Hinzu kommt, dass diese durch die Fragen des Lehrers noch einmal vereinfacht wurde, also eine doppelte didaktische Reduktion stattfand. Das führte zu indirekt zum Ausdruck gebrachtem Protest auf Seiten der Schüler, jedoch nicht dazu, dass der Unterricht nicht mehr hätte fortgesetzt werden können.

3.

Das dritte Beispiel stammt aus dem Unterricht im Fach Spanisch (E-Kurs). In dieser Stunde beginnt eine Lehrerin mit ihrem Kurs die Lektüre einer »Ganzschrift«[16], eines in Spanisch geschriebenen Buches. Die Stunde gliedert sich in folgende Phasen: In einer ersten Phase stellt die Lehrerin ihr Vorhaben für die aktuelle Stunde in den Kontext dessen, was in dem vorangegangenen Unterricht stattgefunden hat und was

16 Der Begriff »Ganzschrift« steht in der Literaturdidaktik für einen Prosa- oder einen dramatischen Text, der – mehr oder weniger – vollständig im Unterricht gelesen wird.

für die nächste Zeit geplant ist. In diesem Zusammenhang begründet sie, warum sie ausgerechnet jetzt mit der Lektüre eines neuen Buches beginnen möchte. Dann steigt die Lehrerin in die Behandlung des neuen Buches ein, indem sie die Schüler danach fragt, was sie gegenwärtig lesen – zum einen für die Schule, zum anderen aber auch »privat«. Gerade letzteres interessiere sie besonders, einfach weil sie »neugierig« sei. Der nächste Schritt besteht darin, dass die Lehrerin »auf Deutsch« mit den Schülern über den Umschlag des Buches spricht, genauer gesagt, über das Bild auf dessen Vorderseite (sowie – ein wenig – über den Klappentext auf der Rückseite des Buches) und – auf Spanisch – versucht mit den Schülern gemeinsam eine Formulierung zu finden, mit der die verschiedenen Vermutungen bezüglich des Inhalts des Buches zusammengefasst werden können. Danach werden die ersten drei Teile bzw. Abschnitte des Buches gemeinsam gelesen. Die Stunde endet schließlich damit, dass die Lehrerin die Schüler dazu auffordert, Informationen über die wichtigsten Figuren, von denen der gelesene Text handelt, in eine Tabelle einzutragen. Dies sollen die Schüler zunächst in den restlichen verbleibenden Minuten des Unterrichts tun. Dann wird ihnen schließlich aufgetragen, diese Aufgabe zu Hause zu erledigen (und auch noch den vierten Abschnitt des Buches zu lesen).

Warum »einfach lesen«? Analyse der Begründung der Lehrerin

Bevor mit der Lektüre des Buches begonnen wird, erklärt die Lehrerin den Verzicht auf jede weitere Didaktik. Da heißt es:

518 Lw: So, ähm, wir fangen jetzt einfach mal an zu lesen
518 und
519 ich würde euch bitten, ja, entgegen eurer sonstigen
520 Gewohnheit, die ich auch gut nachvollziehen kann,
521 aber wirklich versuchen euch da drauf zu
522 konzentrieren, was ihr versteht und nicht auf das,
523 was ihr nicht versteht.

Mit »einfach mal (...) lesen« ist tatsächlich gemeint: Es wird schlicht gelesen, mehr nicht. Und die Lehrerin will nun, dass die Schüler dabei eine bestimmte Haltung einnehmen, die, davon geht sie aus, für die Schüler ungewöhnlich sei. Normalerweise würden sie beim Lesen eines Textes eine Haltung einnehmen, aus der heraus sie sich konzentrieren auf das, was sie nicht verstehen. An dieser Lesehaltung will die Lehrerin auch nichts aussetzen.[17] Die Haltung ist für sie »gut nachvollziehbar«. Das heißt, die Lehrerin zeigt Verständnis dafür, dass die Schüler sie gewohnheitsmäßig einnehmen (weil es ihnen ein Bedürfnis ist alles genauestens zu verstehen oder weil sie zu dieser Gewohnheit erzogen wurden). Nun aber sollen die Schüler diese Haltung zugunsten einer anderen aufgegeben, jetzt sollen sie sich darauf konzentrieren, »was ihr versteht«. Das heißt, die Lehrerin geht davon aus, dass die Schüler, wenn im Folgenden »einfach gelesen« wird, vieles nicht verstehen werden, will dem aber selbst nicht Abhilfe schaffen, z.B. indem sie Übersetzungshilfen gibt, sondern verlangt stattdessen von den Schülern, dass diese eine andere Haltung einnehmen. Und das angesichts einer Lektüre, von der die Lehrerin zwar behauptete, dass sie »einfach« sei, die aber alles andere als einfach ist. Es stellt sich die Frage, ob dies sinnvoll ist: Überfordert die Lehrerin nicht heillos ihre Schüler? Vernachlässigt sie hier nicht massiv ihre Pflichten? Oder gibt es irgendwelche starken Gründe, die sich für dieses Vorgehen anbringen lassen?

> 523 Das ist immer leichter gesagt
> 524 als getan,

Die Lehrerin hat nicht nur Verständnis für die übliche, gewohnheitsmäßige Lesehaltung, sondern ist sich auch der Schwierigkeit dessen, was sie von den Schülern verlangt, bewusst.

> 524 aber ihr solltet irgendwann mal dahin
> 525 kommen, dass ihr einfach sagt, ok also ich versteh
> 526 zwar nicht alle Wörter, egal, ich versteh aber
> 527 trotzdem, worum's geht.

Das ist also das Ziel der Lehrerin: ein Leseverständnis, das sich loslöst von dem Verständnis eines jeden einzelnen Wortes – so dass das Ganze auch dann verstanden werden kann, wenn nicht jedes einzelne Wort verstanden wurde. Und ein solches Verständnis von Texten, ein Verständnis, das auf das Ganze zielt und von den Teilen absieht, entsteht nicht allein durch stetiges Lernen, nicht allein dadurch, dass das Quantum, also der Prozentsatz der verstandenen Wörter immer mehr

17 Sehr wahrscheinlich weiß sie auch, wie wichtig diese ist, weil sie die Voraussetzung dafür sein kann, dass die Schüler Fragen stellen, dass Lernfortschritte gemacht werden können etc.

steigt. Vielmehr hängt es auch, so die Lehrerin, von dem einzelnen Subjekt und dessen Willen ab. Dieses muss es sich »einfach sagen«, dass es versteht, »worum's geht«. Und dafür ist es notwendig, dass die Schüler eine bestimmte Haltung einnehmen, eine selbstbewusste Haltung, die sich loslöst von der Vorstellung, alles 100-prozentig verstehen zu müssen. Die Schüler, so behauptet es die Lehrerin implizit, haben diese Haltung noch nicht. Und sie haben auch noch nicht die Einstellung, dass sie sich sagen, dass einzelne Wörter unwichtig sind, da es auf das Ganze ankommt. Aber »irgendwann« sollten sie dahin gelangen. Das ist das Ziel, welches der Lehrerin vor Augen schwebt. Anders gesprochen: Das Ziel der Lehrerin besteht darin, dass die Schüler die Fähigkeit besitzen, ohne irgendwelche Hilfestellung einen spanischen Text lesen und verstehen zu können. Dabei ist es ihrer Meinung nach nicht nötig, dass die Schüler jedes einzelne Wort verstehen. Wäre das notwendig, würden die Schüler für unabsehbare Zeit abhängig bleiben von jemandem bzw. von etwas, das bzw. der ihnen beim Verständnis behilflich ist (ein Wörterbuch, ein Lehrer o. Ä.). Die Lehrerin will aber letztlich die Unabhängigkeit, will »den mündigen Leser«. Anders gesprochen: Die Lehrerin verzichtet auf jegliche Didaktik, weil sie ein erzieherisches Ziel verfolgt, das allein mit den Mitteln der Didaktik eben nicht erreicht werden kann: die Mündigkeit der Schüler.

Die Fallstruktur der Stunde lässt sich folgendermaßen formulieren: Bei dem Beginn der Lektüre einer »Ganzschrift« – zu der durchaus ein »Zugang« geschaffen wird, indem über das Bild auf dem Cover des Buches sowie über den Klappentext gesprochen wurde – verzichtet die Lehrerin radikal auf jede Didaktik, obwohl die Schüler noch nicht lange Unterricht im Fach Spanisch haben und das ausgewählte Buch durchaus anspruchsvoll ist, also zu erwarten ist, dass die Schüler vieles nicht verstehen werden. Ihr Ziel besteht in einem Verständnis des Textes auf einer allgemeinen Ebene (»worum's geht«), das nur erreicht werden kann, wenn die Schüler eine bestimmte Haltung entwickeln, ein Zutrauen in die eigenen Fähigkeiten. Dieses erzieherische Ziel versucht die Lehrerin dadurch zu erreichen, dass sie die Schüler die Erfahrung machen lässt, dass das möglich ist, indem sie mit ihnen das Buch »einfach liest«. Hinzu kommt, dass sie ihnen gut zuspricht, indem sie das Problem, welches sie haben – eben vieles nicht zu verstehen –, anspricht, damit auch anerkennt, und ihnen gleichzeitig Vertrauen in ihre Fähigkeiten signalisiert. Darüber hinaus wird auf Äußerungen von Seiten der

Schüler, die als Wunsch gedeutet werden können, die Lehrerin möge »die Latte etwas niedriger hängen«, nicht eingegangen, sondern konsequent an der Zumutung festgehalten. Ob dieses Vorgehen den erhofften Erfolg auch bringt, ob die Schüler tatsächlich den Text so verstehen, wie die Lehrerin sich es wünscht, und ob sie sich auf diesem Weg tatsächlich zu »mündigen Lesern« entwickeln, bleibt offen. Welchem Typus ist diese Stunde zuzuordnen?

Da die Lehrerin weitgehend auf Didaktik verzichtet und gleichzeitig ein hohes erzieherisches Ziel verfolgt, die Erziehung ihrer Schüler zu mündigen Lesern, lässt die Stunde sich dem Typus der Dominanz der Erziehung zuordnen. Und die Dimension der Bildung? Zwar hat die Lehrerin zu Beginn der Stunde versucht, den Schülern einen subjektiven Zugang zu der Lektüre zu ermöglichen, doch bleibt offen, ob dieser ihnen tatsächlich dabei geholfen hat, sich den Text zu erschließen oder ob sie nicht vielmehr durch ihn letztlich überfordert wurden.

XIV. Zentrale Ergebnisse

Eine Theorie mit dem Anspruch, generell für Unterricht an allgemeinbildenden Schulen der Sekundarstufe zu gelten, ist von Gruschka vor einiger Zeit vorgelegt worden (Gruschka 2013). Aufgrund dessen, dass mit meiner Arbeit nicht der Anspruch verbunden ist, eine eigene Theorie zu entwickeln, sondern nur einen Beitrag zur Arbeit an einer solchen Theorie zu leisten, wäre es möglich, die Ergebnisse, zu denen ich gekommen bin, zu der von Gruschka entwickelten Theorie ins Verhältnis zu setzen, d.h. die verschiedenen Fallstrukturen in dessen Schema der »sechs Konstellationen des Unterrichtens« (236) einzuordnen. Da dann aber dieses Schema zunächst ausführlich erklärt werden müsste, soll – abkürzend – das »pädagogische Dreieck des Unterrichts« und die ausgehend von diesem konstruierten Idealtypen genutzt werden, um die Ergebnisse meiner Forschungen systematisch zu präsentieren.

Zunächst kann festgehalten werden, dass die meisten Fälle dem Typus der Dominanz der Didaktik entsprachen. Einige wenige Fälle konnten auch dem Typus zugeordnet werden, bei dem die Dimension der Erziehung dominiert. Nur ein Fall fand sich dafür, dass die Dimension der Bildung im Vordergrund stand und im Verhältnis der drei Dimensionen dominierte.

Dieses Ergebnis bedeutet, dass in fast allen analysierten Fällen das Telos des Unterrichts, eine wechselseitige Erschließung von Schüler und Gegenstand nicht erreicht wurde. Vor allem erfüllte die Didaktik kaum den Zweck, der ihr immanent ist – freilich auf unterschiedliche Weise. Dieses Ergebnis überrascht nicht: In mehreren quantitativen Studien ist bereits darauf verwiesen worden, dass der Unterricht an deutschen Schulen problematisch ist. Diese beschränkten sich aber immer darauf, Ergebnisse zu messen. Im Unterschied dazu beruhen die Ergebnisse meiner Studie auf qualitativen Analysen, nicht bezogen auf die Ergebnisse des Unterrichts, sondern auf die pädagogische Kommunikation im Unterricht als einem Prozess.

Die analysierten Fälle bzw. die Konstellationen des Pädagogischen lassen sich den drei Idealtypen nun folgendermaßen zuordnen:[18]

Zum Typus der Dominanz der Didaktik

Die verschiedenen Fälle bzw. Konstellationen des Pädagogischen, die dem Typus der Dominanz der Didaktik zugeordnet werden können, lassen sich danach unterscheiden, welches Spannungsverhältnis für den Unterricht besonders prägend ist, dasjenige zur Dimension der Bildung oder dasjenige zur Dimension der Erziehung. Beispielhaft für letztere sei auf folgende Konstellationen verwiesen:

- In einigen Fällen wurde die Didaktik in den Dienst der Erziehung gestellt (so dass sich die Frage stellt, ob bei diesen die Didaktik überhaupt noch dominiert oder nicht vielmehr die Dimension der Erziehung). Die Didaktik soll dann entweder der Erziehung der Schüler zu moralischen Zwecken – wie z.B. in einer Stunde im Fach Ethik – oder schlicht der Disziplinierung der Schüler dienen (wenn, wie in einer Deutschstunde geschehen, die Lehrperson in den Hintergrund tritt und die Schüler an einer »Lerntheke« sich ohne Hilfe der Lehrperson und somit auch ohne deren erzieherische Intervention einen Gegenstand eigenständig erschließen sollen).[19]

18 Im Folgenden werden nicht alle Fälle berücksichtigt, sondern nur einige, da es nur darum geht, die Systematik zu veranschaulichen.

19 Damit ist die Erwartung verbunden, dass die Schüler sich selbst disziplinieren, sich unter das »Joch der Notwendigkeit« (Rousseau) begeben. Die Stunde kann dennoch dem Typus der Dominanz der Didaktik zugeordnet

- Oder die Didaktik steht dergestalt in einem Spannungsverhältnis zur Dimension der Erziehung, dass tendenziell erzieherische Probleme evoziert werden. Dies geschieht entweder, wenn das Anforderungsniveau so sehr herabgesenkt wurde, dass die Schüler unterfordert sind (wenn sie z.B. im Englischunterricht nur einfachste Vokabeln übersetzen müssen), oder wenn die Didaktik zu kompliziert ist, so dass die Schüler nicht recht wissen, was sie zu welchem Zweck machen sollen. (Dafür wurde oben ein Beispiel präsentiert, die Deutschstunde, in der die Schüler an einem Soziogramm arbeiten sollen.)

In vielen Fällen, in denen ebenfalls die Dimension der Didaktik dominierte, ist das Spannungsverhältnis zwischen dieser und der Dimension der Bildung von besonderer Bedeutung.

- Das Spannungsverhältnis ist besonders ausgeprägt, wenn die »Sache« zwar potentiell interessant für die Schüler ist und sie einen großen »Bildungsgehalt« (Klafki 1959/1964) besitzt, die Didaktik aber dermaßen die »Sache« reduziert, dass sie nur noch auf die Reproduktion einfacher Aussagen zielt (wie in einer Geschichtsstunde zum Thema »Cortez«).
- Die Dimension der Didaktik kann auch dadurch in einem Spannungsverhältnis zu derjenigen der Bildung stehen, dass sie sich (wie eventuell auch die Dimension der Erziehung) verselbstständigt (ebenfalls in einer Geschichtsstunde) oder weitgehend losgelöst hat von der »Sache« (wie in einer Physikstunde, in der physikalische Zusammenhänge zunächst veranschaulicht und dann in Formeln gebracht werden und bei der weder die Veranschaulichung noch die Formeln verständlich werden).
- In einigen Fällen tritt an die Stelle des Verstehens ein routinisiertes Operieren. Bei Übungen im Sprachunterricht oder bei bestimmten mathematischen Problemen bewältigen die Schüler die ihnen gestellten Anforderungen eine nach der anderen, bis sie dann über eine Aufgabe »stolpern«. Dann zeigt sich, dass ihr Können nicht auf einem Verstehen beruht. Die Krise böte die Möglichkeit, dies zu ändern, doch faktisch geschieht dies in keinem der analysierten Fälle.

werden, weil die auf der Lerntheke befindlichen didaktischen Materialien der Erschließung der Sache wenig förderlich sind.

Zum Typus der Dominanz der Erziehung

Es gibt auch zwei Fälle, in denen *nicht* die Dimension der Didaktik dominiert, sondern diejenige der Erziehung.

- Der eine Fall ist geprägt durch eine »funktionale Erziehung«: Die Schüler waren bereits eingeübt in eine Methode, die ihnen ein weitgehend selbstständiges Arbeiten erlaubt. Die Analyse der Stunde (im Fach Religion) lässt erkennen, dass die Schüler tatsächlich eine enorme »Methodenkompetenz« besitzen. Sie arbeiten ein Thema, das sie selbst ausgewählt haben, in Arbeitsgruppen routiniert ab.
- Ebenso dominiert die Dimension der Erziehung in einer Stunde im Fach Spanisch. Die Lehrperson verzichtet weitgehend auf Didaktik und verfolgt konsequent das Ziel der Erziehung der Schüler zu mündigen Lesern (in der oben vorgestellten Stunde mit dem Titel »Loga Lago«).

Zum Typus der Dominanz der Bildung

Diesem Typus kann ein Fall zugeordnet werden. Ihn kennzeichnet, dass ein Lehrer (in einer Kunststunde) weitgehend auf Didaktik verzichtet. Nur »für den Notfall« wird auf sie zurückgegriffen.

Die Antwort auf die Forschungsfrage

Wie eingangs dargelegt wurde, bestand die Forschungsfrage meines Teilprojektes darin, zu klären, ob eine allgemeine Theorie des Unterrichts möglich ist oder im Hinblick auf die jeweilige Schulform differenziert werden muss. Ins Zentrum wurde eine IGS gestellt und die Frage entsprechend modifiziert: Unterscheidet sich die Pädagogik im Unterricht an dieser Schule von derjenigen an Schulen anderer Schulformen? Vor dem Hintergrund der durchgeführten Analysen lässt sich als Antwort auf diese Frage festhalten, dass die Schulform als organisatorische Einbettung des Unterrichts *nicht* dergestalt von Bedeutung ist, dass an den unterschiedlichen Schulen eine jeweils andere Pädagogik anzutreffen ist und folglich eine allgemeine Theorie des Unterrichts nicht möglich wäre. Das soll nicht bedeuten, dass die Schulform völlig unbedeutend ist, doch in Bezug auf den Unterricht und seine Eigenlogik ist sie nicht dermaßen prägend, dass sich etwa an der IGS eine schulspezifische

Pädagogik fände. Womöglich hätte erwartet werden können, dass im Unterricht an einem Gymnasium die Dimension der Bildung dominiert, während etwa im Unterricht an einer Haupt- und Realschule die der Erziehung im Vordergrund steht. Tatsächlich war es aber so, dass in den meisten Fällen – unabhängig von der Schulform – die Dimension der Didaktik im Vordergrund stand.

In weiteren Untersuchungen könnte der Fragen nachgegangen werden, ob bzw. inwiefern andere Faktoren Einfluss auf die Pädagogik im Unterricht haben. Zum Beispiel könnte danach gefragt werden, welchen Einfluss die Lehrperson auf den Unterricht hat. Dazu wäre es dann allerdings erforderlich, diese auch unabhängig vom Unterricht in den Blick zu nehmen, z.B. indem nach ihren pädagogischen Einstellungen gefragt wird (nach ihren Theorien 2. Grades). Hinweise auf die Bedeutsamkeit der Lehrperson ergaben sich in verschiedenen Fällen, z.B. im Zusammenhang mit der Spanischstunde.[20] Im Hinblick auf den Kunstunterricht, in dem der Lehrer ebenfalls weitgehend auf Didaktik verzichtet, liegt die Vermutung nahe, dass dieser sich weniger als Lehrer und primär als »Meister« sieht, der im Atelier seine Schüler als potentielle Kollegen adressiert (Gruschka 2014). Nicht zuletzt erwies es sich als relevant, ob die Lehrperson bereit war, sich als »ganze Person« in den Unterricht einzubringen oder im Gegenteil bestrebt war, ihre Person möglichst außen vor zu lassen (Oevermann 1996, siehe auch: Twardella 2003/2004).

XV. Reflexion der Ergebnisse

Angesichts dessen, dass in den meisten Fällen die Dimension der Didaktik dominierte und das Telos des Unterrichts nicht erreicht wurde, soll abschließend auf zwei Fragen eingegangen werden: Sollte man sich nicht von der Vorstellung verabschieden, dass es im Unterricht darum geht, dass Schüler sich bilden? Es gibt nicht wenige »Bildungsforscher«, die diese Meinung vertreten: Der Begriff der Bildung sei obsolet (und zudem kaum zu definieren). Im Unterricht könne und solle es nicht darum gehen, dass Schüler sich bilden. Vielmehr sollten sie schlicht etwas lernen (Tenorth 2006). Die empirischen Analysen haben jedoch

20 Es hieß, die Lehrerin, die im Spanischunterricht ihre Schüler zu mündigen Lesern erziehen will, habe sich bereits innerlich von der Schule distanziert, da sie diese bald verlassen werde.

gezeigt, dass der Anspruch der Bildung im Unterricht immer wieder emergiert: Er steht im Hintergrund, wenn Schüler versuchen eine Sache zu verstehen, wenn sie Fragen stellen, eine Aufgabe nicht verstehen oder sich unmittelbar einer Sache widmen. Und er zeigt sich auch dann, wenn Lehrer sich verpflichtet fühlen, auf Fragen bzw. Probleme von Schülern einzugehen, z.B. dann, wenn sie einen Fehler gemacht haben.

Die zweite Frage, die sich stellt, lautet: Wenn in den meisten Fällen die Dimension der Didaktik der Erschließung der »Sache« wenig förderlich war, ja, dieser in manchen Fällen sogar deutlich im Wege stand, ist sie dann womöglich grundsätzlich ein Problem? Sollte nicht besser auf sie verzichtet werden? Zum einen ist jedoch die Dimension der Didaktik letztlich unhintergehbar; auch der Versuch auf Didaktik zu verzichten wäre eine Form von Didaktik. Zum anderen haben die Fallstudien gezeigt, dass es starke graduelle Unterschiede gibt. Die Antwort auf die Frage kann also nicht in einem Verzicht auf Didaktik bestehen.

Mögliche praktische Konsequenzen

Vor dem Hintergrund der oben erwähnten quantitativen Studien hat sich die Bildungspolitik vor einiger Zeit zu einer radikalen Umstrukturierung des Bildungssystems entschieden, zur Umstellung auf eine andere Didaktik, die Didaktik der Bildungsstandards und des kompetenzorientierten Unterrichtens. Meine Studie legt jedoch nahe, dass es wenig sinnvoll ist, pauschal eine alte Didaktik durch eine neue zu ersetzen, es vielmehr wichtig wäre, die Didaktik jeweils fallbezogen zu reflektieren. Das heißt, was notwendig wäre, ist die Institutionalisierung der Möglichkeit zu einer Dauerreflexion der Didaktik. Die Vorstellung, der Unterricht könne (allein) durch die Einführung von Standards verbessert werden, die mit Hilfe einer kompetenzorientierten Didaktik erreicht werden sollen, ist wenig realistisch, ja, Ausdruck einer Phantasie, Unterricht »von oben« steuern zu können (Herzog 2013). Es bedarf vielmehr der reflexiven Auseinandersetzung der Lehrer mit ihrer eigenen Didaktik, der Möglichkeit zu dieser auf Distanz zu gehen, Routinen zu erkennen und über Alternativen nachzudenken – und auf diese Weise an der Professionalisierung des pädagogischen Handelns zu arbeiten.

Lehrerinnen und Lehrer in der Krise?

Eine kritische Auseinandersetzung mit einer neueren Studie

I. Einleitung

Unterricht ist ein krisenhafter Prozess, vor allem für Schüler, die angesichts dessen, dass sie mit Fremdem, mit Neuem konfrontiert werden, das es zu verstehen gilt, immer wieder in Krisen geraten.[1] Diese Krisen sind freilich nichts Negatives, im Gegenteil, sie sind die Bedingung dafür, dass es im Unterricht zu Bildungsprozessen kommen kann. Aber auch für Lehrer kann Unterricht krisenhaft sein. Sie planen zwar vorweg ihren Unterricht, damit er möglichst reibungslos verlaufen möge, doch kann es jederzeit dazu kommen, dass Schüler nicht so handeln, wie es erwartet wurde – wann und wie das geschieht, lässt sich nur bedingt antizipieren. In einer solchen Krise des Unterrichts stehen Lehrer dann vor der Herausforderung, ins Ungewisse hinein erzieherische oder didaktische Entscheidungen treffen zu müssen.

Die pädagogische Unterrichtsforschung hat zahlreiche empirische Beispiele dafür rekonstruiert, wie Krisen im Unterricht entstehen und wie Lehrpersonen auf diese reagieren. Dabei zeigte sich immer wieder, dass Lehrerpersonen zunächst bestimmten didaktischen Schemata bzw. Routinen folgten und dass sie, wenn Schüler in Krisen gerieten, auf diese einzugehen sich bemühten. Doch wurden diese Krisen in der Regel letztlich nicht gelöst, da der Unterricht vorzeitig in die Bahnen der Routine zurückkehrte (Gruschka 2005; Twardella 2010a). Ausgehend von diesem Befund wurde die These formuliert, dass eine Professionalisierung der Lehrer wesentlich dadurch gefördert werden könne, dass diese – nachdem sie gelernt haben, Themen didaktisch und methodisch aufzuarbeiten und zu vermitteln – dazu befähigt werden, mit Krisen im Unterricht umzugehen. Darin kann die Professionalität des Unterrichtens gesehen werden: dass Lehrpersonen nicht nur Routinen beherrschen, sondern auch dazu in der Lage sind, sensibel auf Krisen der Schüler zu reagieren, d.h. sie wahrzunehmen, zu verstehen und situativ

1 In dem Erstabdruck wurde der Text konsequent gegendert. Darauf ist hier – um der besseren Lesbarkeit willen – verzichtet worden.

zu lösen, genauer gesagt, Schülern bei der Lösung von Krisen – die letztlich von diesen selbst bewältigt werden müssen – behilflich zu sein (Twardella 2018a).

Im Anschluss an die pädagogische Unterrichtsforschung stellt sich die Frage: Wie sehen Lehrpersonen das? Wie äußern sie sich, wenn sie danach gefragt werden, ob und wie sie Krisen der Schüler im Unterricht wahrnehmen und auf sie reagieren? Wie ausgeprägt ist ihr Bewusstsein davon, dass diejenigen, mit denen sie tagtäglich zu tun haben, sich permanent in Krisen befinden, und dass es ihre Aufgabe ist, sowohl Krisen zu initiieren als auch bei deren Lösung behilflich zu sein?

Beide Ebenen sind freilich klar voneinander zu unterscheiden: die Ebene der Praxis und die des Sprechens über die Praxis. In einem Aufsatz mit dem Titel »Theorie und Praxis in der Erziehung« hat vor bald 100 Jahren der Erziehungswissenschaftler Erich Weniger die These vertreten, dass das pädagogische Handeln von Lehrern immer theoriehaltig sei und es eine »eingehüllte Rationalität« besitze (2002 [1929], S. 164). Jene Theorien, die diesem Handeln implizit sind, bezeichnet er als »Theorien ersten Grades« (S. 164). Wenn Lehrpersonen im Nachhinein über ihr Handeln sprechen, es beschreiben, begründen und rechtfertigen, so entstünden »Theorien zweiten Grades« (S. 165). Die pädagogische Unterrichtsforschung hat sich mit dieser eingehüllten Rationalität des Unterrichts befasst (und u.a. auch Theorien ersten Grades zu rekonstruieren versucht). Ihr Ziel war es, auf dem Weg über die wissenschaftliche Erschließung von Unterricht zu einer »Theorie dritten Grades«, einer wissenschaftlichen Theorie des Unterrichts zu gelangen (Gruschka 2013; Twardella 2018b).

Vor kurzem ist nun eine Studie erschienen, die sich mit Theorien zweiten Grades von Lehrern befasst. Sie stammt von Jan Hendrik Hinzke und trägt den Titel »Lehrerkrisen im Berufsalltag. Zum Umgang mit Spannungen zwischen Normen und Orientierungsrahmen« (2018). In dieser ist – wie der Titel bereits erkennen lässt – der Autor der Frage nachgegangen, ob und inwiefern Lehrer ihren Alltag als durch Krisen geprägt wahrnehmen und wie sie mit Krisen umgehen. Auf diese Studie soll im Folgenden näher eingegangen werden, und zwar unter der Fragestellung, ob sie als eine Ergänzung zur pädagogischen Unterrichtsforschung und deren Ergebnisse angesehen werden kann. Dabei wird in mehreren Schritten vorgegangen: Zunächst wird kurz in diese Studie eingeführt (Abschnitte 2 und 3). Dann wird exemplarisch ein kleiner

Ausschnitt aus dem Material, welches Hinzke erhoben und ausgewertet hat, einer Reanalyse unterzogen (Abschnitte 4 und 5). Im Anschluss daran werden die Ergebnisse, zu denen Hinzke gelangt ist, dargestellt und beurteilt (Abschnitt 6). Enden wird der Beitrag mit Überlegungen zu der Frage, welche Konsequenzen aus den Ergebnissen Hinzkes für die Professionalisierung von Lehrern gezogen werden können (Abschnitt 7).

II. Zum Begriff der Krise und des professionellen Handelns von Lehrern

Die Studie von Hinzke ist klar strukturiert: Sie beginnt mit der Explikation der Forschungsfrage, es folgen Ausführungen zu dem Begriff der Krise sowie zum professionellen Handeln von Lehrpersonen. Dann wird der Forschungsstand dargelegt und das methodische Vorgehen erklärt. Schließlich präsentiert der Autor die Ergebnisse seiner Untersuchung und diskutiert sie vor dem Hintergrund der eingangs dargelegten theoretischen Überlegungen sowie dem Stand der Forschung.

Hinzke begreift die Forschungsfrage als eine dreifache. Sie richte sich nicht nur auf die Krisen, die Lehrpersonen in ihrem Alltag erleben, sondern auch auf den Umgang mit diesen und darauf, in welchem Zusammenhang die Krisen der Lehrpersonen mit denen der Schüler stehen. Um diese Frage zu beantworten, nimmt er einige begriffliche Klärungen vor.

Als erstes widmet er sich dem Begriff der Krise. Dabei geht er in drei Schritten vor: Zunächst nimmt er Bezug auf Überlegungen von Ulrich Oevermann (2016), für dessen Soziologie die Begriffe »Krise« und »Routine« von grundlegender Bedeutung sind. Oevermann zufolge hat es die Soziologie mit einer Lebenspraxis zu tun, welche sich in Routinen bewegt, die immer wieder infrage gestellt werden. In Krisensituationen muss dann die Entscheidung getroffen werden, ob Routinen fortgesetzt oder etwas Neues begonnen werden soll. Es entsteht ein Zwang, sich zu entscheiden, und – wie auch immer die Entscheidung ausfällt – ein Rechtfertigungsdruck. Kurz, die Lebenspraxis ist laut Oevermann gekennzeichnet durch den Widerspruch von Entscheidungszwang und Begründungsverpflichtung.

Im zweiten Schritt greift Hinzke Überlegungen von Arno Combe und Ulrich Gebhard (2012) auf, die vor dem Hintergrund der Theorie von

Oevermann das Lernen von Schülern im Unterricht als krisenhaft zu bestimmen versucht haben. Die Krisen der Schüler seien, so Combe und Gebhard, keine Entscheidungskrisen (und auch keine traumatischen Krisen oder Krisen der Muße[2]). Vielmehr resultierten sie daraus, dass Schüler im Unterricht mit »Fremdem« konfrontiert werden. Das Fremde führe bei ihnen zu einer Irritation. Sie gerieten in eine Erfahrungs- bzw. Verstehenskrise, die gelöst werden könne, wenn sie sich auf das Fremde einlassen und das Wagnis der Suche nach neuen Antworten eingehen. Gelöst sei die Krise dann, wenn die Schüler das zuvor Fremde verstanden haben und dieses Verstehen verbalisieren können.

Schließlich zieht Hinzke Überlegungen von Christoph Koller (2011) zum Begriff der Bildung heran. Ebenso wie Combe und Gebhard stützt sich auch Koller auf die krisentheoretischen Überlegungen von Oevermann. Er versucht, mit ihrer Hilfe den Begriff der Bildung neu zu fassen, und zwar als eine Transformation des Subjekts. Wenn die Konfrontation mit Fremdem den Horizont des Subjekts nicht nur erweitere, sondern auch verändere, könne von Bildung gesprochen werden. Von dem Fremden gehe dabei ein Anspruch aus, auf den das Subjekt antworte.

Vor dem Hintergrund der Auseinandersetzung mit Oevermann, Combe, Gebhard und Koller definiert Hinzke Krise als »eine sprachlich und sozial vermittelte Diskontinuitätserfahrung« (S. 70), die gekennzeichnet sei durch den »Bruch mit Routinen des Denkens und Handelns sowie die Notwendigkeit, Entscheidungen in eine offene Zukunft hinein zu treffen. Die Krisenerfahrung [...] betrifft die Subjekte direkt, denn das Subjekt kann verändert aus ihr hervorgehen.«

Im nächsten Schritt expliziert der Autor die professionalisierungstheoretischen Prämissen seiner Arbeit. Dabei stützt er sich ebenfalls auf theoretische Überlegungen von Oevermann (1996), Helsper (1996) und Combe (2015). Oevermann zufolge ist das professionelle Handeln von Lehrpersonen als eine stellvertretende Bewältigung von Krisen zu begreifen. Stellvertretend geschieht es insofern, als Lehrpersonen auf der Basis eines Arbeitsbündnisses tätig werden, das zwischen ihnen, den einzelnen Schülern, der Schulklasse als Ganzer sowie den Eltern der Schüler geschlossen wurde. Lehrpersonen übernehmen pädagogische Aufgaben stellvertretend für die Eltern, die angesichts der Komplexität dieser Aufgaben überfordert wären.

2 Zwischen diesen drei Typen von Krisen unterscheidet Oevermann (2004).

Die Entwicklung der Heranwachsenden, ihre Ontogenese, ist Oevermann zufolge ein Prozess, in dem es ständig zu Krisen kommt, vor allem zu Ablösungskrisen. Diese verlaufen bei der alltäglichen Praxis des Unterrichts stets im Hintergrund. Im Vordergrund stehe die Vermittlung von Wissen und Normen, die ebenfalls krisenhaft geschehe. Entscheidend ist nun, dass zum einen das pädagogische Handeln von Lehrpersonen laut Oevermann letztlich nicht standardisierbar ist, auch wenn es Kriterien für Lehrpersonen sowie für Routinen, die sich praktisch bewährt haben, gibt. Hinzke nennt die Rekonstruktion von Krisen, die fallspezifische Anwendung von Methoden der Krisenlösung und die Hilfe zur Selbsthilfe. Zum anderen können Standards selbst in Krisen geraten. Lehrpersonen stehen dann vor der Anforderung, ad hoc praktische Lösungen finden zu müssen. Notwendig ist deswegen eine Professionalisierung von Lehrpersonen in dem Sinne, dass sie einen gewissermaßen »wissenschaftlichen« Habitus ausgebildet haben, der sie zu einem fallspezifischen Umgang mit Schülerkrisen befähigt.

Helsper (1996) hat darauf hingewiesen, dass Lehrer nicht nur stellvertretend Krisen bewältigen, sondern vor allem auch solche initiieren. Er hat ein Modell des Lehrerhandelns entworfen, bei dem er dieses als widersprüchlich begreift: Es sei gekennzeichnet durch eine Vielzahl von Antinomien, die nicht aufgelöst, sondern nur ausgehalten, austariert und reflektiert werden könnten. Zudem hat er hervorgehoben, dass nicht nur ein wissenschaftlicher Habitus für das Lehrerhandeln relevant sei, sondern auch ein pädagogisch-praktischer. Während ersterer auf methodisiertem Wissen sowie der Fähigkeit zur Reflexion beruhe, basiere letzterer auf einem impliziten und intuitiven Wissen und befähige Lehrer dazu, Krisen nicht nur zu reflektieren, sondern in diesen auch angemessen zu handeln.

III. Methodologische Entscheidungen und ihre Begründung

Im nächsten Schritt geht Hinzke auf den Stand der Forschung ein und legt dar, dass es eine Lücke gebe: Zwar würden Krisen von Lehrern durchaus thematisiert, doch geschehe dies nicht mit Bezug auf deren Alltagspraxis und unter der Frage, wie Lehrpersonen Krisen in dieser erfahren und wie sie mit ihnen umgehen. Dann geht Hinzke zur theoretischen Modellierung seines Gegenstandes über. Überraschenderweise erfolgt diese nun nicht mithilfe der theoretischen Überlegungen, die er zuvor dargelegt hat, sondern ausgehend von der Methode, die er verwenden möchte. Es handelt sich nicht, wie zu erwarten gewesen wäre, um die Methode der Objektiven Hermeneutik, sondern um die dokumentarische Methode (Bohnsack 2003). Zur dokumentarischen Methode bzw. zu seiner Entscheidung für diese äußert sich Hinzke folgendermaßen: In der Moderne sei von einer Pluralität von Erfahrungsräumen und Deutungsperspektiven auszugehen; diejenige der Wissenschaft sei eine mögliche Perspektive. Wer etwas wissenschaftlich erforschen will, begebe sich nicht auf einen allgemeinen Standpunkt, sondern auf einen partikularen, der von Anfang an reflektiert werden müsse. Relevant sei vor allem, ob der Standort der Wissenschaftlerin/des Wissenschaftlers bzw. ihr/sein Erfahrungsraum mit demjenigen, der erforscht werden soll, übereinstimme oder nicht, ob es einen »konjunktiven Erfahrungsraum« gebe. Gegenstand der Forschung sei sodann nicht unmittelbar eine Person, ein Gegenüber, sondern seien Objektivationen bzw. Sinngebilde. Bei diesen sei zwischen drei Schichten zu unterscheiden: der Schicht des objektiven bzw. immanenten Sinns, der Schicht des intendierten Sinns und derjenigen der Dokumentation. Dabei interessiere sich die dokumentarische Methode primär für das »Wie« und weniger für das »Was«: Das »Wie«, der Modus Operandi, sei das Entscheidende. Diesen will Hinzke mithilfe der Begriffe »Orientierungsschemata« und »Orientierungsrahmen« fassen. Der Begriff des Orientierungsschemas stehe für ein »theoretisch-kommunikatives Wissen« (S. 175), das propositional ausdifferenziert sei, derjenige des Orientierungsrahmens für ein »atheoretisches Wissen« (ebd.), dem jeweils eine performative Logik implizit sei. Zusätzlich sei zwischen einem Orientierungsrahmen in einem engeren und einem weiteren Sinn zu unterscheiden. Die Krisenerfahrung von Lehrpersonen sei anzusiedeln im »dynamischen Spannungsfeld zwischen propositionaler und performativer Logik, d.h. zwischen Orientierungsschemata und Orientierungsrahmen im engeren Sinne« (S. 183).

Was diese Überlegungen betrifft, so irritiert zunächst, dass Hinzke zwar die Forderung nach einer Reflexion des eigenen Standpunktes formuliert, dieser selbst aber nicht nachkommt. Hätte er das getan, wäre zum Problem geworden, dass sein Standpunkt als Wissenschaftler ein ganz anderer ist als derjenige der Lehrpersonen, die in der Praxis stehen, es also einen »konjunktiven Erfahrungsraum« nicht gibt. Doch was folgt aus dieser Kluft zwischen Wissenschaft und Praxis? Ist daraus der

Schluss zu ziehen, dass eine wissenschaftliche Erschließung des Denkens und Handelns von Lehrern unmöglich ist (zumindest für Wissenschaftler/innen, die nicht selbst Lehrer sind)? Davon scheint Hinzke nicht auszugehen (sonst hätte er seine Studie nicht verfassen können). Oder folgt daraus, dass die wissenschaftliche Analyse zu keinem besseren, tieferen Verständnis des Denkens und Handelns von Lehrpersonen gelangen kann als diese selbst? Ist mit ihr also kein besonderer Geltungsanspruch verknüpft, ist die wissenschaftliche Perspektive eine mögliche Perspektive neben anderen, z.B. derjenigen der Lehrpersonen selbst? Diese Position scheint sich aus den Prämissen der dokumentarischen Methode zu ergeben: Wir haben es hier eben mit dem Pluralismus der Deutungsperspektiven zu tun. Wie können dann aber z.B. Konsequenzen für die Lehrerbildung aus den Analysen abgeleitet werden? Letztlich ist das nicht Hinzkes Position, vielmehr geht er einfach über die Kluft zwischen Wissenschaft und Praxis hinweg und erhebt wie selbstverständlich mit seinen Analysen einen Geltungsanspruch, demzufolge diese zu einem besseren, einem tieferen, ja, einem objektiven Verständnis des Denkens und Handelns von Lehrpersonen führen. Dagegen ist letztlich auch nichts einzuwenden, da darin die Aufgabe der Wissenschaft gesehen werden kann: Es entsteht ein Pluralismus von Deutungsperspektiven und ein damit verbundener wissenschaftlicher Streit, ob die jeweiligen Deutungen plausibel sind und der mit ihnen verbundene Geltungsanspruch berechtigt ist.

Hinzu kommt wie gesagt, dass Hinzke die Fallbestimmung nicht mithilfe der zuvor dargelegten theoretischen Überlegungen vornimmt, sondern ausgehend von Begriffen, die der Begründung der dokumentarischen Methode entstammen. Das betrifft nicht die Unterscheidung zwischen drei Sinnstrukturen – diese spielt weder für die Fallbestimmung noch für die spätere Analyse eine erkennbare Rolle, wohl aber der Begriff des Orientierungsrahmens. Denn Krisen entstehen für Lehrpersonen Hinzke zufolge dann, wenn sie sich mit Erwartungen bzw. Normen konfrontiert sehen, die ihrem Orientierungsrahmen im engeren Sinn nicht entsprechen (den Orientierungsrahmen im weiteren Sinn aber nicht infrage stellen). Sie werden also bestimmt als Fall einer Spannung zwischen Normen, denen Lehrpersonen sich verpflichtet fühlen, und ihrem Orientierungsrahmen.

Um die Forschungsfrage zu beantworten, hat Hinzke 26 leitfadengestützte episodische Interviews (Flick 2011) mit 17 Lehrpersonen an drei Gemeinschaftsschulen in Baden-Württemberg geführt. 14 von ihnen hat er mit Hilfe der dokumentarischen Methode systematisch ausgewertet. Von diesen 14 wurden vier maximal kontrastierende Fälle als »Eckfälle« ausgewählt, mit denen das Feld der Untersuchungsergebnisse weitgehend abgedeckt werden sollte und die für die Typologie, auf welche die Studie letztlich zielte, von grundlegender Bedeutung waren. Deren Analyse wird von Hinzke ausführlich präsentiert, während auf die restlichen zehn Fälle nur in kurzer, ergänzender Form eingegangen wird.

Im Folgenden soll das Interview des ersten »Eckfalls«, dasjenige mit Frau Boyen[3], genauer gesagt, die »Eingangspassage« aus diesem Interview reanalysiert werden, zum einen, um am Material deutlich zu machen, wie Hinzke vorgeht, zum anderen – und vor allem – aber, um seine Analyse zu präzisieren und an einigen Stellen zu ergänzen. Rekurriert wird dafür auf die Methode der Objektiven Hermeneutik, wie sie von Ulrich Oevermann (2000) entwickelt wurde. Es wird sich zeigen, dass diese Lehrerin ihr pädagogisches Handeln als ein durch Routinen geprägtes begreift.

IV. Analyse der »Eingangsfrage« zu den Interviews von Hinzke

Um die Eingangspassage aus diesem Interview mit Frau Boyen reanalysieren zu können, ist es erforderlich, zunächst auf die Frage einzugehen, die zu Beginn gestellt wurde. Sie lautet folgendermaßen:

> »Einen Tag lang hatte ich nun die Chance«

Der Interviewer stellt nicht unmittelbar eine Frage, sondern spricht erst einmal über sich selbst, genauer gesagt trifft er eine Aussage über etwas, das in seiner Vergangenheit liegt: Er habe eine Chance gehabt, und zwar einen ganzen Tag lang. Was ist eine Chance? Eine Chance ist eine Gelegenheit, die sich für einen bestimmten Moment für einen Akteur/eine Akteurin ergibt. Wird diese Gelegenheit genutzt, kann etwas Bestimmtes getan bzw. erreicht werden. Diese Möglichkeit ist nicht etwas, das immer gegeben ist, vielmehr ist sie an einen bestimmten Zeitpunkt gebunden und insofern etwas Außergewöhnliches, Außeralltägliches.

3 Zur Wahrung der Anonymität wurden erfundene Pseudonyme benutzt.

Die Rede von der Chance steht insofern in einem gewissen Spannungsverhältnis zu der Angabe, sie habe »einen ganzen Tag lang« bestanden. Wie ist das zu verstehen? Und hat der Sprecher die Chance, die er besaß, genutzt oder nicht? Und vor allem: Wozu hatte er die Chance?

»Sie bei Ihrer Arbeit zu begleiten.«

Es zeigt sich, dass die Chance darin bestand, Frau Boyen bei ihrer Arbeit zu begleiten. Indem der Sprecher das Personalpronomen »Sie« verwendet, hält er sich an die Gepflogenheiten und bringt eine gewisse Distanz und Achtung gegenüber der Interviewee zum Ausdruck. Diese hat gearbeitet und der Interviewer war schlicht dabei – und hatte deswegen die Möglichkeit, zu beobachten, zu sehen, was gemacht wurde. Hier wird also die Kluft angesprochen zwischen der Person, die in der Praxis steht und sich unter permanentem Handlungsdruck befindet, und der Position des Wissenschaftlers, der handlungsentlastet ist und sich darauf beschränken kann, zu beobachten.

Die obige Frage kann an dieser Stelle folgendermaßen reformuliert werden: Warum spricht der Interviewer von einer Chance? Warum sagt er nicht einfach: »Nun habe ich Sie einen Tag lang bei Ihrer Arbeit begleitet.« Mit der Rede von einer Chance hebt er hervor, dass dasjenige, was er tun konnte, keine Selbstverständlichkeit, sondern etwas Besonderes war. Nimmt man nun die Kontextinformation hinzu, dass es sich bei der Interviewee um eine Lehrerin handelt, so könnte man vermuten, dass der Interviewer implizit darauf Bezug nimmt, dass Lehrpersonen in vielen Fällen nur ungern Beobachter an ihrem Unterricht teilnehmen lassen. Vor diesem Hintergrund brächte er mit der Bemerkung seine Dankbarkeit gegenüber der Lehrerin dafür zum Ausdruck, dass sie die Begleitung zugelassen hat. Doch geht aus seiner Aussage nicht unmittelbar hervor, dass er die Chance tatsächlich ihr, der Lehrerin, verdankt hat. Zieht man weitere Kontextinformationen hinzu, wird noch eine andere Lesart möglich, nämlich dass der Interviewer implizit auf die Konstellation Bezug nimmt, innerhalb der er das Interview durchführen konnte: Nachdem 2012 etliche Schulen in Baden-Württemberg als »Gemeinschaftsschulen« gestartet waren, wurde ein großes Forschungsprojekt, die SHIP-Begleitstudie[4], an einigen dieser Schulen durchgeführt. Für Hinzke ergab sich die Möglichkeit, sich an dieses

4 SHIP steht für »Stärkung von Handlungssicherheit und Intuition mittels eines Praxissimulators«.

Projekt anzuschließen bzw. sein eigenes Projekt »anzudocken«. Diese Möglichkeit taucht in der Eingangsfrage seiner Interviews als »Chance« wieder auf.

Es stellt sich allerdings noch eine weitere Frage, nämlich danach, warum der Interviewer die Lehrperson begleitet hat. Wenn davon ausgegangen wird, dass die Arbeit dasjenige war, um das es in dem Interview gehen sollte, folgt daraus, dass es für das Interview einen gemeinsamen Bezugspunkt gab: eben die Arbeit der Lehrperson, die von beiden, der Lehrerin und dem Interviewer, wahrgenommen wurde. Die Begleitung kann nun stattgefunden haben, damit der Interviewer sich auf etwas beziehen kann, das er selbst wahrgenommen hat, und um zu erfahren, wie die Lehrperson dies sah. Zum Beispiel kann er sich auf eine Handlung der Lehrperson beziehen und nach einer Begründung bzw. Rechtfertigung für sie fragen, oder er kann das Handeln von Schülern ansprechen und fragen, wie die Lehrperson dies interpretiert hat. Die Lehrperson muss also nicht erst einmal danach gefragt werden, was passiert ist, sondern kann unmittelbar gebeten werden, ihre Deutungen und Begründungen dazulegen.

Als Kontextinformation kann an dieser Stelle ergänzt werden, dass dieses Verfahren, die Begleitung einer Person, welche anschließend interviewt wird, als *Shadowing* bezeichnet wird: Der Interviewer folgt der Interviewee wie ein Schatten. Er kann sich so ein eigenes Bild machen und sich im Interview darauf konzentrieren, die subjektive Wahrnehmung der Interviewee zu eruieren. Es stellt sich dann jedoch die Frage, welcher Stellenwert den Wahrnehmungen des Interviewers gegeben wird. Gelten sie als Norm, an der die Deutungen der Interviewee gemessen werden, ist mit ihnen ein Objektivitätsanspruch verbunden? Oder gelten sie als ebenso subjektiv wie diejenigen der Lehrperson?

»Wenn Sie den heutigen Schultag Revue passieren lassen«

Der Interviewer greift nicht bestimmte Dinge auf, die er wahrgenommen hat, als er die Lehrperson begleitete, um von ihr zu erfahren, wie sie diese deutet bzw. begründet, sondern fordert sie dazu auf, sich den gesamten Tag noch einmal geistig vor Augen zu führen. Warum macht er das?

»Was würden Sie jemandem erzählen«

Die geistige Vergegenwärtigung ist als Vorbedingung für eine Auswahl gedacht. Die Lehrperson soll sich alles, was passiert ist, noch einmal geistig vor Augen führen, um sich sodann für etwas Bestimmtes zu entscheiden, und zwar für etwas, das sich in die Form einer Erzählung bringen lässt und das sie selbst für erzählenswert hält. Die Frage zielt also auf eine Narration, und die Erwartung ist – davon kann ausgegangen werden –, dass sich in der Auswahl sowie in der Art und Weise, wie das Ausgewählte erzählt wird, die subjektive Sicht der Lehrperson äußert. Und wer soll Adressat/in dieser Erzählung sein? Jemand,

»der gerade nicht dabei gewesen ist«

Das ist schwierig, denn faktisch soll die Lehrperson natürlich dem Interviewer antworten. Gleichzeitig soll sie jedoch davon absehen und sich vorstellen, sie spreche nicht zu ihm, der dabei war, sondern zu jemand anderem, die oder der nicht anwesend war. Kann das gelingen? In einer therapeutischen Situation oder einer supervisorischen Praxis kommt es gelegentlich vor, dass Klienten dazu aufgefordert werden, sich vorzustellen, auf dem ihnen gegenüber stehenden leeren Stuhl säße eine Person, etwa der Vater oder eine Vorgesetzte. Sie werden sodann dazu aufgefordert, so zu sprechen, als sei diese Person tatsächlich anwesend, und ihr darzulegen, welche Probleme sie/er mit ihr hat. Den Klienten wird dabei ein hohes Maß an Vorstellungskraft abverlangt und sie müssen wahrscheinlich einige innere Blockaden überwinden, um das aussprechen zu können, was sie belastet und was sie bisher nicht wagten auszusprechen. Diese inneren Blockaden spielen in der vorliegenden Situation keine Rolle, doch wird auch hier eine enorme Vorstellungskraft vorausgesetzt (zumal die Person, welche die Lehrerin sich vorstellen soll, nicht einmal symbolisch repräsentiert wird). Hinzu kommt, dass Lehrpersonen es in ihrem Alltag gewohnt sind, sich auf ein konkretes Gegenüber einzulassen und so zu sprechen, dass sie von diesem verstanden werden. Darin sind sie geübt, das gehört zu ihrem professionellen Habitus. Zu jemandem zu sprechen, der nicht anwesend ist, nur gedacht wird und über den nichts anderes bekannt ist außer der Abwesenheit an dem heutigen Arbeitstag, dürfte der Lehrerin schwer fallen.

Darüber hinaus stellt sich die Frage, warum die Eingangsfrage überhaupt so gestellt wird, worin also der Sinn dieser Zumutung besteht. Warum lässt der Interviewer Frau Boyen nicht einfach erzählen? Zum einen könnte der Grund dafür sein, dass ihm eben mehr an ihrer subjektiven Wahrnehmung gelegen ist als an ihren Deutungen und Begründungen. Dann aber stellt sich erneut die Frage nach dem Sinn der Begleitung, denn auch wenn die Lehrperson sich bemühen sollte, sich vorzustellen, sie würde zu einer Person sprechen, die nicht dabei war, wird sie dennoch nicht vollständig davon absehen können, dass sie faktisch zu jemandem spricht, der ihren heutigen Arbeitstag durchaus miterlebt hat. Sie wird also damit rechnen, dass der reale Adressat das von ihm Beobachtete mit dem vergleicht, was sie fiktiven Adressaten/innen erzählen würde. Und selbstverständlich wird es Differenzen geben zwischen dem, was der Interviewer wahrgenommen hat, und dem, was die Lehrperson erzählt. Wie wird, so wird sich die Lehrerin wahrscheinlich fragen, der Interviewer darauf reagieren? Wird er sie kritisieren, muss sie mit Korrekturen rechnen? Wird sie sich also verteidigen müssen?

Festhalten lässt sich, dass mit der Eingangsfrage ein Erzählimpuls gegeben wird, der in sich ziemlich komplex ist. Diese Komplexität resultiert letztlich aus der Kombination zweier unterschiedlicher Erhebungsmethoden, derjenigen der teilnehmenden Beobachtung und derjenigen des Interviews. Sicher, diese beiden Methoden lassen sich durchaus miteinander kombinieren, doch geschieht dies hier in Bezug auf ein und dasselbe Geschehen und verbunden mit einer Zumutung an die Lehrerin, eine Abstraktionsleistung zu vollbringen, deren Sinn nicht unmittelbar einsichtig ist (und der ihr zudem auch nicht erklärt wird). Es kann folglich vermutet werden, dass dieser Impuls zu gewissen Irritationen führen wird.

V. Reanalyse der Eingangspassage aus dem Interview mit Frau Boyen

»Ähm [lacht kurz auf]«

Frau Boyen beginnt ihre Antwort damit, dass sie zögert und kurz lacht. Wie könnte das motiviert sein? Was ist der Grund für ihr Lachen? Ein Lachen ist in der Regel die Reaktion auf einen Witz oder etwas Komisches, Lustiges. Es kann, so Helmut Plessner (2003 [1970]), als körperliche Reaktion auf etwas verstanden werden, auf das intellektuell bzw. sprachlich zu reagieren dem Subjekt zunächst nicht möglich ist. Indem der Körper reagiert, wahrt das Subjekt jedoch seine Reaktionsfähigkeit und bleibt autonom. Gemäß der obigen Deutung ist die Äußerung des Interviewers jedoch weder lustig noch komisch. Das Lachen der Lehrerin kann demnach als Reaktion, als körperliche Reaktion auf die Komplexität der Eingangsfrage verstanden werden, mit der die Lehrerin die Initiative behält.

»Es war anstrengend.«

Das ist zweifelsohne keine Erzählung, wie sie der Interviewer erwartet hat. Auch ist nicht erkennbar, inwiefern diese Äußerung an eine Person gerichtet ist, die den Arbeitstag der Lehrerin nicht miterlebt hat. Vielmehr handelt es sich um ein subjektives Urteil, eine Empfindung. Diese zu artikulieren scheint ein dringendes Bedürfnis der Lehrerin zu sein. Es ist das Erste, was ihrer Meinung nach rückblickend über den Tag gesagt werden muss. Die Lehrerin setzt sich also über die Erwartung, die der Interviewer in seiner Frage zum Ausdruck gebracht hat – zumindest vorläufig – hinweg. Durch das Lachen geschieht dies auf freundliche, unaggressive Weise. Die Lehrerin weist den Interviewer bzw. die mit seiner Frage verbundene Zumutung nicht explizit zurück, sondern zeigt auf humorvolle Weise, dass ihre Empfindung auszudrücken ihr erst einmal wichtiger ist. Und wie ist diese Äußerung inhaltlich zu verstehen?

Einerseits könnte die Lehrerin so verstanden werden, als artikuliere sie einen starken Leidensdruck, der darauf zurückzuführen ist, dass sie ihren Arbeitstag als äußerst krisenhaft erlebt hat: Sie wurde ständig herausgefordert und konnte dadurch, dass sie immer wieder neue Antworten in unerwarteten Situationen gab, also ihr Denken und Handeln ändern musste, diese Krisen bewältigen. Oder waren es Routinen, die anstrengend waren? Wenn ja, warum waren sie das? Sind sie per se anstrengend oder resultiert die Anstrengung daraus, dass die Lehrerin an Routinen festhielt, mit denen Probleme nicht gelöst wurden – was dazu führte, dass diese fortbestanden und immer wieder auf Neue virulent wurden? In der Antwort der Lehrerin liegt also zwar ein Hinweis auf einen Leidensdruck, worauf dieser zurückzuführen ist, bleibt jedoch offen. Es ist zu erwarten, dass die Lehrerin im Folgenden erklärt bzw. davon erzählt, was am heutigen Tag anstrengend war und warum es anstrengend war, sodass sich die oben explizierte Offenheit schließt.

»Ähm also ich unterscheide immer son bissl«

Diese Aussage überrascht, weil die Lehrerin nun zu einer systematischen Überlegung anhebt. Sie erzählt also nicht, ja, sie geht nicht einmal auf den zurückliegenden Arbeitstag ein. Vielmehr erklärt sie, dass sie »immer«, also nicht nur heute, eine Unterscheidung treffe. Das relativiert sie jedoch sofort, indem sie behauptet, sie unterscheide nicht stark, sondern »immer son bissl«. Damit nimmt sie den Anspruch, der mit ihrer Unterscheidung verbunden ist, ein Stück weit zurück – diese sei nicht streng, nicht kategorisch zu verstehen und lässt sich womöglich bei genauerem Hinsehen gar nicht aufrechterhalten.

»zwischen der Klasse und der Klasse«

Die Lehrerin spricht nun über zwei konkrete, zwei besondere Klassen. Zu vermuten ist, dass es sich um die zwei Klassen handelt, die sie an dem Tag unterrichtet hat und auf die sie nun deiktisch verweist. Dass diese sich voneinander unterscheiden, ist aber eigentlich selbstverständlich: Nicht nur alle Schüler sind unterschiedlich, sondern auch jede Klasse. Die Bemerkung der Lehrerin macht nur Sinn vor dem Hintergrund der Annahme, dass letztlich alle Klassen gleich seien. Wer aber behauptet das? Die Lehrerin neigt, so lässt es sich festhalten, zu Generalisierungen: Sie spricht nicht über einzelne Schüler, sondern über ganze Klassen und dies vor dem Hintergrund der Annahme, alle Klassen seien gleich. Dem setzt sie nun »son bissl« was entgegen.

»weils doch fand ich heute in jeder Klasse son Schwerpunkt gab«

Ob das der Lehrerin zufolge immer so ist oder nur heute so war, bleibt offen. Deutlich wird jedoch, auf welcher Ebene die Lehrerin zwischen den beiden Klassen unterscheidet. Sie differenziert nicht zwischen den Klassen an sich, z.B. mit Bezug auf deren »anthropologische und sozialkulturelle Eigenschaften«, wie es z.B. in der Berliner Didaktik heißt (Heimann 1977), sondern zwischen Klassen als Praxen. Jede Klasse wird von ihr als eine Einheit begriffen, als eine praktische Einheit. In der Praxis bilden sich jeweils Schwerpunkte, und diese können von Tag zu Tag jeweils andere sein. (Und womöglich gibt es auch Tage, an denen es gar keinen Schwerpunkt gibt.)

»Ähm also heute Morgen in der 5a ähm«

Die Lehrerin kommt nun auf eine der beiden Klassen, die 5a zu sprechen. Zu erwarten ist, dass sie nun mit Bezug auf diese Klasse beispielhaft expliziert, was sie zuvor in allgemeiner Weise behauptet hat.

»da war ich eher mit so Sachen wie Lernschwierigkeiten konfrontiert«

Der Schwerpunkt, den es an diesem Tag in der 5a gab, waren »Lernschwierigkeiten«. Dass die Lehrerin erklärt, mit diesen »konfrontiert« gewesen zu sein, macht deutlich, dass der »Schwerpunkt« sich nicht in der Interaktion zwischen ihr und der Klasse ergeben hat, sondern unabhängig von ihr und ihrem Handeln aus der Klasse emergiert ist. Auf ihn sieht sie sich sodann zu reagieren genötigt. Die Frage ist nun: Hat diese Konfrontation sie in eine Krise gestürzt, musste sie durch diese umdenken und ihr Handeln ändern, oder hat sie versucht, diese routiniert zu bewältigen?

Was sind Lernschwierigkeiten? Einfach gesagt, handelt es sich um Schwierigkeiten, die beim Lernen auftreten und die unterschiedliche Gründe haben können. Diese liegen entweder bei den Schülern, bei der Lehrperson oder in der Interaktion zwischen beiden. Klar ist in jedem Fall: Angesichts von Lernschwierigkeiten ist eine Lehrperson didaktisch gefordert. Genauer gesagt, sie ist herausgefordert, zunächst zu diagnostizieren, worin die Lernschwierigkeiten bestehen, sich sodann eine didaktische Vorgehensweise zu überlegen, wie diese überwunden werden könnten, und diese schließlich fallspezifisch anzuwenden.

»ähm wenn jemand net ins Arbeiten kommt«

Ist damit jetzt ein anderer Schwerpunkt gemeint? Das würde im Widerspruch dazu stehen, dass die Lehrerin erklärte, es habe an diesem Tag in jeder Klasse nur einen Schwerpunkt gegeben. Korrigiert sie sich also, waren es nicht Lernschwierigkeiten, sondern war es die Tatsache, dass »jemand net ins Arbeiten kommt«, mit der sie in der 5a konfrontiert war? Oder will sie genauer erklären, was sie mit Lernschwierigkeiten meint, bestehen diese (u.a.?) für sie darin, dass Schüler nicht »ins Arbeiten kommen«?

Wenn »jemand net ins Arbeiten kommt«, kann dies ebenfalls unterschiedliche Gründe haben, Gründe aufseiten der Schüler, Gründe aufseiten der Lehrperson oder solche, die sich aus der Interaktion zwischen beiden ergeben. Die Herausforderung, vor der eine Lehrperson steht, ist dann aus der Sicht der Lehrerin wahrscheinlich nicht (nur) eine didaktische, sondern vor allem eine erzieherische. Die Schüler haben womöglich noch nicht die richtige Einstellung zum Arbeiten, die richtige Arbeitshaltung, und müssen zu dieser erst erzogen werden.

In ihren Ausführungen kommt die Lehrerin im Folgenden auf die andere, die zweite Klasse zu sprechen. Auch bei dieser habe es einen Schwerpunkt gegeben: »soziale Probleme«. Diese erklärt sie folgendermaßen: »Also die Schüler hatten viel Streit.« Dies entspricht ihrer Vorstellung von der Klasse als einer Einheit, die einen Schwerpunkt bildet, mit dem sie sich sodann auseinandersetzen muss. In diesem Fall »gab es eigentlich was zu klären«, doch sei es letztlich nicht dazu gekommen. Ihre Ausführungen schließt sie ab mit folgendem Fazit:

> »Also es gab in jeder Stunde eigentlich irgendetwas äh ja ne Baustelle sozusagen.«

Mit der Metapher der »Baustelle« bringt die Lehrerin die Vorstellung, die sie von ihrer Arbeit hat, ihr Deutungsmuster, in verdichteter Form zum Ausdruck: Es gibt in jeder Stunde etwas, an dem sie zu arbeiten hat. Dieses ergibt sich unabhängig von ihr. Sie kommt hinzu, nimmt sich dieser Aufgabe an und kann täglich ein Stück weit mit ihrer Arbeit vorankommen. Ihre Arbeit ist Stückwerk – das sich aber fortsetzt und letztlich zu einem Ergebnis führen wird. Diese Arbeit versteht sie jedoch nicht als eine durch Krisen geprägte, als eine, die sie zu einem ständigen Umdenken und einer Veränderung ihres Handelns veranlasst. Zwar haben die Schüler Probleme und ihre Arbeit ist anstrengend, doch bewältigt sie diese – das kommt in der Metapher der Baustelle deutlich zum Ausdruck – routiniert.

Zusammenfassend lässt sich als Fallstrukturhypothese formulieren, dass den Fall von Frau Boyen kennzeichnet, dass ein Bewusstsein davon, dass Unterricht für Schüler ein krisenhafter Prozess ist, kaum erkennbar ist. Allenfalls ist die Lesart möglich, dass in der Rede von »Lernschwierigkeiten« enthalten ist, dass Schüler im Unterricht immer wieder mit Fremdem konfrontiert sind und so in Krisen geraten können. Über die Komplexität dieser Prozesse sowie die sich mit ihnen für sie stellende Herausforderung wird mit dem Begriff der Lernschwierigkeiten jedoch letztlich hinweggegangen. Man kann sogar sagen, dass die Lehrerin mit Schlagwörtern operiert, welche nicht klar definiert und nicht einmal klar voneinander abgegrenzt werden. Krisenhafte Prozesse, die immer solche einzelner Schüler sind, kommen schon deswegen nicht in den Blick, weil die Lehrerin gar nicht von einzelnen Schülern spricht, sondern nur von Klassen als Einheiten, in denen sich – unabhängig von ihr und ihrem Handeln – Schwerpunkte ergeben, auf die sie reagiert. Auch ihr eigenes Handeln begreift die Lehrerin nicht als krisenhaft. Zwar empfindet sie ihre Tätigkeit als anstrengend, doch wurde an der Metapher der Baustelle deutlich, dass sie sich an dem Modell einer Lehrperson als Handwerker orientiert, der die Arbeit routiniert durchführt.[5] An weiteren Passagen aus dem Interview mit Frau Boyen ließe sich zeigen, wie sich diese Fallstruktur reproduziert: wenn sie im Folgenden auf den Konflikt eingeht, der »eigentlich [...] zu klären« war,[6] oder wenn sie über einen jener Schüler spricht, die »nicht ins Arbeiten kommen«.[7]

VI. Die Ergebnisse der Studie von Hinzke und ihre Beurteilung

Zu welchen Ergebnissen kommt Hinzke nun in seinen Analysen? Wie interpretiert er das Interview mit Frau Boyen, wie die anderen drei Interviews? Und zu welchen abschließenden Ergebnissen kommt er, wie ist seine Typologie beschaffen? Was das Interview mit Frau Boyen betrifft, so gelangt Hinzke zu der Interpretation, an deren Äußerungen werde deutlich, dass sie sich auf der einen Seite verschiedenen Normen verpflichtet fühle – derjenigen, Schüler zum Arbeiten zu bringen, der Norm, auf Probleme der Schüler einzugehen und zu deren Lösung beizutragen, sowie der Norm, in der Organisation Schule zu »funktionieren«. Auf der anderen Seite sei sie an dem Ideal eines störungsfreien Unterrichts orientiert. Dieses Ideal stelle ihren Orientierungsrahmen im engeren Sinn dar. Und weil nun beides, die Normen, denen sie sich verpflichtet fühlt, und der Orientierungsrahmen in eine Spannung zueinander gerieten, sehe Frau Boyen ihren Tag als durch Krisen geprägt an. Was ist von dieser Deutung zu halten?

Dass Frau Boyen sich unterschiedlichen Normen verpflichtet fühlt, ist plausibel. Fraglich ist jedoch, warum Letzteres, das Ideal eines störungs-

5 Daraus darf nicht der Schluss gezogen werden, dass die Lehrerin in der Praxis nicht fallspezifisch handelt und auf einzelne Schüler eingeht. Doch in ihrer Theorie (2. Grades) wird dies nicht angesprochen.

6 An diesem Konflikt war einer jener Schüler beteiligt, die »so ihr Päckchen tragen«.

7 Für den Fall, dass solche Schüler stören, gebe es ein Verfahren: Es führe letztlich dazu, dass sie in die »Trainingsinsel« geschickt würden. (Das heißt, sie verlassen den Unterricht und werden in die Hände einer Sozialarbeiterin gegeben, die mit ihnen über ihr Fehlverhalten spricht.)

freien Unterrichts, nicht ebenfalls als eine Norm verstanden, sondern behauptet wird, es stelle den »Orientierungsrahmen« der Lehrerin dar. Ist es nicht so, dass die Lehrerin von sich selbst erwartet, ihr Unterricht möge störungsfrei verlaufen, und dass sie von den Schülern erwartet, nicht den Unterricht zu stören? Warum sieht Hinzke in dieser Erwartung keine Norm, sondern einen Orientierungsrahmen? Geht er davon aus, dass Normen Erwartungen sind, die sich an Akteure/innen richten, störungsfrei zu sein jedoch eine Erwartung ist, die sich nicht auf eine einzelne Person, sondern auf die Interaktion zwischen mehreren Akteuren/innen bezieht? Oder sieht er Normen als allgemein an, einen Orientierungsrahmen hingegen als individuell, als Orientierung einer einzelnen Person? Dann aber wird zum Problem, dass sich dieses Ideal mehr oder weniger bei allen Lehrern finden lässt, es also nicht nur dasjenige von Frau Boyen ist. Oder sieht er in der Erwartung eines störungsfreien Unterrichts einen Rahmen, weil der Unterricht der Rahmen ist, innerhalb dessen die Interaktion des Unterrichts stattfindet? Ist der Orientierungsrahmen also als der Rahmen für eine Praxis zu verstehen, auf die sich eine Orientierung bezieht?

Hinzu kommt, dass Hinzkes Deutung impliziert, Frau Boyen habe ein Bewusstsein von Krisen, die Reanalyse aber zeigte, dass sie sich zwar mit unterschiedlichen Anforderungen konfrontiert sieht und deren Bewältigung als »anstrengend« empfindet. Doch weder ließ sich erkennen, dass sie ein Bewusstsein von den Krisen der Schüler hat, noch dass sie ihr eigenes Handeln als krisenhaft betrachtet. Vielmehr versteht sie sich als »Handwerkerin«, die routiniert die Anforderungen, dic sich ihr tagtäglich stellen, bewältigt. Dies kann mit Hinzke auf ihren Orientierungsrahmen im weiteren Sinn zurückgeführt werden. Dieser bestehe, so der Autor, in einer »subsumtiv-generalisierenden Beobachtungsweise« (S. 253). Diese wird nicht infrage gestellt, gerät nicht in eine Krise, sondern bewirkt vielmehr, dass mögliche Krisen erst gar nicht wahrgenommen werden.

Zu welchen Ergebnissen kommt Hinzke bei der Analyse der anderen Eckfälle? Auf diese in gleicher Weise einzugehen wie auf den Fall von Frau Boyen, ist hier nicht möglich. Nur grob sollen sie wiedergegeben und kurz kommentiert werden. Die zweite Interviewte, Frau Wulf, erscheint als eine Lehrerin, die großen Wert auf eine gute Beziehung zu ihren Schülern legt. Sie fragt zwar auch nach dem Erfolg ihres Unterrichts im Sinne der Erschließung von Gegenständen. Doch ist er für sie von nachgeordneter Bedeutung. Dass er z.B. am Tag des Interviews nur gering war, nimmt sie hin und erklärt das mit dem Zustand der Klasse – die Schüler seien ziemlich erschöpft gewesen. Die Beziehung zu den Schülern, welche für sie im Vordergrund steht, sei gelegentlich in Gefahr, da sie das Fach, das sie unterrichtet, nicht studiert habe. Wenn dies manifest werde, könne es zur Folge haben, dass sie unsicher und in der Folge aggressiv werde.

Hinzkes Interpretation des Falles lautet, dass die Krisen, in die Frau Wulf gerate, daraus resultierten, dass sie sich der Norm verpflichtet fühle, »spontan auf SuS [Schülerinnen und Schüler] reagieren zu müssen« (S. 259), ihrem Orientierungsrahmen zufolge aber eine positive Beziehung zu den Schülern haben möchte. Erneut stellt sich die Frage, wie zwischen Norm und Orientierungsrahmen unterschieden wird. Letztlich hängt beides unmittelbar zusammen: Weil sich die Lehrerin an der Herstellung und Aufrechterhaltung einer positiven Beziehung zu ihren Schülern orientiert, muss sie spontan auf diese reagieren. (Und aus dem Primat der Lehrer-Schüler-Beziehung folgt sodann, dass der Lernerfolg für sie nur von sekundärer Bedeutung ist.) Darüber hinaus stellt sich die Frage: Wann kann diese Lehrerin in eine Krise geraten, wann kann sie mit ihren Routinen scheitern? Im Hinblick auf den Lernerfolg ist dies nicht möglich, da dieser für sie keine absolute Größe ist, vielmehr eine, die zu relativieren sie bereit ist. Scheitern kann sie jedoch mit ihrer Orientierung an der Beziehung zu den Schülern. Das thematisiert sie, und das kann in Zusammenhang gebracht werden mit einer »suchend-erschließenden Beobachtungshaltung« (S. 275) als Orientierungsrahmen im weiteren Sinn. Da sie das Fach, das sie unterrichtet, nicht studiert hat, ist die Krise, in die sie gelegentlich gerät, nicht eine, mit der sie souverän umgehen kann. Aufgrund mangelnder fachlicher Kenntnisse kann sie nicht einfach umdenken und ihr Handeln ändern. Sie hat also ein Bewusstsein von der Krisenanfälligkeit ihres Unterrichts und ist sich auch möglicher Folgen bewusst: dass sie aus der Not heraus aggressiv wird und so die Beziehung zu den Schülern in eine Krise gerät. Mit solchen Krisen produktiv umzugehen, ist ihr kaum möglich. Deswegen bleibt ihr nur die Möglichkeit, alles zu tun, damit es nicht zu solchen kommt.

Der dritte Befragte, Herr Martin, stellt sich im Interview als eine Lehrperson dar, die in ihrem Alltag permanent Entscheidungen treffen muss. Diese Entscheidungen sind für Herrn Martin mit Risiken verbunden: Er sieht die Möglichkeit, dass er von seinen Schülern nicht verstanden wird. Äußerungen, die er für notwendig hält, um eine »Sache« bzw. einen Sachverhalt zu klären, könnten aufseiten der Schüler zu Reaktionen führen, die er nicht gewollt hat. Kurz: Herr Martin thematisiert die Antinomie, dass er einerseits dazu verpflichtet ist, mit seinen Äußerungen den Prozess der Klärung von »Sachen« voranzutreiben, andererseits die Schüler nicht demotivieren möchte, sich an dem Prozess der Klärung zu beteiligen.

Hinzke interpretiert den Fall in dem Sinne, dass die Krisen, die Herr Martin in seinen Äußerungen reflektiert, aus der Spannung zwischen seinem Orientierungsrahmen und Normen resultieren. Auf der einen Seite möchte der Lehrer bei den Schülern »ankommen«, d.h., was er sagt, soll von den Schülern akzeptiert, angenommen und verstanden werden. (Hinzke sieht darin eine »Verbindung von Geben und [Auf-] Nehmen«, S. 285.) Auf der anderen Seite sehe er sich verschiedenen Normen verpflichtet, nämlich zum einen der Norm, den Schülern stets gerecht zu werden, zum anderen der Norm, Entscheidungen treffen zu müssen.

Der Fall von Herrn Martin ist bemerkenswert, da in dem Interview mit ihm das erste Mal unmittelbar der Kern des Unterrichts, die Auseinandersetzung der Schüler mit »Sachen« thematisch wird. In Bezug auf Hinzkes Deutung stellt sich aber die Frage, ob die erste Norm, den Schülern gerecht werden zu müssen, tatsächlich in Spannung zu der Orientierung, bei den Schülern »ankommen« zu wollen, steht. Ist ihre Befolgung nicht vielmehr die Voraussetzung dafür, dass er bei den Schülern überhaupt »ankommen« kann? Auch die zweite Norm steht nicht in Spannung zum Orientierungsrahmen. Dass stets Entscheidungen getroffen werden müssen, ist zudem keine Norm, sondern ein Faktum (das nicht nur aus der Sicht des Lehrers besteht, sondern real gegeben ist). Dass Herr Martin dies geltend macht, dient, so lässt sich vermuten, dem Zweck, das Dilemma, in dem er sich sieht, deutlich zu machen: dass es ihm nicht immer gelingt, »anzukommen«, obwohl er der Norm, den Schülern gerecht werden zu müssen, folgt. Der Grund dafür könnte sein, dass er seine Aufgabe eben darin sieht, Sachen zu klären. Das würde bedeuten: Obwohl er nicht explizit vom Unterricht spricht, geht er faktisch auf diesen ein, thematisiert den elementaren doppelten Anspruch an Unterricht: sowohl die Schüler zu stärken als auch die Sachen zu klären. Es gibt aber Situationen, in denen es schwer, ja, kaum möglich ist, beiden Ansprüchen gleichzeitig zu genügen. Das führt bei Herrn Martin jedoch nicht zu einem Bruch in seinem Denken und Handeln (etwa dergestalt, dass er die Orientierung an der Klärung der Sache aufgibt). Vielmehr artikuliert er diesen Widerspruch, diese Antinomie, und zwar im Bewusstsein, diese nicht auflösen zu können, ja, zu dürfen. Darin besteht für ihn eine Norm, der er sich verpflichtet fühlt.

Beim vierten Eckfall handelt es sich um eine Lehrerin, Frau Kreuz, die das Alltägliche, Normale, die Routine hervorhebt und diese als »wahnsinnig« bezeichnet. Der Alltag sei nicht zu verstehen, übersteige ihr Fassungsvermögen – dennoch muss er praktisch bewältigt werden. Die sich in ihm stellenden Anforderungen erfordern von ihr eine enorme Flexibilität. Mit diesem Alltag und auch mit Außeralltäglichem, mit »Katastrophen«, kommt sie jedoch zurecht. Sie erduldet das alles mit einem gewissen Heroismus. Der »Wahnsinn« resultiert aus divergierenden Handlungsanforderungen: auf der einen Seite auf einzelne Schüler eingehen und auf der anderen alle anderen im Blick behalten zu müssen; Schüler zur Teilnahme am Unterricht motivieren zu müssen, obwohl diese in ihm keinen Sinn sehen, z.B. weil mit der letzten Klassenarbeit der Unterricht zu einem Ende gekommen ist. Hinzke deutet den Fall dergestalt, dass er behauptet, die Lehrerin orientiere sich an der Norm, »in der Interaktion mit Kollegen/innen und Schüler flexibel auf deren Aktionen reagieren« (S. 306) zu müssen. Dabei sehe sie sich vor die Frage gestellt, wem sie sich wie widmen soll. Ihr Orientierungsrahmen bestehe darin, »dass sich die Lehrerin an einer Spannung zwischen Alltäglichem und Besonderem abarbeitet« (ebd.).

Wenn Frau Kreuz von »Wahnsinn« spricht, kann dies aber auch so verstanden werden, dass sie immer wieder in Situationen gerät, in denen sie handeln muss, ohne hinreichend reflektieren zu können. Sie muss sich schlicht auf ihre Intuition verlassen. Vor einer Handlung reflektieren zu können, wäre der Lehrerin aber eigentlich lieber, da sie dann beurteilen könnte, ob das, was sie zu tun gedenkt, gut oder schlecht ist. Zu Krisen kann es hier kommen, wenn das intuitiv vollzogene Handeln im Nachhinein reflektiert wird: War überhaupt richtig, was ich gemacht habe? Es gelingt ihr immer wieder, spontan zu handeln, doch bleibt eine sie beunruhigende Ungewissheit bezüglich der Qualität ihres Tuns.

Hinzke erklärt, die Lehrerin fühle sich vier Normen verpflichtet: flexibel zu reagieren, dabei auf die Individualität der Schüler einzugehen, die Schüler vom »Abdriften« im Unterricht abhalten zu müssen und zu vermeiden, dass die Schüler emotional verletzt werden. Ihr Orientierungsrahmen bestehe darin, stets darauf zu achten, wer wieviel Aufmerksamkeit erhält. Zu ergänzen wäre, dass ihr Krisenbewusstsein sie nicht am Handeln hindert – ihr gelingt es immer, spontan etwas zu tun. Doch im Nachhinein kann die Situation eintreten, dass das, was ihr *in situ* das Richtige zu sein schien, angezweifelt wird. Der Handlungsdruck und die Gewissheit im Handeln schwinden, im Nachdenken melden sich Zweifel, die sich dann nicht mehr stillstellen lassen.

Ausgehend von der Analyse der vier Eckfällte, die ergänzt wird durch Ergebnisse der Interpretation von zehn weiteren Fällen, gelangt Hinzke schließlich zu einer Typologie, die im Kern strukturiert ist durch die Unterscheidung von »geschlossen« und »offen«: Der Orientierungsrahmen von Lehrern ist entweder offen, d.h., sie verstehen sich selbst und ihre eigene Praxis als offen gegenüber den Schülern/innen und handeln entsprechend, oder er ist geschlossen. Zudem differenziert Hinzke zwischen den Ebenen, auf denen Krisen jeweils auftauchen können, derjenigen des Unterrichts, der Zuwendung, der Beziehung und der Entscheidung. Die vier Typen sind:

»Typus 1: Geschlossene Reproduktion der Unterrichtspraxis
Typus 2: Offene Reproduktion der Zuwendungspraxis
Typus 3: Rekonstruktive Suche innerhalb offener Beziehungspraxis
Typus 4: Rekonstruktive Suche innerhalb offener Entscheidungspraxis.« (S. 368)

Wie sind die Ergebnisse von Hinzke abschließend zu beurteilen? Zunächst ist zu sagen, dass sie von ihm in einer Differenziertheit und Systematik präsentiert werden, denen in diesem Beitrag gerecht zu werden kaum möglich ist.[8] Außerdem ist festzuhalten, dass die Herangehensweise von Hinzke grundsätzlich plausibel ist, nämlich unterschiedliche Normen und Ansprüche zu rekonstruieren, denen Lehrpersonen glauben, entsprechen zu müssen. Diese sind nicht selten kaum miteinander vereinbar, stehen vielmehr in einem spannungsvollen Verhältnis zueinander. Plausibel ist zudem, dasjenige zu rekonstruieren, an dem sich Lehrer orientieren, also ihr Deutungsmuster. Dies kann »offen«

8 Wer dies im Detail nachvollziehen möchte, muss die Studie selbst lesen.

oder » geschlossen« sein in dem Sinne, ob Krisen der Schüler sowie eigene Krisen wahrgenommen (und auch akzeptiert) werden oder nicht. Im Falle geschlossener Deutungsmuster kann es letztlich aus der Sicht der Lehrperson gar nicht zu Krisen kommen. Zusammenfassen ließe sich beides mit dem Begriff des professionellen Ideals. An diesem orientieren sich Lehrer, ihm versuchen sie zu entsprechen. Letztlich erreichen können sie es jedoch nicht.

Irritierend bleibt jedoch, dass Hinzke die unterschiedlichen Erwartungen und Normen, mit denen sich Lehrpersonen konfrontiert sehen, sowie ihre Orientierungen bzw. Deutungsschemata nicht mithilfe der Objektiven Hermeneutik, sondern mit der dokumentarischen Methode rekonstruiert hat, und dass sich die Fallbestimmung nicht aus den zunächst dargelegten theoretischen Überlegungen ergibt, aus den Überlegungen zum Begriff der Krise und zum professionellen Handeln von Lehrern. (Auf diese wird erst im Anschluss an die Analyse der Interviews eingegangen, wenn die Typenbildung bereits abgeschlossen ist.) Die Fälle werden nicht rekonstruiert als Fälle der Reflexion von Krisen bzw. als Fälle eines professionellen Bewusstseins oder Habitus. Sondern die Fallbestimmung erfolgt mithilfe von Begriffen, die aus theoretischen Überlegungen stammen und mit der Begründung der dokumentarischen Methode zusammenhängen, vor allem mit den Begriffen Norm und Orientierungsrahmen. Damit scheint die Annahme einherzugehen, dass letztlich alle Lehrpersonen ihre Praxis als durch Krisen gekennzeichnet erfahren. Die Analyse der Eingangspassage des Interviews mit Frau Boyen hat jedoch gezeigt, dass dies keinesfalls so ist, es vielmehr Lehrer gibt, die kein Bewusstsein von der Krisenhaftigkeit der Auseinandersetzung der Schüler mit der »Sache« sowie des pädagogischen Handelns haben. Von einer »Diskontinuitätserfahrung«, die gekennzeichnet ist durch den »Bruch mit Routinen des Denkens und Handelns sowie der Notwendigkeit, Entscheidungen in eine offene Zukunft hinein zu treffen« (S. 70), kann bei diesen nicht die Rede sein.

Vor dem Hintergrund der Ergebnisse, zu denen die pädagogische Unterrichtsforschung gelangt ist, fällt zudem auf, dass die (Bildungs-) Krisen der Schüler in den Interviews mit den Lehrern kaum vorkommen. Davon, dass Schüler, wenn sie sich auf Fremdes einlassen, sich von sich selbst distanzieren, sich von sich selbst entfremden und in eine Krise geraten, und von der Herausforderung für Lehrpersonen, die darin besteht, den Schülern dabei behilflich zu sein, diese Krise zu überwinden, d.h. die Sache sich aneignen, sich zu eigen machen, damit sie – ein Stück weit gereift, gebildet – wieder zu sich selbst kommen können, ist nicht die Rede.[9] Allerdings äußert sich in den Interviews durchaus eine gewisse Sensibilität in Bezug darauf, was das eigene professionelle Handeln bei den Schülern bewirken, dass es zu Krisen auf der Ebene der Lehrer-Schüler-Beziehung und der Kooperation führen kann. Bildungskrisen der Schüler sind damit jedoch allenfalls indirekt angesprochen.

VII. Welche Konsequenzen sind aus den Ergebnissen zu ziehen?

In der letzten Zeit hat die Bildungspolitik vor allem darauf gesetzt, mit den Mitteln der Evaluation Veränderungsprozesse im Bildungssystem anzustoßen. Im Hintergrund standen die PISA-Studien, welche der Politik vor Augen führten, dass eine Reform des Bildungssystems vonnöten sei, und die zudem auch den Weg zu weisen schienen, wie eine solche in Gang gesetzt werden könnte, eben durch die Nutzung der Methoden der »empirischen Bildungsforschung« für Evaluationsprozesse auf allen Ebenen des Bildungssystems. Das theoretische Modell, von dem dabei ausgegangen wurde, ist – wie Walter Herzog (2013) dargelegt hat – das der Kybernetik. Das Bildungssystem wird begriffen als ein System, das vermittelt über den Vergleich von »Soll-« und »Ist-Werten« gesteuert werden kann. Zeigt sich bei diesem Vergleich eine Differenz, ist nachzusteuern (z.B. indem Lehrer eine Fortbildung erhalten).

Die pädagogische Unterrichtsforschung sowie die Studie von Hinzke legen ein anderes Vorgehen nahe. Durch sie wird deutlich, dass es eine erhebliche Diskrepanz gibt zwischen dem, was im Unterricht tatsächlich geschieht, und dem, was Lehrer über diesen sagen. Ein Bewusstsein von der Krisenhaftigkeit des eigenen Handelns ist zwar partiell vorhanden, jedoch kaum von den Krisen der Schüler. Dieser Befund spricht dafür, an diesem Punkt mit einer Reform des Bildungssystems anzusetzen: Es sollten Räume geschaffen werden, in denen Lehrpersonen vom Handlungsdruck befreit sind und sich mußevoll auf ihre Praxis beziehen, diese reflektieren und zu einer differenzierteren Wahrnehmung und Artikula-

9 Dass die Konfrontation mit Fremdem zu einer – nicht negativen, sondern im Gegenteil notwendigen – Entfremdung führen kann, wird in der Regel (wie oben deutlich wurde) nicht gesehen. Zugespitzt formuliert: Wer vom Fremden redet, sollten von der Entfremdung nicht schweigen (Twardella 2010b).

tion dessen gelangen können, was im alltäglichen Unterricht geschieht. Dafür gibt es bewährte Settings, vor allem dasjenige der Supervision. Der Vorteil wäre, dass diejenigen unmittelbar im Zentrum stünden, von denen es letztlich abhängt, ob sich etwas ändert oder nicht: die Lehrer. An sie würden nicht abstrakt irgendwelche Forderungen gestellt, die sie erfüllen müssen und gegen die sie sich dann womöglich zur Wehr setzen, sondern mit ihnen würde eine Veränderung beginnen.

Die Teilnahme an einer Supervision würde für die Lehrer freilich jeweils Unterschiedliches bedeuten: Da Frau Boyen weder ihre Schüler noch sich selbst in einer Krise sieht, wird sie vermutlich eine Supervision für kaum hilfreich halten. Ein Leidensdruck ist bei ihr zwar vorhanden, aber nicht ein hinreichend differenziertes Bewusstsein für dessen Gründe. Diese müssten im Rahmen einer Supervision erst einmal deutlich gemacht werden. Anders bei Frau Wulf. Sie hat ein Bewusstsein von der Krisenanfälligkeit ihres Unterrichts und auch eine Vorstellung davon, woraus diese resultiert. Eine Supervision könnte an dieser Stelle ansetzen. Ihre Aufgabe würde dann darin bestehen, Handlungsalternativen zu der aggressiven Reaktion zu erkunden, die trotz fachlicher Mängel der Lehrerin bestehen. (Darüber hinaus wäre die Teilnahme an einer Fortbildung zu empfehlen.) Herr Martin wäre ein Gewinn für jede Supervisionsgruppe, da er Probleme, Antinomien des Lehrerhandelns zu explizieren vermag, ohne der Illusion zu verfallen, sie könnten aufgelöst werden. Für Frau Kreuz könnte eine Supervision gewinnbringend sein, da dort ihre Zweifel daran, ob sie spontan das Richtige gemacht hat, aufgegriffen werden könnten. Auf dem Weg über die nachträgliche Vergegenwärtigung der Situation, in der sie intuitiv reagierte, könnte darüber reflektiert werden, ob ihre Zweifel berechtigt sind oder nicht.

In jedem Fall käme es darauf an, die Sensibilität und Reflexionsfähigkeit der Lehrer in Bezug auf die Krisen der Schüler und die Möglichkeiten, mit ihnen umzugehen, zu schärfen – in der Hoffnung, dass auf diese Weise auch eine Änderung des praktischen Handelns und ein höheres Maß an Professionalität möglich wird.

Literatur

Bastian, Johannes; Helsper, Werner; Reh, Sabine und Carla Schelle (Hg.) (2000): Professionalisierung im Lehrerberuf, Opladen: Leske + Budrich Verlag.

Baumert, Jürgen; Kunter, Mareike (2006): Stichwort: Professionelle Kompetenz von Lehrkräften. In: *Zeitschrift für Erziehungswissenschaft*, 9. Jg., H. 4, 479–520.

Bönsch, Manfred (2006): Allgemeine Didaktik. Ein Handbuch zur Wissenschaft vom Unterricht. Stuttgart: Kohlhammer.

Bohnsack, Ralf (2003). Rekonstruktive Sozialforschung. Einführung in qualitative Methoden. Stuttgart: Kohlhammer.

Combe, Arno; Helsper, Werner (1996): Pädagogische Professionalität. Untersuchungen zum Typus pädagogischen Handelns. Frankfurt am Main: Suhrkamp.

Combe, Arno; Gebhard, Ulrich (2012): Verstehen im Unterricht. Zur Rolle von Phantasie und Erfahrung. Wiesbaden: VS Verlag für Sozialwissenschaften.

Combe, Arno (2015): Dialog und Verstehen im Unterricht. Lernen im Raum von Phantasie und Erfahrung. In: Gebhard, Ulrich (Hrsg.), Sinn im Dialog. Zur Möglichkeit sinnkonstituierender Lernprozesse im Fachunterricht, Wiesbaden: Springer VS, 51-66.

Dewe, Bernd; Ferchhoff, Wilfried und Frank-Olaf Radtke (Hg.) (1992): Erziehen als Profession. Zur Logik professionellen Handelns in pädagogischen Feldern. Wiesbaden: Springer Fachmedien.

Dewey, John (2008): Logik. Die Theorie der Forschung. Frankfurt am Main: Suhrkamp.

Dreeben, Robert (1980): Was wir in der Schule lernen. Frankfurt am Main: Suhrkamp.

Flick, Uwe (2011): Das Episodische Interview. In: Oelerich, Gertrud; Otto, Hans-Uwe (Hrsg), Empirische Forschung und Soziale Arbeit, Wiesbaden: VS Verlag für Sozialwissenschaften, 273–280.

Franzmann, Manuel (2014): Materiale Analyse des säkularisierten Glaubens als Beitrag zu einem empirisch gesättigten Säkularisierungsbegriff. In: Hainz, Michael; Pickel, Gert; Pollack, Detlef; Libiszowska-Zóltkowska, Maria und Elżbieta Firlit (Hrsg), Zwischen Säkularisierung und religiöser Vitalisierung. Religiosität in Deutschland und Polen im Vergleich, Wiesbaden: Springer VS, 27–133.

Frost, Ursula (Hg.) (2006): Unternehmen Bildung. Die Frankfurter Einsprüche und kontroverse Positionen zur aktuellen Bildungsreform. Sonderheft der Vierteljahrsschrift für wissenschaftliche Pädagogik. Paderborn München Wien Zürich: Ferdinand Schöningh

Geier, Thomas; Pollmanns, Marion (Hg.) (2015): Was ist Unterricht? Zur Konstitution einer pädagogischen Form. Wiesbaden: Springer.

Gruschka, Andreas (1988): Negative Pädagogik. Einführung in die Pädagogik mit Kritischer Theorie. Wetzlar: Büchse der Pandora.

Ders. (1999): Bestimmte Unbestimmtheit. Chardins Pädagogische Lektionen. Wetzlar: Büchse der Pandora.

Ders. (2002): Das Kreuz mit der Vermittlung. Elf Einsprüche gegen den didaktischen Betrieb. Wetzlar: Büchse der Pandora.

Ders. (2004): Kritische Pädagogik nach Adorno. In: Ders. (Hrsg.), Die Lebendigkeit der kritischen Gesellschaftstheorie. Dokumentation der Arbeitstagung aus Anlass des 100. Geburtstages von Theodor W. Adorno, 4.–6. Juli 2003 an der Johann Wolfgang Goethe-Universität Frankfurt am Main, Wetzlar: Büchse der Pandora, 135–160.

Ders. (2004): Didaktische Analyse als Kern der Rekonstruktion der Fallstruktur ›Unterricht‹. Beobachtungen zu Beobachtungen von Unterricht. In: Meseth, Wolfgang; Proske, Matthias und Frank-Olaf Radtke, Schule und Nationalsozialismus. Anspruch und Grenzen des Geschichtsunterrichts, Frankfurt am Main: Frankfurter Beiträge zur Erziehungswissenschaft, 158–188.

Ders. (2005): Auf dem Weg zu einer Theorie des Unterrichtens. Die widersprüchliche Einheit von Erziehung, Didaktik und Bildung in der allgemeinbildenden Schule. Frankfurt am Main: Frankfurter Beiträge zur Erziehungswissenschaft.

Ders. (2007): Schule, Didaktik, Kulturindustrie. In: *Vierteljahresschriften für wissenschaftliche Pädagogik,* H. 2, 253–278.

Ders. (2009): Erkenntnis in und durch Unterricht. Empirische Studien zur Bedeutung der Erkenntnis- und Wissenschaftstheorie für die Didaktik. Wetzlar: Büchse der Pandora.

Ders. (2010): An den Grenzen des Unterrichts. Opladen und Farmington Hills: Barbara Budrich.

Ders. (2013): Unterrichten – eine pädagogische Theorie auf empirischer Basis. Opladen Berlin Toronto: Barbara Budrich

Ders. (2014): Lehren. Stuttgart: Kohlhammer.

Hattie, John (2013): Lernen sichtbar machen. Baltmannsweiler: Schneider.

Haubl, Rolf (2010): Voll cool, voll fett, voll schweinski. Ein Fall von Gruppenregression im Unterricht. In: Gruppenpsychotherapie und Gruppendynamik, H. 41, 91–109.

Hausmann, Gottfried (1959): Didaktik als Dramaturgie des Unterrichts. Heidelberg: Quelle & Meyer

Helmke, Andreas (2003): Unterrichtsqualität erfassen, bewerten, verbessern. Seelze: Kallmeyer in Verbindung mit Klett.

Heimann, Paul (1977): Didaktik 1965. In: Ders. et al. Unterricht. Analyse und Planung. Hannover: Schroedel, 7–47.

Helsper, Werner (1996): Antinomien des Lehrerhandelns in modernisierten pädagogischen Kulturen. Paradoxe Verwendungsweisen von Autonomie und Selbstverantwortlichkeit. In: Combe, Arno; Helsper, Werner (Hg.), Pädagogische Professionalität. Untersuchungen zum Typus pädagogischen Handelns, Frankfurt am Main: Suhrkamp, 521–569.

Ders. (2004): Pädagogisches Handeln in den Antinomien der Moderne. In: Krüger, Heinz-Hermann; Helsper, Werner (Hg.), Einführung in Grundbegriffe und Grundfragen der Erziehungswissenschaft, Wiesbaden: Springer VS, 15–34.

Hentig, Hartmut von (2006): Bewährung. Von der nützlichen Erfahrung, nützlich zu sein. München u.a.: Hanser.

Hericks, Uwe (2006): Professionalisierung als Entwicklungsaufgabe: Rekonstruktionen zur Berufseingangsphase von Lehrerinnen und Lehrern. Wiesbaden: VS Verlag für Sozialwissenschaften.

Herzog, Walter (2013): Bildungsstandards. Stuttgart: Kohlhammer.

Hinzke, Jan-Hendrik (2018): Lehrerkrisen im Berufsalltag. Zum Umgang mit Spannungen zwischen Normen und Orientierungsrahmen. Wiesbaden: Springer VS.

Hollstein, Oliver (2011): Vom Verstehen zur Verständigung. Die erziehungswissenschaftliche Beobachtung einer pädagogischen Denkform. Frankfurt am Main: Frankfurter Beiträge zur Erziehungswissenschaft

Hummrich, Merle (2012): Jugend und Raum. Exklusive Zugehörigkeitsordnungen in Familie und Schule, Wiesbaden: Springer VS.

Kiel, Ewald; Haag, Ludwig; Keller-Schneider, Manuela und Klaus Zierer (2014): Grundwissen Lehrerbildung. Unterricht planen, durchführen, reflektieren. Praxisorientierung, Fallbeispiele. Reflexionsaufgaben. Berlin: Cornelsen.

Klafki, Wolfgang (1964): Studien zur Bildungstheorie und Didaktik. Weinheim/Bergstr.: Julius Beltz.

Koller, Hans-Christoph (2011): Bildung anders denken. Einführung in die Theorie transformatorischer Bildungsprozesse. Stuttgart: Kohlhammer

Krieg, Bernhard (1982): ›Eingehüllte Rationalität‹ und pädagogische Praxis. Eine Studie zu Gegenstand und Methode Erziehungswissenschaftlicher Unterrichtsforschung. Frankfurt/Main: Wahl.

Luhmann, Niklas (2005): Sozialisation und Erziehung. In: Ders.: Schriften zur Pädagogik. Frankfurt/Main: Suhrkamp, 111–117.

Meseth, Wolfgang; Proske, Matthias; Radtke, Frank-Olaf (2011): Was leistet eine kommunikationstheoretische Modellierung des Gegenstandes »Unterricht«? In: Meseth, Wolfgang; Proske, Matthias; Radtke, Frank-Olaf (Hg.), Unterrichtstheorien in Forschung und Lehre, Bad Heilbrunn: Verlag Julius Klinkhardt, 223-241.

Neuweg, Georg (2015): Das Schweigen der Könner. Strukturen und Grenzen des Erfahrungswissens. In: Neuweg, Georg (2015): Das Schweigen der Könner. Gesammelte Schriften zum impliziten Wissen. Münster, New York: Waxmann, 19-42.

Nohl, Herman (1988): Die Theorie der Bildung. In: Ders., Die pädagogische Bewegung in Deutschland und ihre Theorie, Frankfurt am Main: Vittorio Klostermann, 131-279.

Oevermann, Ulrich; Allert, Tilman; Konau, Elisabeth und Jürgen Krambeck (1979): Die Methodologie einer »objektiven Hermeneutik« und ihre allgemeine forschungslogische Bedeutung in den Sozialwissenschaften. In: Soeffner, Hans-Georg (Hg.), Interpretative Verfahren in den Sozial- und Textwissenschaften, Stuttgart: Metzler, 352–434.

Ders. (1995): Ein Modell der Struktur von Religiosität. Zugleich ein Strukturmodell von Lebenspraxis und von sozialer Zeit. In: Wohlrab-Sahr, Monika (Hrsg.), Biographie und Religion. Zwischen Ritual und Selbstsuche, Frankfurt am Main u.a.: Campus, 27–102.

Ders. (1996): Theoretische Skizze einer revidierten Theorie professionalisierten Handelns. In: Combe, Arno und Werner Helsper (Hg.): Pädagogische Professionalität. Untersuchungen zum Typus pädagogischen Handelns, Frankfurt am Main: Suhrkamp, 70–182.

Ders. (2000): Die Methode der Fallrekonstruktion in der Grundlagenforschung sowie der klinischen und pädagogischen Praxis. In: Kraimer, Klaus (Hg.), Die Fallrekonstruktion. Sinnverstehen in der sozialwissenschaftlichen Forschung, Frankfurt am Main: Suhrkamp, 58–156.

Ders. (2002): Professionalisierungsbedürftigkeit und Professionalisiertheit pädagogischen Handelns. In: Kraul, Margret; Marotzki, Winfried; Schweppe, Cornelia (Hrsg.), Biographie und Profession, Bad Heilbrunn/Obb.: Verlag Julius Klinkhardt, 19–63.

Ders. (2004): Sozialisation als Prozess der Krisenbewältigung. In: Geulen, Dieterf; Veith, Hermann (Hrsg.), Sozialisationstheorie interdisziplinär. Aktuelle Perspektiven, Stuttgart: Lucius & Lucius, 155–181.

Ders. (2016): »Krise und Routine« als analytisches Paradigma in den Sozialwissenschaften. In Becker, Roland et al. (Hrsg.), Die Methodenschule der Objektiven Hermeneutik. Eine Bestandsaufnahme, Wiesbaden: Springer VS, 43–114.

Oser, Fritz; Spychiger, Maria (2005): Lernen ist schmerzhaft. Zur Theorie des Negativen Wissens und zur Praxis der Fehlerkultur. Weinheim und Basel: Beltz Verlag.

Peterßen, W.H. (2005): Unterrichtsbeispiel: Das biologische Gleichgewicht zwischen Feldmäusen und Mäusebussard. In: Baumgart, Franzjörg; Lange, Ute und Lothar Wigger (Hrsg.), Theorien des Unterrichts. Erläuterungen, Texte, Arbeitsaufgaben, Bad Heilbrunn/Obb., 130–134.

Plessner, Helmuth (2003 [1970]): Lachen und Weinen. Eine Untersuchung der Grenzen menschlichen Verhaltens. In: Plessner, Helmuth, Ausdruck und menschliche Natur. Gesammelte Schriften VII, Frankfurt am Main: Suhrkamp, 201–387.

Rosa, Hartmut (2016): Resonanzpädagogik. Wenn es im Klassenzimmer knistert. Weinheim und Basel: Beltz.

Sacher, Werner (2007): Überprüfung und Beurteilung von Schülerleistungen. In: Apel, Jürgen; Sacher, Werner, Studienbuch Schulpädagogik., Bad Heilbrunn: Klinkhardt, 284–308.

Schönbächler, Marie-Therese (2007): Klassenmanagement. Situative Gegebenheiten und personale Faktoren in Lehrpersonen- und Schülerperspektive. Bern Stuttgart Wien: Haupt Verlag.

Steiner, Astrid (2008): Unterrichtskommunikation. Eine linguistische Untersuchung der Gesprächsorganisation und des Dialektgebrauchs in Gymnasien der Deutschschweiz. Tübingen: Gunter Narr.

Tenorth, Heinz-Elmar (2006): Professionalität im Lehrerberuf. Ratlosigkeit der Theorie, gelingende Praxis. In: Zeitschrift für Erziehungswissenschaft, 9. Jg., H. 4, 580–597.

Twardella, Johannes (1999): Experimente im Treibhaus der Moderne. Versuch einer kommunikationstheoretischen Analyse von Goethes ›Wahlverwandtschaften‹. In: *Neophilologus. An International Journal of Modern and Mediaeval Language and Literature*, H. 3, 445–460.

Ders. (2008): Pädagogischer Pessimismus. Eine Fallstudie zu einem Syndrom der Unterrichtskultur an deutschen Schulen. Frankfurt: Humanities Online.

Ders. (2010a): Unterricht zwischen Krise und Routine. Wider eine kompetenztheoretische Verkürzung einer Theorie pädagogischer Professionalität. In: *Sozialer Sinn. Zeitschrift für hermeneutische Sozialforschung*, 11(1), 79–93.

Ders. (2010b): Entfremdung als Strukturmoment von Unterricht? In: *Zeitschrift für qualitative Forschung*, H. 2, 319–343.

Ders. (2010c): Rezension zu: Arnd-Michael Nohl (2009): Interview und dokumentarische Methode. Anleitungen für die Forschungspraxis (3. Auflage), Wiesbaden: VS Verlag für Sozialwissenschaften. In: *FQS Forum qualitative Sozialforschung*, Volume 11, No.2, Art. 7.

Ders., (2014): Pädagogischer Takt und kulturelle Heterogenität. Eine Fallstudie. In: *Pädagogische Korrespondenz*, Heft 49, 24–42.

Ders. (2015): Pädagogische Kasuistik. Fallstudien zu grundlegenden Fragen des Unterrichts, Opladen Berlin Toronto: Barbara Budrich.

Ders. (2018a): Pädagogische Unterrichtsforschung und die Professionalisierung des Unterrichtens. In: Müller-Herrmann, Silke et al. (Hrsg.), Professionskulturen – Charakteristika unterschiedlicher professioneller Praxen, Wiesbaden: Springer VS, 85–106.

Ders., (2018b): Konstellationen des Pädagogischen. Zu einer materialen Theorie des Unterrichts. Opladen Berlin Toronto: Barbara Budrich.

Weniger, Erich (2002 [1929]): Theorie und Praxis in der Erziehung. In: de Haan, Gerhard; Rülcker, Tobias (Hrsg), Hermeneutik und Geisteswissenschaftliche Pädagogik. Ein Studienbuch, Frankfurt am Main: Peter Lang, 155–171.

Wernet, Andreas (2000): Einführung in der Interpretationstechnik der objektiven Hermeneutik. Opladen: Leske und Budrich Verlag.

Ders., (2003): Pädagogische Permissivität. Schulische Sozialisation und pädagogisches Handeln jenseits der Professionalisierungsfrage. Opladen: Leske und Budrich.

Ders. (2006): Hermeneutik – Kasuistik – Fallverstehen. Eine Einführung. Stuttgart: Verlag W. Kohlhammer.

Zizek, Boris (2015): Der Mensch als Bewährungssucher – Versuch einer systematischen Einführung des Begriffs der Bewährung in die Sozialwissenschaft. In: Garz, Detlef; Zizek, Boris (Hrsg.), Wie wir zu dem werden, was wir sind: Sozialisations-, biographie- und bildungstheoretische Aspekte, Wiesbaden: Springer VS, 71–89.

Internetquellen

Sterlepper, Alexander (2009): Unterrichtstranskript einer Mathematikstunde an einem Gymnasium (6. Klasse). Stundenthema: ›Subtrahieren von Brüchen‹. PDF-Dokument URL: https://archiv.apaek.uni-frankfurt.de/1477. (Datum des letzten Abrufs: 8.8.2017).

Nachweise

Rollenförmig oder als »ganze Person«? Ein Beitrag zur Diskussion über die Professionalisierungstheorie und die Struktur pädagogischen Handelns. In: *Pädagogische Korrespondenz*, Heft 33, 2004/2005, 65–74.

Pädagogische Unterrichtsforschung und didaktische Theorie. Wie letzteres in ersterem aufgehoben ist an einem Fallbeispiel aus einer Unterrichtsstunde im Fach Kunst. In: *Pädagogische Rundschau*, Heft 4, 2008, 381–393.

Welche Auswirkungen haben Menschenbilder von Lehrern auf Unterricht? Antworten der hermeneutischen Unterrichtsforschung. In: *Pädagogische Führung. Zeitschrift für Schulleitung und Schulberatung*, Heft 6, 2014, 219–222.

Objektive Hermeneutik in der Unterrichtsforschung. Ein Erfahrungsbericht. In: Becker-Lenz, Roland et al., (Hrsg.), *Die Methodenschule der Objektiven Hermeneutik. Eine Bestandsaufnahme,* Wiesbaden 2016, 159–177.

Zur Frage nach der Bedeutung der pädagogischen Kasuistik für die Professionalisierung von Lehrern. Eine Auseinandersetzung mit der Theorie impliziten Wissens von Georg Neuweg. In: *Vierteljahrsschrift für wissenschaftliche Pädagogik*, Heft 3, 2017, 345–357.

Unterricht als Bewährungssituation. Versuch, einen soziologischen Begriff für das Verständnis von Unterricht fruchtbar zu machen. In: Behrend, Olaf; Zizek, Boris (Hg.), *Autonomie und Bewährung. Grundbegriffe rekonstruktiver Bildungsforschung,* Wiesbaden 2018, 125–142.

Über die Arbeit an einer Strukturtheorie des Unterrichts und die dabei auftretenden methodologischen Probleme. In: Funcke, Dorett; Loer, Thomas (Hg.), Vom Fall zur Theorie. Auf dem Pfad der rekonstruktiven Sozialforschung, Wiesbaden 2019, 289–327.

Lehrerinnen und Lehrer in der Krise? Eine kritische Auseinandersetzung mit einer neueren Studie. In: *FQS Forum Qualitative Sozialforschung*, 20(3), Art. 27.

Mit freundlicher Genehmigung der Verlage.